普通高等学校"互联网+"立体化示范教材

新编大学体育

主 编 周 兵 陈 平 文 烨

北京体育大学出版社

策划编辑　高云智
责任编辑　周学政
责任校对　吴苗苗
审稿编辑　李　飞
版式设计　沈小峰
封面设计　张　勋

图书在版编目（CIP）数据

新编大学体育 / 周兵等主编 . —北京：北京体育大学出版社，2014.6
ISBN 978-7-5644-1652-2

Ⅰ．①新… Ⅱ．①周… Ⅲ．①体育—高等学校—教材 Ⅳ．① G807.4
中国版本图书馆 CIP 数据核字（2014）第 138975 号

新编大学体育

出版发行　北京体育大学出版社
地　　址　北京市海淀区信息路 48 号
邮　　编　100084
电　　话　010-62963531　62963530
印　　刷　北京楠萍印刷有限公司
规　　格　185mm×260mm　16 开本
印　　张　21
字　　数　448 千字

2018 年 6 月第 1 版第 5 次印刷
ISBN　978-7-5644-1652-2
定　价　38.00 元

《新编大学体育》编委会

前　言

2013 年 11 月 12 日中共十八届三中全会全体会议通过了《中共中央关于全面深化改革若干重大问题的决定》(以下简称《决定》),对学校体育工作作出重要部署,明确提出"强化体育课和课外锻炼,促进青少年身心健康、体魄强健",这是继《中共中央国务院关于加强青少年体育增强青少年体质的意见》(中发[2007]7 号)颁布以来,党中央对学校体育工作提出的重要而明确的要求,必将对中国学校体育产生重大而深远的影响。

教育部原部长袁贵仁在 2014 年全国教育工作会议上的讲话提出:"加强和改进体育美育工作。要牢固树立'健康第一'的教育理念,强化体育课和课外锻炼,通过多种形式,保障学生体育活动时间,教会学生掌握一两项终身受益的运动技能,养成锻炼身体的良好习惯。推进体质健康测试,学生测试结果通知家长,学校测试结果向社会公开。"

围绕《决定》和全国工作会议上提出的要求,做好学校体育工作,加快高校体育发展的步伐,是中国高校体育工作者义不容辞的责任。强化体育课,就要切实保证大学的体育课时,实施《全国普通高等学校体育课程教学指导纲要》,丰富教学内容,改进教学方法,提高教学质量,提高体育课的实效性;强化课外锻炼,就要积极开展大课间体育活动,开展丰富多彩课外体育锻炼,开展"亿万学生阳光体育运动",切实落实每天一小时校园体育活动时间,有序开展学生课余体育竞赛活动。

2014 年我们组织有关专家、教授,按照《决定》和全国工作会议上提出的关于学校体育工作的要求,认真总结了目前普通高校体育教学现状,遵循体育课程建设的客观规律,广泛参阅了众多优秀教材,编写了这本集运动理论与实践于一体的教材。

本教材分为运动理论篇和运动实践篇两个部分。运动理论篇主要介绍了健康促进的重要性、体育锻炼与健康、营养与健康、体质健康测试四个部分;运动实践篇主要介绍了体适能的锻炼方法、田径、足球、篮球、排球、乒乓球、羽毛球、游泳、武术、跆拳道、健美操、体育舞蹈、排舞、体操、定向、地掷球等多个运动项目。本教材具有以下特色。

1. 全新的理念。本教材以"健康第一"为指导思想，以促进大学生身心健康、体魄强健为目标，重视提高学生的身体、心理、社会适应和道德的整体健康水平；坚持"终身体育"的主导思想，以此影响到体育教育行为方式的根本转变，努力实现体育与生活的整合，使现代大学生在价值观念、身体健康、生活能力等方面能应付社会的变迁。

2. 独特的结构和体系。本教材紧紧围绕体育与健康这个核心，形成了系统性很强的运动理论篇和运动实践篇两个部分，结构合理、体系新颖、便于学习。

3. 较强的实用性。针对大学生的身心特点与健康需要，提出相应的锻炼方法，为大学生的身心健康提供有力保障；本教材对目前流行和热门的体育运动项目进行了阐述，力求使本教材成为体育爱好者锻炼健身的良师益友。

4. 崭新的内容和形式。教材内容丰富，文字精练，通俗易懂，图文并茂，加上活泼的版式设计、新颖的插图，令人赏心悦目。

在编写过程中，我们参考和借鉴了众多的书籍、资料，在此向有关作者致以真诚的感谢。

由于编写人员水平有限，若有不妥之处，恳切希望广大读者给予批评与指正，以便今后进一步完善和提高。

目 录

运动理论篇

第一章　健康促进的重要性 / 1

第一节　健康的概念与标准 / 1
第二节　亚健康 / 5
第三节　健康维护 / 10

第二章　体育锻炼与健康 / 18

第一节　体育锻炼对健康的积极
　　　　影响 / 18
第二节　体育锻炼的误区与运动
　　　　处方 / 23
第三节　体育锻炼的风险与自我
　　　　监控 / 30

第三章　营养与健康 / 36

第一节　营养素 / 36
第二节　健康膳食 / 47
第三节　运动与营养 / 52
第四节　肥胖和消瘦的预防与
　　　　治疗 / 57

第四章　体质健康测试 / 64

第一节　《国家学生体质健康标准》
　　　　实施说明 / 64
第二节　《国家学生体质健康标准》
　　　　测试方法 / 66
第三节　促进达标的锻炼方法 / 70

运动实践篇

第五章　体适能及其锻炼方法 / 74

第一节　提高心肺适能的锻炼
　　　　方法 / 74
第二节　提高肌肉适能的锻炼
　　　　方法 / 84
第三节　提高柔韧性的锻炼
　　　　方法 / 93

第六章　田径运动 / 98

第一节　田径运动概述 / 98
第二节　跑 / 100
第三节　跳 / 105
第四节　投 / 109
第五节　田径比赛规则简介 / 110

第七章　足球运动 / 114

第一节　足球运动概述 / 114
第二节　足球基本技术 / 115
第三节　足球基本战术 / 126
第四节　足球比赛规则简介 / 129

第八章　篮球运动 / 132

第一节　篮球运动概述 / 132
第二节　篮球基本技术 / 134
第三节　篮球基本战术 / 141
第四节　篮球比赛规则简介 / 144

第九章　排球运动 / 149

　　第一节　排球运动概述 / 149
　　第二节　排球基本技术 / 151
　　第三节　排球基本战术 / 158
　　第四节　排球比赛规则简介 / 160

第十章　乒乓球运动 / 162

　　第一节　乒乓球运动概述 / 162
　　第二节　乒乓球基本技术 / 163
　　第三节　乒乓球基本战术 / 173
　　第四节　乒乓球比赛规则简介 / 175

第十一章　羽毛球运动 / 178

　　第一节　羽毛球运动概述 / 178
　　第二节　羽毛球基本技术 / 179
　　第三节　羽毛球基本战术 / 189
　　第四节　羽毛球比赛规则简介 / 191

第十二章　游泳运动 / 195

　　第一节　游泳运动概述 / 195
　　第二节　常用泳姿 / 197
　　第三节　水中救护 / 206

第十三章　武术运动 / 211

　　第一节　武术运动概述 / 211
　　第二节　24 式太极拳 / 214
　　第三节　初级长拳（第三路）/ 231

第十四章　跆拳道运动 / 246

　　第一节　跆拳道运动概述 / 246
　　第二节　跆拳道基本技术 / 247
　　第三节　跆拳道实战组合技法 / 256

第十五章　健美操运动 / 262

　　第一节　健美操运动概述 / 262
　　第二节　健美操基本动作 / 264
　　第三节　校园青春健美操基础
　　　　　　套路 / 268

第十六章　体育舞蹈 / 274

　　第一节　体育舞蹈概述 / 274
　　第二节　体育舞蹈基本技术 / 277

第十七章　排舞运动 / 285

　　第一节　排舞运动概述 / 285
　　第二节　校园排舞基础套路 / 286

第十八章　体操运动 / 301

　　第一节　体操运动概述 / 301
　　第二节　体操练习的保护与
　　　　　　帮助 / 302
　　第三节　技　巧 / 303
　　第四节　支撑跳跃 / 308

第十九章　定向运动 / 312

　　第一节　定向运动的锻炼方法 / 312
　　第二节　定向运动比赛规则
　　　　　　简介 / 315

第二十章　地掷球运动 / 317

　　第一节　地掷球运动概述 / 317
　　第二节　地掷球基本技术 / 319
　　第三节　地掷球基本战术 / 322
　　第四节　地掷球比赛规则简介 / 326

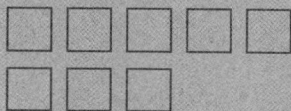 

运动理论篇

第一章

健康促进的重要性

第一节　健康的概念与标准

一、健康的概念

健康

　　健康是一个综合概念，人类对健康的认识随社会的进步和医学科学的发展而逐步深化。长期以来，由于受生物医学模式的影响，健康被单纯地解释为无病、无残、无伤，这种概念至今仍有广泛的影响。随着医学模式由单纯的"生物医学"向"生物—心理—社会医学"演变，越来越多的研究表明，人的健康与疾病不单纯受生物因素（细菌、寄生虫等病原微生物或基因遗传）的影响，而且还受心理、社会、环境及个人生活方式的影响。人们对健康和疾病的认识有了根本变化，健康的概念随之不断更新、扩展。

　　1948年，世界卫生组织（WHO）提出："健康不仅是没有疾病或不虚弱，而是身体、心理和社会适应方面的完美状态"的三维健康观。这一概念将健康划分为生理、心理及社会三个方面，改变了以往健康仅指无疾病的单一概念，这是人们对健康认识的一次飞跃。1978年，世界卫生组织在《阿拉木图宣言》中重申这一定义，并指出"达到尽可能高的健康水平是世界范围内一项最重要的社会性目标，而其实现则要求卫生部门及社会各部门协调行动。"1989年，世界卫生组织又对健康提出新的定义，即"健康不仅是没有疾病，而且包括躯体健康、心理健康、社会适应性良好和道德健康。"

躯体健康

心理健康

（一）躯体健康

躯体健康一般指人的生理健康，是指躯体的形态、结构和功能正常，具有生活自理能力。生理健康不仅指无病，而且还包括体能，后者是一种满足生活需要和有足够能量完成各种活动任务的能力。具备这种能力，就可以预防疾病，增进健康，提高生活质量。体能也叫体适能，主要是通过体力活动和体育锻炼而获得。

诸多学者对生理健康的标准提供了自己的看法，认为生理健康的标准应包括以下 15 项。

1. 不应该有幻视、幻听、多疑、妄想。

2. 不应该长期失眠、噩梦、耳鸣、眩晕。

3. 不应该突然视力减退、偏盲、复视或眼前有异物感。

4. 不应该发烧、发冷、寒战、多汗。

5. 不应该持续进行性体重减轻、疲劳无力。

6. 不应该长期咳嗽、咯痰、喘息。

7. 不应该感觉到自己的心脏跳动，心慌气短。

8. 不应该在吞咽食物时在食道中有异物感。

9. 不应该有明显食欲减退、厌食、恶心呕吐、腹泻或多吃、多喝、多尿。

10. 不应该在任何部位出现违反客观规律的出血，如咯血、吐血、便血、鼻血、牙龈或皮下出血，还有经期过长，经血过多等。

11. 不应该有任何部位的异常感觉，如疼痛、麻木、灼热或寒冷感。

12. 不应该有任何部位的触痛或指压性浮肿。

13. 不应该摸到任何部位的异常肿块。

14. 不应该出现皮肤红肿、青紫、黄染及各种斑丘疹。

15. 不应该过早大量脱发。

（二）心理健康

随着诊断学的发展，医学专家又惊人地发现：经现代医学检查，约有 50%～70% 的人都有心理异常表现，这些人尽管未达到需求医诊治的程度，但一旦环境稍有变化，或精神受到某种刺激，健康依然受到威胁。特别是当发现利用许多医学常规手段无法解决的、由精神引发的疾病时，医学研究根据人的社会属性提出要把社会环境引起的心理活动也包括在健康诊断之中。

心理健康一般有三个方面的标志：第一，心理健康的人，人格是完整的，自我感觉是良好的，情绪是稳定的，积极情绪多于消极情绪，有较好的自控能力，能保持心理上的平衡，有自尊、自爱、自信心，而且有自知之明；第二，在自己所处的环境中，有充分的安全感，且能保持正常的人际关系，能受到别人的欢迎和信任；第三，健康的人对未来有明确的生活目标，切合实际地、不断地进取，有理想和事业上的追求。

　　为了教育和引导公众主动关注心理健康，美国心理学家马斯洛和米特尔曼提出了十条心理健康的评价标准。

　　1. 有足够的安全感和有充分的适应能力。

　　2. 能充分地了解自己，并能对自己的能力作出恰当的评价。

　　3. 生活目标、理想切合实际。

　　4. 不脱离周围现实环境。

　　5. 能保持人格的完整与和谐。

　　6. 善于从经验中学习。

　　7. 能保持良好的人际关系。

　　8. 能适度地发泄和控制情绪。

　　9. 在符合集体要求的前提下，能有限度地发挥个性。

　　10. 在不违背社会规范的前提下，能恰当地满足个人需求。

（三）社会健康

　　社会健康，也称社会适应性，指个体与他人及社会环境相互作用并具有良好的人际关系和实现社会角色的能力。有此能力的个体在交往中有自信感和安全感，与人友好相处，心情舒畅，少生烦恼，知道如何结交朋友、维持友谊，知道如何帮助他人和向他人求助，能聆听他人意见、表达自己思想，能以负责的态度行事并在社会中找到自己合适的位置。

　　社会健康水平低，对人的身心健康会产生消极的影响。社会健康水平低的人，常因人际关系的矛盾而产生心理上的烦恼，并持续地出现焦虑、压抑、愤怒等不良情绪反应。而不良的情绪反应可使人的免疫能力下降，进而大大增加了生理疾病发生的可能性。中国著名的医学心理专家丁瓒教授说："人类的心理适应，最主要的就是对于人际关系的适应，所以人类的心理病态，主要是由于人际关系的失调而来。"

　　在美国，有人对 6900 名成年人进行了为期 9 年的跟踪观察，结果发现，社会交往少的人死亡比例大（占总人数的 30.8%），而社会交往多者的死亡率只有 9.6%。因此，为了保持身心健康，人们既需要营养、体育锻炼、休息和其他生理方面的满足，也需要安全、友谊、爱情、亲情、支持、理解、归属和尊重等通过人际关系所获得的心理方面的满足。从一定意义上讲，良好的人际关系是人的生命所需的非常宝贵的滋补剂，善于与人相处是一个人诸多能力中最重要的、不可缺少的能力之一。因此，为了学习进步，为了家庭幸福，为了事业成功，为了健康长寿，总而言之，为了提高我们的生活质量，应该努力培养和提高与人相处的能力。

　　社会健康不像生理健康那样有客观的评价标准，但有主观的评价方法。综合国内外的一些研究成果，可以从以下几个方面对一个人的社会健康状况作出评价。

　　1. 能接受与他人的差异。

　　2. 与家庭成员和睦相处。

　　3. 有 1～2 个亲密的朋友。

4. 共同工作时，能接受他人的思想与建议。

5. 能与同性、异性交朋友。

6. 当自己的意见与多数人的意见不同时，能保留意见，继续工作。

7. 主动与人交往，有稳定而广泛的人际关系。

8. 交往中客观评价他人，取人之长，补己之短。

（四）道德健康

道德健康是人的一种"本质力量"，由思想品德和人格自我完善两部分构成。通常认为，思想品德是一种社会意识形态，它以善与恶、荣与辱、正义与邪恶等概念来评价人的各种行为，调整人与人之间以及个人与社会之间的关系。人格反映人的基本的稳定的心理结构特质和过程，它融合着个体的经验，并形成个体特有的行为与对周围环境的反应。严格地讲，思想品德作为完善人格的基础，是决定精神健康的重要内容；而人格自我完善本身，就是不断提高自身的文化修养水平，使个体思想、品质与行为趋于理想化。据世界卫生组织检测中心统计：结核病、流感、肺炎、糖尿病、脑血管病、冠心病等常见病的死亡率，与道德、文化修养有着千丝万缕的联系。道德文化水准越高，则患这些疾病的死亡率越低。

关于对个体道德水准与文化修养影响健康的认识，中国古代早有"君子坦荡荡，小人常戚戚"的说法。实践证明，凡与人为善，助人为乐，且具有高尚品德的人，总是心胸坦荡。人若处于无烦恼的心理状态，不仅能使人体分泌更多有益的激素、酶类和乙酰胆碱等，还可增强人体的抗病能力，这无疑对促进健康是有利的。但与之相反，倘若一个人有悖于社会道德准则，由于其胡作非为导致的紧张、恐惧、内疚等不良心态，就会给他带来沉重的精神负担，使之终日食不甘味，夜不成寐，这样的结果自然也就无健康可言了。

二、健康标准

根据世界卫生组织（WHO）对健康所下的定义，为了便于大家在实践中对照，现将WHO原来为健康所制定的十项具体指标和现在最新制定的"五快三良好"标准列出，以供大家自我评价时参考。

（一）十项具体检查指标

1. 精力充沛，能从容不迫地应付日常生活和工作的压力而不感到过分紧张。

2. 处事乐观，态度积极，乐于承担责任，不挑剔事物的巨细。

3. 善于休息，睡眠良好。

4. 应变能力强，能适应环境的各种变化。

5. 能够抵挡一般性感冒和传染病。

6. 体重得当，身材均匀，站立时头、肩、臂位置协调。

7. 眼睛明亮，反应敏锐，眼睑不发炎。

8. 牙齿清洁，无龋齿，无痛感；齿龈颜色正常，不出血。

9. 头发有光泽，无头屑。

10. 肌肉丰满、皮肤富有弹性。

上述 10 条标准中既有生理的内容，也有心理和社会的内容，后者虽不像前者那么具体明确，但包含的容量却非常大，相对也更难以拥有。一个人具有健康的身体，同时拥有健康的心理和社会性，才具有真正意义上的健康。

（二）"五快三良好"检查标准

吃得快：指胃口好、不挑食、吃得迅速，表明你的内脏功能正常。

便得快：指上厕所时很快排通大小便，表明你肠胃功能良好。

睡得快：指上床即能熟睡、深睡，醒来时精神饱满、头脑清晰，表明你中枢神经系统的兴奋、抑制功能协调，且内脏不受任何病理信息的干扰。

说得快：指语言的表达准确、清晰流利，表明你思维清楚而敏捷，反应良好，心肺功能正常。

走得快：指行动自如，且转动敏捷，因为人的疾病和衰老往往从下肢开始。

良好的个性：指性格温和，意志坚强，感情丰富，胸怀坦荡，心境达观，不为烦恼、痛苦、伤感所左右。

良好的处世能力：指沉浮自如，客观观察问题，具有自我控制能力而能适应复杂的社会环境，对事物的变迁保持良好的情绪，常有知足感。

良好的人际关系：指待人接物宽和，不过分计较小事，能助人为乐、与人为善。

第二节　亚健康

20 世纪 80 年代中期前苏联学者布赫·N 曼教授首先提出，人体除健康状态和疾病状态外，还存在一种非健康、非疾病的中间状态。这一发现随后被世界许多国家学者的研究所证实，并称这一状态为中介状态、病前状态、亚疾病状态、半健康状态、灰色状态、临床前态等，世界卫生组织称其为"第三状态"，中国学者将其称为"亚健康状态"。

当今社会，由于生活节奏加快，竞争日益激烈，使人身心备受煎熬。加之不良的生活行为与生活方式，处于亚健康状态的人群在世界许多国家和地区都呈逐年增加的趋势。世界卫生组织的一项全球性调查表明：真正健康的人仅占 5%，患有疾病的人占 20%，而 75% 的人处于亚健康状态。2012 年中国医师协会、中国医院协会等机构联合发布的《中国城市健康白皮书》显示，主要城市的白领人群中，代谢紊乱疾病、疲劳、失眠、心理障碍等亚健康比例高达 76%，真正意义上的"健康人"只有 2.5%。

一、亚健康的概念

亚健康状态又称第三状态，是人体介于健康与疾病之间的一种状态，是人们身心、情感处于健康与疾病之间的低质量状态，虽然无临床症状或临床症状不明显，但已存在潜在的病理信息。

世界卫生组织认为，亚健康状态是介于健康状态和疾病状态之间的一种临界状态，是指机体在内外环境不良刺激下引起心理、生理发生异常变化，但尚未达到明显病理性反应的程度。从生理角度来讲，就是人体各器官功能稳定性失调尚未引起器质性损伤。

亚健康概念包含前后衔接的3个发展阶段：（1）轻度身心失调。疲劳、失眠、胃口差、情绪不稳定等为主要表现，这些失调容易恢复；（2）潜临床状态。潜伏着某些疾病发展的高危倾向，呈现出某些疾病发展的高度可能。身体活力、反应能力、适应能力减退，理化检查指标处于临界水平，如高血脂、高血压病和免疫功能偏低，常伴有慢性咽炎、反复感冒、精力不支等；（3）前临床状态。已经有了病变，但症状不明显。

健康和疾病是说明人体状态的词语，人体由健康到疾病有一个长期动态连续变化的过程，亚健康状态就是这一过程的特殊阶段，如果能及时合理调控，机体可以恢复到健康状态，否则可能转变成器质性病变。

二、亚健康的表现

国内有学者认为，亚健康状态主要表现为植物神经功能紊乱和机体各器官功能性障碍，出现精神、胃肠道、心血管、肌肉等四大方面的症状，其症状可以单一出现，也可能合并或交替出现，由于人们年龄、健康状态、适应能力、免疫力、生活环境、遗传因素等方面的不同，亚健康的表现形式也错综复杂。对此，人们提出如下具体表现。

1. 身体疲劳乏力、易累，肌无力，体力活动后全身不适，体力难以恢复。
2. 体质虚弱，免疫功能低下，易患感冒，咽喉不适，口腔黏膜溃疡等。
3. 胃肠机能紊乱，食欲不振。
4. 关节痛、肌痛、头痛、淋巴结肿痛、胸闷、心悸、气短。
5. 失眠或嗜睡。
6. 健忘、头脑不清醒、记忆力下降。
7. 精神不振、情绪低落，对事物缺乏兴趣，抑郁寡欢，常常感到孤独无助。
8. 烦躁、情绪不稳定，紧张，易怒，焦虑等。
9. 对环境适应能力和反应能力减退，人际关系不协调，家庭关系不和谐。
10. 眼睛易疲劳、视力模糊。

三、亚健康的分类

亚健康内涵丰富，外延广泛。诸多学者对亚健康的分类和各类亚健康的主要表现提出了自己的看法，综合学者们的研究成果，亚健康可分为：躯体亚健康状态、心理亚健康状态、人际交往亚健康状态、道德亚健康状态及慢性疲劳综合征。

（一）躯体亚健康状态

躯体亚健康状态具体表现为排除疾病原因的躯体性疲劳，疲劳已严重影响了工作和生活，体质下降，慢性病多发，如经常感到乏力、困倦、肌体酸痛、咽喉痛、低热、眼睛易疲劳、无缘由地头痛、耳鸣、目眩、颈肩僵硬等。此外，还有易感冒、易出汗、易便秘、易晕车、胸闷心悸等症状。

（二）心理亚健康状态

心理亚健康状态最常见的是焦虑，主要表现为担心、恐慌。担心和恐慌是一种发自内心的不安，这种精神状态若持续存在，无法自我解脱和控制就会产生心理障碍。表现为烦躁、易怒、睡眠障碍，进而出现心悸不安、慌乱、手足无措、无所适从，可诱发心脏病、癌症等疾病。

（三）人际交往亚健康状态

随着社会的进步，社会竞争的激烈，在人际交往中出现的问题越来越多，人际交往亚健康状态主要表现为对工作、生活、学习等环境难以适应，人际关系难以协调，与他人之间的心理距离加大，交往频率下降，人际关系不稳定，如对人对事的态度冷淡、冷漠，常有无助、无望、空虚、自卑、猜疑、自闭等感觉。

（四）道德亚健康状态

道德亚健康状态主要表现为世界观、人生观和价值观存在明显损人害己的偏差。

（五）慢性疲劳综合征

慢性疲劳综合征是美国疾病控制中心建议使用的一个疾病名称。亚健康最主要的表现形式之一，是以疲劳低热（或自觉发热）、咽喉痛、肌痛、关节痛、头痛、注意力不易集中、记忆力下降、睡眠障碍和抑郁等非特异性表现为主的综合征。

四、亚健康的危害

1. 亚健康是大多数慢性非传染性疾病的病前状态，大多数恶性肿瘤、心脑血管疾病和糖尿病均是从亚健康状态转入的。

2. 影响工作、生活、学习质量，甚至危及人们的生命安全，特别是从事特殊作业的人员，如高空作业人员、驾驶员和运动员等。

3. 极易导致精神心理疾病，严重时甚至造成自杀和伤害事件发生，危及社会安全。

4. 引发慢性疲劳综合征，严重影响健康与寿命，甚至造成过劳死或英年早逝。

对此我们应高度关注亚健康状态，针对亚健康的成因和危害，强化自我预防意识，维护和促进自身的健康，从源头上堵住亚健康状态的发生与发展。

五、亚健康发生的原因

亚健康的形成与发生及不同表现，与个体的素质有密切的关系，可以认为亚健康是由于社会、心理、生物、环境和不良生活方式等不良因素作用机体，使人体的神经、免疫、细胞因子、内分泌网络系统的功能紊乱，致使机体整体功能失调的一种状态。

（一）过度紧张和压力

这种压力既包括身体上的，又包括心理上的。身体上表现为长期超负荷劳累、持续不断的工作学习，睡眠不足，使疲劳得不到及时消除而导致过劳；心理上表现为压力过大，激烈竞争使人精神高度紧张，精疲力竭，从而出现心身过度劳累。研究表明长期的紧张和压力对健康的危害主要表现在：引发急慢性应激直接损害心血管和胃肠系统，造成应激性溃疡和血压升高，引发心血管疾病；造成脑应激疲劳和认知功能下降；破坏生物钟，影响睡眠；免疫功能下降，导致感染疾病机会增加。

（二）人际关系紧张

社会生活的日益复杂化和多变性，使人与人之间的情感日益淡漠，情感交流日益缺乏，交往趋于表面化、形式化和物质化，情感受挫的机会增多，对情感的信心下降，孤独成了人们在情感方面的突出体验。缺乏亲密的社会关系和友谊，使人们感到无聊、无助、烦恼。研究表明，有支持性社会关系的人，能较好地应对和处理应激，以及预防身心障碍。无聊、无助、烦恼、缺乏社会支持是导致心理和生理障碍，引发亚健康的一个重要因素。

（三）不良生活方式

亚健康的起因是多方面的，不合理的生活方式是很重要的原因之一。现代人疲于奔波、应酬，劳逸过度、睡眠失调（睡眠不足或过多）、生活不规律；吸烟、酗酒、其他不良嗜好；高热量、高脂肪及不均衡膳食结构和不良饮食习惯；体力活动特别是运动不足等是造成亚健康的主要原因。此外，吸毒、滥用药物等也是不容忽视的因素。

（四）环境污染

生活中由于环境污染导致亚健康的情况正日益增多。如水质污染、食品污染、空气污染、噪声污染、微波污染及其他化学、物理因素污染等，这些污染都是健康的隐形杀手。此外，环境严重污染，生存空间过于狭小，可使空气中负氧离子浓度降低。长期处于这种环境中，人体血液中氧浓度和组织细胞对氧的利用率都会降低，进而影响组织细胞的正常生理功能，从而使人感到心情郁闷、烦躁。

六、亚健康的测量与评价

（一）亚健康自觉量表

亚健康状态是一种自觉性很明显的状态，通过自我感觉测量在过去 6 个月中您是否有如下表现（表 1-2-1），可以诊断亚健康状态。如果积分在 26 分以上就可以判定为亚健康。

表 1-2-1 亚健康自觉量表

评价指标	4分	3分	2分	1分	0分	得分
你的体力状态是	很 差	差	较 差	尚 可	很 好	
你的精神状态是	很 差	差	较 差	尚 可	很 好	
你感觉身体不适吗	经常浑身不适	大多数时候	半数时间	偶 尔	很舒适	
你感觉疲劳吗	很疲劳	疲 劳	一 般	偶 尔	很轻松	
你感觉肌肉关节疼痛吗	绝大多数时候	大多数时候	半数时间	偶 尔	几乎没有	
你感到情绪低落吗	绝大多数时候	大多数时候	半数时间	偶 尔	几乎没有	
你感觉记忆力减退吗	很 差	差	一 般	偶 尔	很 好	
你能集中注意力吗	几乎不能	偶尔能	一般能	大多数时候	绝大多数时候	
你的睡眠正常吗	经常失眠	大多数时候	半数时间	偶 尔	很 好	
你的食欲正常吗	很 差	差	较 差	尚 可	很 好	

选自：孙庆祝. 体育测量与评价 [M]. 北京：高等教育出版社， 2006.

（二）亚健康症状 30 项量表

亚健康的种类和表现繁多，自我描述准确程度较差，可采用表 1-2-2 亚健康状况 30 项量表来确定。其中含有任何 6 项以上症状，并且持续时间在 1 个月以上者，可以诊断为亚健康。

表 1-2-2　亚健康症状 30 项量表

症　状	是	否	症　状	是	否
1. 精神紧张，焦虑不安	是	否	2. 孤独自卑，忧郁苦闷	是	否
3. 注意分散，思考肤浅	是	否	4. 容易激动，无事自烦	是	否
5. 记忆闭塞，熟人忘名	是	否	6. 兴趣变淡，欲望骤减	是	否
7. 懒于交往，情绪低落	是	否	8. 易感疲劳，眼易疲倦	是	否
9. 精力下降，动作迟缓	是	否	10. 头晕脑涨，不易复原	是	否
11. 久站头晕，眼花目眩	是	否	12. 肢体酥软，力不从心	是	否
13. 体重减轻，体虚力单	是	否	14. 不易入眠，多梦易醒	是	否
15. 晨不愿起，昼夜打盹	是	否	16. 局部麻木，手脚易冷	是	否
17. 掌腋多汗，舌燥口干	是	否	18. 自感低烧，夜常盗汗	是	否
19. 腰酸背痛，此起彼伏	是	否	20. 舌生白苔，口臭自发	是	否
21. 口舌溃疡，反复发作	是	否	22. 味觉不灵，食欲不振	是	否
23. 反酸嗳气，消化不良	是	否	24. 便稀便秘，腹部饱胀	是	否
25. 易患感冒，唇起疱疹	是	否	26. 鼻塞流涕，咽喉疼痛	是	否
27. 憋气气急，呼吸紧迫	是	否	28. 胸痛胸闷，心区压感	是	否
29. 心悸心慌，心律不齐	是	否	30. 耳鸣耳背，易晕车船	是	否

选自：孙庆祝．体育测量与评价 [M]．北京：高等教育出版社，2006.

第三节　健康维护

现代文明在带给人们充分物质享受的同时，也给人类的健康带来新的威胁，诸如糖尿病、高血压病、冠心病、癌症等威胁人类健康的疾病患病率呈现持续上升的趋势，而且患病年龄日趋年轻化。为什么经济发展了，社会文明和物质生活水平提高了，健康却成为当今社会普遍的问题？其原因就在于我们未能按照科学、文明的生活方式生活，未能用健康卫生知识来充实自己。正如世界卫生组织多次指出："许多人不是死于疾病，而是死于无知。""不要死于无知，不要死于愚昧。"遗憾的是，人们总是把这些忠告当成耳边风。

据世界卫生组织宣布：每个人的健康与寿命 60% 取决于自己，15% 取决于遗传因素，10% 取决于社会因素，8% 取决于医疗条件，7% 取决于气候影响。可以认为，维持健康主要取决于个人的努力，即树立正确的健康观，掌握必要的卫生知识，养成良好的生活方式与行为，依靠顽强的意志品质，才能达到提高健康水平和增强自我保健能力的目的。

美国加利福尼亚州健康部人类人口实验室的研究人员公布了与健康和长寿有关的行为和习惯，它们包括：定期锻炼、充足睡眠、好的早餐、按时用餐、控制体重、禁烟禁毒、适度饮酒。他们的研究发现，只要做到上述 7 项中的 6 项，女性可以延长 7 年的寿命，男性可以延长 11 年的寿命。

一、树立现代健康意识

在有限的人生中，唯有健康是最宝贵的。因为健康不但是实现人生价值的保证，更是享受美好生活的必要条件。失去了健康便丧失了一切，追求健康就是追求文明进步。当代大学生为了个人的幸福生活、民族的兴旺、国家的富强，应当把维护健康作为终身追求的目标和对社会乃至中华民族的一种责任。

即便是处于生长发育时期，机体代偿能力较强，对轻微的身体异常尚不易察觉，也要树立"防患于未然"的健康意识。

即便目前的身体无病，或体格强壮，仍要树立培养良好心理素质、适应环境与社会变化的健康意识。

即便认为自己的身体很健康，还是要树立养成良好生活方式，使个体行为与社会规范相一致的健康意识。因为行为转变的前提是提高对健康的认识。

此外，为了保持良好的健康状态，还应了解人体生命活动的基本特征，掌握人体生长发育的基本规律和维持健康的知识、技能和方法，从而有助于了解危害健康的危险因素，有助于自己作出决策，避免各种危险因素对人体健康的损害。

二、坚持进行体育锻炼

有人曾在动物身上做过一个实验：将兔子、乌鸦和夜莺很小时就关进笼子，这些动物长大后，从外表上看似乎发育正常。然而，当将它们放出笼子后，让人想不到的情景出现了：兔子刚跑几步就倒下死去；乌鸦在天空飞了半圈就一头栽下；夜莺欢唱了几句就死去了。实验者对这些动物死亡的原因进行了解剖分析，发现兔子和夜莺死于心脏破裂，乌鸦则死于动脉撕裂。显而易见，这是由于它们长期不运动导致内脏器官发育不良，一旦激烈运动就不能适应的结果。

国外的有关学者对人类也做过类似的实验：将若干 20 ~ 30 岁的健康男子分成两组，要求第一组受试者在 20 天里一直躺着，不许他们起坐、站立。第二组受试者也接受同样的规定，所不同的是该组受试者每天除保持躺着的姿势外，还可以在专门的器械上锻炼 4 次。20 天的实验结束后，第一组的受试者感到头昏眼花、四肢乏力、心慌气短、肌肉酸痛；第二组受试者则依然有一定的活动能力，身体反应也没有第一组受试者那样剧烈。

动物和人类的实验均表明，人如果没有运动就没有生命，运动的少，生命力就弱。要保持旺盛的生命力，就应该进行有规律的体育锻炼。事实表明，参与有规律的锻炼会使身体强壮、精力充沛，能充满信心地完成各项工作和任务。体育锻炼的最大作用在于能全面增进健康，具体表现为：（1）预防心血管病；（2）改善呼吸系统的功能；（3）提高消化系统的功能；（4）改善神经系统的功能；（5）降低糖尿病发生的危险性；（6）预防骨裂；（7）保持身体活动的能力；（8）控制体重与改善体型；（9）减缓心理应激；（10）延年益寿。

要有效地提高身体健康水平，一定要按照科学的方法进行锻炼，尽管具体的锻炼手段和方法因人而异，但增强健康的锻炼原则是每一位锻炼者都应该遵循的。

三、控制体重、防止肥胖

美国医学会会长路易斯指出：我们人类面临的最大威胁并不是可怕的癌症，而是肥胖症。现代医学研究成果表明，肥胖不仅体态臃肿，造成工作生活的不便，而且很容易并发高血压病、冠心病、糖尿病、胆石症、肺换气障碍、脂肪肝、血栓与栓塞性疾患等多种疾病。同时还易造成心理与社会适应能力障碍。

靠饮食控制体重是所有方法中最不成功的减肥方法。事实上，许多减轻体重的计划反而会引起肥胖症。最近10年的研究表明，饮食自身不能达到永久减轻体重的目的。控制体重防止肥胖的基本原则是使人体长期持续地处于能量摄取与消耗的负平衡状态之中，就是说通过限制饮食和增加运动量，使能量的消耗超过能量的摄取。中国著名运动营养学专家陈吉棣教授提出理想而有效的控制体重的方法，可表达为：适量的运动+适当的控制饮食+生活方式的改变。

四、养成良好的生活规律

生活无规律给人的身体健康带来诸多隐患，甚至给某些疾病的侵入敞开方便之门。生活有规律，并符合健康与卫生的原则，就是在维护自己的健康和生命。为什么生活有规律就能使人健康长寿呢？这在医学上有许多方面可以解释，其中重要的原因就是"生物钟"所起的作用。

"生物钟"是指人的一切生理活动都有一个固定的规律，就像钟表那样有节奏地控制和调节着机体，使神经系统形成有规律的"动力定型"，使人体各部分保持其独特的协调节奏。

"生物钟"理论告诉我们：凡属生命的活动，包括人的各种生理活动，以日或月为周期都有一定的规律。如果我们的生活作息制度与体内"生物钟"的节律同步，就能慢慢形成条件反射，让体内各种生理活动，都能按各自的周期节律有条不紊地进行，使人体生理代谢平衡及心理都处于和谐状态，健康自然也就容易得到保证。世界闻名的康德教授有句名言："一个人如果在生活中表现出杂乱无章、毫无次序和节制，他便不可能有充沛的精力和体力。"因此，人类越顺应生物钟，人类的寿命越接近自然寿命——"健康快乐，轻松百岁"。

五、保证良好的睡眠

人生 1/3 的时间在睡眠。清代李渔说过"养生之诀，当以睡眠为先。"莎士比亚把睡眠称为"生命宴席"上的"滋补品"，"睡眠是一切精力的源泉，是病人的灵药"。巴甫洛夫称"睡眠是神经系统的镇静剂"。世界卫生组织（WHO）把"睡得香"列为健康的重要客观指标之一。具体而言，保证良好的睡眠应做到以下的要求。

1. 做好睡前准备。睡前 3 小时不进食，可散步、洗热水澡或用热水泡脚，每天定点上床。

2. 避免兴奋过度。睡前应避免引起情绪激动，如不看易激动的电视节目及体育比赛。夜尿增多会影响睡眠，因此睡前不要多饮水，特别是浓茶、咖啡易使大脑兴奋，更应少饮或不饮。

3. 重视睡眠环境。睡眠时，卧室要保持阴暗和宁静，声音超过 35 分贝就使人难于入睡。

4. 睡具舒适科学。不睡软床，最好睡硬质床。枕头以哑铃状为宜，仰卧取枕高 5～9 厘米为好。

5. 保持正确的睡姿和睡向。从养生角度看，以右侧卧位、两腿弯曲如弓状为宜。佛教圣地普陀山卧佛便是右卧，可见 1100 年前古人已科学地认识睡姿。取右卧，心脏在左不会受压，可使血流向腹部，流向肝脏，对肝代谢有利，也可使胃中食物顺利进入肠内，也利于胆囊中胆汁畅流，帮助消化，促进身体健康。有人调查，长寿老人常侧卧及仰卧交替，而以侧卧较多，占 68.3%，尤以右卧式为多。说到睡向，头南足北最好。因为地球磁场由北极到南极，人白天站立时与地球接触面小，人体的生物电（心脏的生物电）受磁场干扰小。而平卧时采取头南足北，人体细胞电流方向即与地球磁场呈平行状态，人体细胞有序化，产生相应磁化效应，气血运行畅通，代谢降低，能量消耗也可减少，心脏磁场不会受到地球磁场影响，有利于保护心脏健康。进入老年期，心脏功能逐渐减弱，这时降低心脏负担就显得更为重要了。

6. 睡时适当。睡眠时间大多数人每晚需 7～9 小时，有些人达 10 小时，午睡 30 分钟到 1 小时。晚间不应超过 23 点上床睡眠，绝对保证 24 点至次日 5 点之间的睡眠的黄金时间。

7. 睡宜冥想入静。入睡困难时，可采用入静冥想办法，也可采取意守丹田（即想肚脐周）或反复想蓝天白云景象，边默念"蓝天白云"，或连续边想边念"绿色草原，白色羊群"。只要一天中规律地动、静，实现平衡，精力、体力、身体就会越来越好，进入良性循环。

六、戒烟、禁毒

（一）吸烟的危害

吸烟是人类健康的最大元凶。1962年，英国皇家科学院发表了一篇著名的报告，提出吸烟是导致肺癌的主要原因，引起了世界各国的极大震动。此后，各国科学家对吸烟的危害普遍予以关注，进行了一系列调查与科学研究，证实了烟草中含有4000多种有毒物质，主要成分为尼古丁、硫氢化合物、烟焦油、一氧化碳等，烟雾中还含有放射性钋210，这些物质严重危害人的健康，引起多种疾病的发生：

1. 致癌：吸烟已成为公认导致肺癌的主要原因。美、英、日、加拿大等国进行过8次大样本的前瞻性研究，认为65岁以下的肺癌死亡多为吸烟所致。研究还表明吸烟者死亡率比不吸烟者高30%～50%以上，并与吸烟的量有关，每天吸烟40支以上者比不吸烟者少活8年。英国一组资料表明，吸烟者戒烟5年后肺癌死亡率比吸烟者下降40%。

中国肺癌发病率，在大城市中已为男性癌症的首位，每年以4.5%的速度上升。此外，吸烟还可引起口腔癌、皮肤癌、鼻咽癌、膀胱癌等，并且有明显的计量效应，即与吸烟时间的长短、多少呈正相关。

必须指出并非每位吸烟者均得肺癌。癌肿的形成往往是多因素作用的，个体对致癌物的应答反应不一。但不可否认，吸烟是肺癌最为主要的致病因素，吸烟者不可因为某位吸烟者未患肺癌而存侥幸心理。

2. 诱发冠心病：吸烟是导致冠心病的首位危险因素。经10次2000万人的研究，各次均发现吸烟者冠心病的死亡率高于不吸烟者70%。冠心病第2、3位高危因素——高血压病、高血脂，与吸烟有协同的作用。通过戒烟可以降低冠心病的发病危险，戒烟第一年约可以降低50%，要达到不吸烟者的水平，约需要10年。

3. 损害组织、器官功能：吸烟使气管黏膜充血、肿胀、细胞变性，纤毛功能破坏，降低正常防御功能。咳嗽频繁，痰不易咳出，造成慢性感染，反复发病，产生呼吸道梗阻症状，导致肺功能下降，呼吸困难。吸烟还损害消化道的功能，抑制消化液的分泌，降低消化道的防御功能，如引起口腔炎、舌炎、口臭、牙龈出血等。吸烟还能使免疫球蛋白合成减少，抑制免疫功能，加速细胞的衰老、消亡而降低寿命等。

4. 抑制胎儿发育：吸烟妇女妊娠流产的可能性要高于不吸烟妇女2倍。吸烟因血液内碳氧血红蛋白增加，致使胎儿缺氧，导致流产、早产率上升。吸烟妇女妊娠胎盘重量增加，阻碍胎儿发育，胎儿畸形率也高。

（二）毒品的危害

毒品在吞噬我们整个社会，毒品在酝酿犯罪，毒品在传播疾病，毒品在毁掉我们的青少年。据国家禁毒委员会发布的数据表明：截止到 2015 年底，官方估计中国实际吸毒人员超过 1400 万。

毒品能使人成瘾，包括鸦片、海洛因、吗啡、大麻、可卡因及摇头丸、安非他明类兴奋剂等。毒品对人的危害主要有以下四方面。

1. 对消化系统的危害：绝大多数毒品有抑制食欲的作用，不仅引起身体消瘦，还易引起某些维生素和矿物质缺乏，从而引起营养不良综合征。

2. 对神经系统的危害：毒品会引起神经系统病变，如惊厥、震颤麻痹、周围神经炎、抽搐、颅内出血、弱视及肌肉功能障碍等。

3. 对心血管系统危害：引起心律失常，血管和冠状动脉痉挛，使血小板聚集引起血栓形成。

4. 对呼吸系统危害：吸毒对呼吸道有直接刺激，并产生特异的毒性作用，对呼吸道造成严重损害。

大学生是社会主义事业的接班人和建设者，为了未来美好的生活，应该珍爱生命与健康，远离毒品的诱惑。

七、节制饮酒

少量饮酒是有益于健康的，如红葡萄酒，因为少量的酒可以扩张血管、促进血液循环，有利于人体的新陈代谢，增强免疫力。但是，长期、过量饮酒的酗酒行为，则严重危害人体健康。饮酒一旦成瘾很难戒除，青少年最好不要饮酒。

酒中的酒精，口服后可经消化道直接进入血液，分布到全身，少量的酒精能使人产生欣快，而大量饮酒使大脑、小脑损伤变性，记忆力减退，意识出现障碍，反应迟钝，心跳加快，血压升高等。欣快与过度兴奋发生酩酊状态，使得语无伦次，做出平时力所不及和无胆量进行的行为举止。严重者会继而进入抑制状态，发生脑的严重并发症，甚至昏迷死亡。

长期过量饮酒，会导致慢性酒精中毒，引起心、肝、肾、脑等多脏器功能损害，使这些器官功能减退，如酒精性肝硬化，平衡功能失调等，青少年可出现发育迟缓的现象。

酒精中有亚硝胺等致癌物，并是多种化合物良好的溶剂，一些致癌物，如 3, 4-苯并芘、黄曲霉素等在酒精中会增加溶解度，使毒性增强，导致癌症。

八、合理膳食，平衡营养

人的生命活动，每天都在大量消耗能量，需要不断从膳食中补充营养。合理膳食意味着机体能够摄入保持身体健康所必需的所有营养成分，能够促进正常生长发育，增强体能，增加免疫功能，预防疾病，保持良好的身体状况，提高工作效率和运动能力。不合理膳食会造成营养的缺乏或过剩，影响人体的生长发育，也易患各种疾病，如心血管疾病、糖尿病、癌症、肥胖、营养不良等。因此，要充分发挥营养的保证作用就必须做到合理膳食、平衡营养。同时还要养成良好的饮食卫生习惯，即使膳食营养十分丰富，若不注意饮食卫生，效果也会适得其反。

中国营养学会依据本国国情和营养学原理制定了"中国居民膳食指南"和"中国居民平衡膳食宝塔"，提出了合理膳食的原则和理想的膳食模式，为人们合理膳食、平衡营养提供了指导。

九、保持健康的心理状态

世界卫生组织公告，健康的一半是心理，心理平衡是健康的基础，60%的疾病是由心理和精神因素引起的。情绪不好、喜怒无常、紧张不安、忧郁沮丧等都会使人免疫功能低下，各器官生病以致生癌。生气严重时可把人气死，而性格开朗、乐观豁达、充满自信、心态平和的人，则活得潇洒，健康长寿，这些已经得到科学研究证实。

学生时代的生活是丰富多彩的，但可能由于学业不佳、人际冲突、恋爱受挫、理念相悖、内向孤僻、敏感多疑、厌学自卑等原因，使心理不够成熟的青少年深感重压。若由此产生的烦恼不能及时排除，或缺乏正确的价值观和自制能力，就极易导致情绪忧郁、精神颓丧、继而产生心理障碍而难以自拔。

据精神学家分析，心理障碍者的潜意识就是自我压抑。这表明，当一个人在心理上失去平衡时，只要善于自我调节，或许苦闷之心就会变得开朗，忧郁之情也能缓解。心理学家认为：自我压抑是人与人、人与社会的不正常关系所致。只要抓住这个根本，及时设法与他人沟通，相互建立可信赖的真诚友谊，那就不仅可以抚平痛苦与创伤，防止危机的进一步发展，还能从中学习新的应对技巧，使心理平衡恢复，甚至超过危机前的水平。

心理发育作为人的社会属性，主要受环境因素的影响。鉴于体育锻炼更有机会使个体置于社会群体之中，并通过身体运动的非语言接触与他人维系交往，而成为改善不同个性人群相互关系的纽带。因此，若经常参加体育锻炼，就能从表现不同特点的运动方式中，达到排除各种心理积郁的目的。

此外，心理咨询是疏导和干预心理危机的一种方式，鉴于心理咨询创造的氛围极为民主、开放，可以使咨询者无所顾忌地畅所欲言，因此通过心理医生的客观分析和耐心劝导，有利于发挥疏导和有效干预的作用。特别是热线咨询，因具有匿名和快捷两大特点，尤适用于青少年和内心隐秘极深的心理障碍者。

十、避免和清除环境污染，保持机体与环境平衡

人类和一切生物都不可能脱离环境而生存，人们从事的任何活动都是在环境中

进行的，无时无刻不在受环境的影响。自然环境和生活环境及社会环境与人的健康、生命关系密切。比如，人的饮食和呼吸，就是为了从环境中摄取生长发育与生命活动所必需的物质和能量，通过人体和环境不断地进行物质与能量的交换，来维持人类的生存和发展。一切健康长寿的生命体，必须与环境保持平衡。我们的身心就是靠人体内外环境的相互适应和保持平衡来培育的。因此，要保护好适宜人类生活的大环境，避免和清除大环境的污染，才能管好人体的内环境。

危害人体健康的环境因素大致可分为三类：（1）噪声、振动、放射性物质、摄频辐射等物理性因素；（2）农药、重金属、有毒化学物质等化学性因素；（3）细菌、病毒、寄生虫等生物性因素。这些因素通过各种途径进入空气、水体、土壤和居住环境中危害人体健康。

当粮食、蔬菜、水果、禽肉、水、空气被人吃进或吸入后，人们已不知不觉地吸收了毒物。体内自身代谢也会产生毒物。吃进药品、"保健品"等也会产生有害健康的毒物。为了保持体内环境平衡，人体需"大扫除"。因此，提高人体自身排毒功能，对人体健康有着非常重要的作用。

十一、预防疾病

预防疾病是一种有益健康的措施和行为，事实上，应该是自己而不是医生对你的健康负责。将个人对健康的关注和早期检查预防相结合，是一条成效显著的生存之道，也是一条通向健康的金光大道。如研究人员通过尸体解剖发现，动脉粥样硬化在孩童时期就开始形成了，因此，对导致动脉粥样硬化危险因素进行检查与认定和早期制订预防计划是明智的选择，特别对于那些有动脉粥样硬化家庭病史的人。

十二、加强个人的安全防范

家庭、学校、社会都要加强青少年学生的健康教育，为学生创造一个安静、和谐、健康的学习环境，每个大学生除需要配合学校的安全教育外，还应注意加强个人的安全防范。安全防范的内容包括接受法制教育、消防安全教育、交通安全教育、卫生防病和饮食安全教育、预防突发意外事故教育、预防运动伤害事故教育、自护自救的教育，不断提高自身的安全防范能力。

思考题

1. 简述健康的概念和标准。
2. 什么是亚健康？亚健康的危害有哪些？
3. 根据本章学习，试述怎样维护自身健康。

第二章

体育锻炼与健康

体育锻炼对健康的积极影响

一、体育锻炼对新陈代谢的影响

　　体育锻炼可以提高脂质代谢过程，使血液中胆固醇的含量降低，有利于预防动脉硬化症的发生。体重超重、脂肪超量是心脏疾病、高血压病、糖尿病和某些癌症的隐患。节食可以降低脂肪，但这样做有很多弊端，节食破坏了肌肉组织，而肌肉是机体唯一有能力消耗大量脂肪的组织。锻炼能消耗脂肪并避免失去肌肉组织，还能使机体形成更多肌肉，并帮助保持理想的体重和脂肪百分比，有利于保持更健美、更健康的体态。

　　血脂包括胆固醇和甘油三酸酯，它们都和心脏疾病有关，血液中胆固醇的水平是判断心脏疾病的一个重要参照。胆固醇是类固醇的一种，存在于动物组织中。它不是机体所必需的营养素，因为在肝脏内可以由脂肪酸、碳水化合物和蛋白质的分解产物合成。全胆固醇有两种主要形式：低密度脂蛋白胆固醇（LDL）和高密度脂蛋白胆固醇（HDL）。LDL是导致冠状动脉阻塞的最危险的胆固醇形式；HDL是一种有益的胆固醇，它可以从动脉中收集胆固醇并把它送到肝脏，然后从身体中排出。体育锻炼能降低LDL，使HDL上升，从而可延缓动脉粥样硬化的发生与发展。

　　甘油三酸酯构成了运送和储存脂肪的形式，高水平的甘油三酸酯会引起心脏病、糖尿病和高血压病。体育锻炼是降低甘油三酸酯水平的有效方法，在锻炼后几小时内体内甘油三酸酯水平就会降低，很明显，定期、适度的锻炼会使机体甘油三酸酯水平明显下降。

　　定期活动和训练已经被证明能提高胰岛素敏感度和葡萄糖耐受性。这种锻炼效果对肥胖者和成年人突发糖尿病（又叫 2 型糖尿病或非胰岛素依赖性糖尿病）尤其重要。循环系统中高水平的脂肪含量可抑制胰岛素，因而限制了胰岛素帮助运送葡萄糖到肌肉的功能。体育锻炼可增强输送葡萄糖的能力，这种作用是通过减少体重和脂肪水平，增加胰岛素敏感度和葡萄糖的输送而实现的，所有这些都能降低患糖尿病的危险。

二、体育锻炼对运动系统的影响

骨密度是与健康素质有关的指标之一，健康的骨骼密实而坚韧。当骨骼缺钙时，骨密度会下降，孔隙增多，容易出现骨折。体育锻炼时，骨的血液供给得到改善，骨的形态结构和性能都发生良好的变化，骨密质增厚使骨变粗，骨小梁的排列更加整齐而有规律，骨骼表面肌肉附着的突起更加明显，这些变化使骨变得更加粗壮和坚固，从而提高了骨的抗折、抗弯、抗压缩和抗扭转等方面的能力。

体育锻炼既可增强关节的稳固性，又可提高关节的灵活性。关节稳固性的加大，主要是增强了关节周围肌肉力量的结果，同时与关节和韧带的增厚也有密切的关系。关节灵活性的提高，主要是关节囊韧带和关节周围肌肉伸展性加大的结果。人体的柔韧性提高了，肌肉活动的协调性加强了，就有助于适应各种复杂劳动动作的要求。

体育锻炼可使肌纤维变粗，肌肉体积增大，因而肌肉显得发达、结实、健壮、匀称而有力。正常人的肌肉约占体重的 35% ~ 40%，而经常从事体力劳动和体育锻炼的人，肌肉可占体重的 45% ~ 55%。

体育锻炼可使肌肉组织的化学成分发生变化，如肌肉中的肌糖原、肌球蛋白、肌动蛋白和肌红蛋白等含量都有所增加。肌球蛋白、肌动蛋白是肌肉收缩的基本物质，这些物质增多不仅能提高肌肉收缩的能力，而且还使三磷酸腺苷（ATP）酶的活性增强，供给肌肉的能量增多。肌红蛋白具有与氧结合的作用，肌红蛋白含量增加，则肌肉内的氧储备量也增加，有利于肌肉在氧供应不足的情况下继续工作。

体育锻炼有助于增强肌肉的耐力。因为体育锻炼可使肌纤维内线粒体的大小和数量成倍增加，同时在锻炼时还使肌肉中的毛细血管大量开放（安静时肌肉每平方毫米内开放的毛细血管不过 80 条左右，剧烈运动时开放数可增加到 2000 ~ 3000 条），从而产生更多的能量。因此，长期坚持锻炼，可使肌肉的毛细血管形态结构发生变化，出现囊泡状，增加肌肉的血液供应量。

体育锻炼能保持肌肉张力，减小肌萎缩和肌肉退行性变化，保持韧带的弹性和关节的灵活性，使脊柱的外形保持正常，从而能够减少和防止骨骼、肌肉、韧带、关节等器官的损伤和退化。

三、体育锻炼对心血管系统的影响

在世界范围内，心血管疾病已经成为危害人类健康的杀手。研究表明，适宜的体育锻炼对心血管的形态结构和机能都会产生不同程度的积极影响，对预防和治疗心血管疾病有重要作用。

心脏的效率：体育锻炼改善了心脏肌肉的收缩能力，心脏每次跳动泵出的血液增多，使心脏能以较低心率来满足锻炼的需要。如血液循环身体一周，一般人需21秒，常运动的人只需10～15秒，剧烈运动时只需6～8秒。体育锻炼还可以使安静时脉搏徐缓和血压降低。通常人安静时脉搏每分钟70～80分钟，经过长期体育锻炼后，可使安静时脉搏减慢到50～60次。耐力运动员甚至可达到40次/分。脉搏频率的减少能使心脏收缩后有较长的休息时间，为心脏功能提供了储备力量，这样当人体进行激烈运动时，心脏就能承受大运动量的负荷。在激烈运动时，经常锻炼的人每分钟脉搏可达200次以上而无明显不适，而一般人在180次就会出现面色苍白、恶心等不适症状。在进行运动时，经常锻炼的人每分钟脉搏次数增加较少，而且恢复较快；不常进行体育锻炼的人脉搏次数增加较多，恢复也慢。

心脏大小：长期体育锻炼可使心肌纤维增粗、心壁增厚、心脏增大，并以左心室增大为多见，而且训练水平越高，这种变化越显著。如19～20岁常运动和不常运动的人，心脏重量和纵横径是不同的：常运动的人心重0.5千克，横径13.5厘米，纵径15.3厘米；不常运动的人心重0.3千克，横径12.2厘米，纵径14.46厘米。这样，不但使心脏具有更大的收缩力，而且还能增加心脏的容量，从而使心脏的每次搏动输出量和每分钟输出量增加。如不常运动的人每搏输出量为50～70毫升，经常参加体育锻炼的人每搏输出量可达80～100毫升左右。

对血管结构的影响：体育锻炼影响血管的结构，改变血管在器官内的分布。动物试验证明，体育锻炼可使动脉血管壁的中膜增厚，平滑肌细胞和弹力纤维增加。动物试验还证明，体育锻炼能使骨骼肌的毛细血管分布数量增加，分支吻合、丰富。这些变化都有利于改善器官供血，增强物质与能量的交换。研究还证明，体育锻炼能够反射性地引起冠状动脉扩张，使冠状动脉口径增粗，改善冠状动脉循环，心肌的毛细血管数量增加，心肌中肌红蛋白含量也增高，可以增强心脏在缺氧条件下的工作能力，对预防冠心病有着重要的意义，也是延缓冠心病发展的重要因素。体育锻炼可以促使身体大量储备着的毛细血管开放（这些毛细血管安静时常处于关闭状态）。这对于增强人体组织细胞的物质代谢过程，特别是脂质代谢，都起着良好的作用。

凝血：当血液中可溶性纤维蛋白被转为不溶解的纤维蛋白时，就会形成凝块。从事体育锻炼可增强血液中抗凝血系统的功能，降低血中尿酸含量，预防血小板的聚集，避免发生血管栓塞。

血液成分：正常成年人，男子每立方毫米血液中含有红细胞450万～550万个，女子含有380万～460万个，红细胞内含大量的血红蛋白，它具有运输氧和二氧化碳的重要作用。正常成年人男子每100毫升血液中含有血红蛋白14克左右，女子含有12.5克左右。在体育锻炼的影响下，血液的成分及生化方面都可发生改变。适量的体育锻炼，首先使血红蛋白和红细胞数量增加，这就增加了血液的容氧量。前苏联学者研究证实，长期锻炼可使机体碱储备增加，因而也增加了血液的缓冲性，在进行强烈的肌肉活动时，虽有大量代谢的酸性产物进入血液，血液也能在比较长时间内保持正常反应，而不致造成酸性产物对各器官组织的刺激。

经过长期的体育锻炼，在完成定量工作时，心血管机能变化呈现以下特点。

1. 动员快。完成一定工作劳动时，能迅速动员心血管的机能活动，以适应机体承受负荷的需要。

2. 潜力大。在极度紧张的劳作中，心血管系统可发挥最大的机能潜力，充分调动人体的储血力量。

3. 恢复快。在体力活动之后，虽然心血管机能变化很大，但能很快恢复到安静状态的水平。

四、体育锻炼对呼吸系统的影响

运动时要消耗能量，体力活动愈剧烈，氧的消耗就愈多，于是呼吸活动就会通过各种调节方式明显得到加强。运动对呼吸机能的作用是复杂的，除能最大程度地改善人体的吸氧能力，降低呼吸中枢对乳酸与二氧化碳的兴奋性，并增强人体对缺氧的耐受力外，还能促使呼吸机能出现"节省化"。实验证明，由于运动员呼吸机能的高度发展，呼吸和动作配合的协调完善，在进行定时活动时，呼吸系统的各项指标的变化都比一般人要小。

体育锻炼对提高呼吸机能的作用，主要表现为有效地增加毛细血管的数量和密度，改善生理无效腔，使呼吸肌发达，收缩力增强，最大通气量和肺活量增大，呼吸差加大。如一般人呼吸差为 6 ~ 8 厘米，经常锻炼的人为 9 ~ 16 厘米；安静时，一般人呼吸频率浅而快，每分钟男子为 16 ~ 20 次（女子要比男子快 1 ~ 2 次），而经常锻炼者呼吸深而缓，每分钟 8 ~ 12 次；一般成年男女肺活量为 2500 ~ 4000 毫升，而经常锻炼的人可达 4500 ~ 6500 毫升；一般人最大通气量为每分钟 80 升左右，最大吸氧量为 2.5 ~ 3.5 升，只比安静时大 10 倍，而经常锻炼的人每分钟通气量可达 100 ~ 120 升，最大吸氧量可达 4.5 ~ 5.5 升，比安静时大 20 倍。

此外，由于长期坚持锻炼，负氧债量大，对缺氧耐受力强，氧的吸收利用率也较高，调节呼吸的节奏和形式的能力也较强。

五、体育锻炼对消化系统的影响

体育锻炼会增强体内营养物质的消耗，这就需要更多能量来补充，长此以往使整个机体的代谢增强。另外体育锻炼对消化器官的机能有良好的作用，它能使胃肠的蠕动加强，消化液的分泌增多，改善肝脏、胰腺的功能，因而使消化和吸收的能力提高，为人的健康和长寿提供了良好的物质保证。在进行体育锻炼时，不要食后立即进行比较激烈的运动，更不要在比较激烈的运动后立即进食。因为在激烈运动时，大脑皮层运动中枢兴奋占优势，以致减弱和抑制了其他部位的活动，使消化中枢处于抑制状态，从而减弱了胃肠的蠕动，并减少了消化液的分泌，这样对消化系统有不良影响。

六、体育锻炼对人体中枢神经系统的影响

运动是在神经系统控制下进行的，人在进行运动时，在中枢神经系统的统一支配下，必须动员人的其他系统和有关器官的参与，如大脑皮层调节心脏及血管系统，加快全身的血液循环，及时供给能量和氧气，及时排出汗液和二氧化碳。与此同时，长期体育锻炼可以改善和提高中枢神经系统的工作能力，使中枢神经及大脑皮层的兴奋性增强，抑制加深，使得兴奋和抑制更加集中，从而改善神经系统的均衡性和灵活性，提高大脑分析和综合的能力，增强机体适应变化能力和工作能力。如经常从事体育锻炼的人和运动员灵活性高、反应速度快、反应时间短、耳聪目明、精力充沛，这正是神经系统功能提高的表现。另外，科学研究还证明，有氧代谢运动对促进心理健康有一定作用，锻炼时体内分泌的一种激素——内啡呔具有强烈的镇痛作用，因此经常参加跑步锻炼，可以提高神经系统的兴奋性，抑制低落情绪，减少痛苦感，使人在运动之后精神状态良好，周身轻松、精力充沛。国外有的学者说："有氧运动是天然的镇静剂。"此话非常中肯。

七、体育锻炼对提高人体免疫能力的影响

从预防医学的角度出发，可把体育锻炼看作是一种增强人体非特异性免疫的手段。免疫系统对运动的应答反应受多种因素的影响，一般认为，适宜负荷的运动会增强免疫功能。有研究发现，运动训练4～8周的小鼠抗体反应增强，感染细菌后存活率高于对照组，对接种的肿瘤生长的抑制作用有所增强。人体研究发现，中度肥胖的妇女进行6周的步行运动锻炼后，呼吸道感染的发病率明显下降。

免疫系统是人体的一套防御体系，其组成包括免疫器官，如胸腺、脾、淋巴结等；免疫细胞，如淋巴细胞（T细胞、B细胞、K细胞、NK细胞等）；免疫分子包括免疫球蛋白和细胞因子等。适度运动能对机体免疫功能产生良好的作用，这是由于运动直接刺激机体的免疫系统，免疫系统通过其复杂的识别系统感受运动时机体内环境的变化，从而激发一系列免疫反应，包括产生特异的抗体、增强NK细胞的活性、白细胞和致敏的淋巴细胞增多、免疫调节因子IL—1、IL—2、IL—6、肿瘤坏死因子（TNF）等细胞因子释放，维持机体内环境新的稳定。长期反复适宜的运动负荷刺激，可使机体的免疫状态始终维持在一个较高的水平。研究发现一次适宜的有氧运动后，体内的白细胞数量有显著性增加，免疫球蛋白（LGG、A、M）水平也都有显著性增加，这可能与体育锻炼增加机体的抗病能力有关。一般来讲，一次运动对免疫系统机能的影响作用是暂时的，只有经常参加体育活动才能对免疫系统产生持久的作用，从而增强机体免疫功能，预防疾病的发生。

八、体育锻炼可延缓衰老、延年益寿

延年益寿是人类自古以来的愿望，为了解决衰老问题，专家们对于衰老发生的机理曾经提出许多假说，但迄今为止种种学说没有一个能独立、圆满地阐明衰老发生的根本原因。近年来，一个引人注目的领域"衰老与免疫"正在出现，在研究过程中发现，除了经典的免疫防御作用外，机体免疫系统还具有监视和杀伤体内出现的癌变细胞及清除体内衰老死亡细胞的功能，即所谓免疫监视和免疫自稳作用。已有的研究结果表明，胸腺是人的"寿命之钟"，假如把只有 3 ～ 4 月龄的小鼠胸腺切除，小鼠马上就会变得老态龙钟，寿命从原来的 3 年缩短到 6 个月。由此可见，胸腺与寿命的长短是密切相关的，衰老是免疫能力降低所致。

我们知道，胸腺是具有免疫功能的组织之一，被认为是中枢免疫器官，它是被称作免疫活性细胞之一的 T 细胞的培训站，这种 T 细胞越多，免疫功能就越好，人就不易生病和衰老。

体内免疫细胞大家族中的其他一些细胞的变动，也可使机体失去平衡，比如有一类专门杀伤癌细胞的 NK 细胞，在机体衰老时也往往出现功能的下降和数量的改变。60 岁以上的老人发生肿瘤的机会显著增多，往往就是因为 NK 细胞变化造成的。近年来还发现免疫细胞具有感觉功能，能感知机体感觉系统所无法感知的诸如病原体的侵入和肿瘤的发生等一些危及生命的有害刺激。免疫细胞的减少势必影响机体对这些有害刺激的感知，从而加速衰老的发生和发展。因此有些学者提出了免疫衰老假说，即免疫功能的逐渐下降，比如胸腺的萎缩、T 细胞和 NK 细胞的损耗，促进了正常机体老化。

经研究观察表明：运动能够推迟机体免疫系统的衰老。有人做过这样的实验，一组年龄为 65 ～ 75 岁的老年人以 50% 最大摄氧量的运动强度（大约运动时最高心率为 130 次/分）持续跑步 45 分钟，即可明显提高外周血中 T 细胞、NK 细胞以及由 B 细胞分泌产生的抗体水平，并持续到运动后 6 小时左右。如果能长期坚持这种强度的运动锻炼，锻炼持续到 6 周左右，安静状态下外强度和时间，把运动看作是一种娱乐活动，而不能把它当作一种负担。唯有如此，才有可能对人的健康和长寿产生潜在效果。

第二节　体育锻炼的误区与运动处方

如今，越来越多的人崇尚健康，运动健身蔚然成风。但有些人不考虑自己的身体情况，盲目跟风，运动过量，一曝十寒，结果可能适得其反。

一、体育锻炼缺乏科学性的特征

体育锻炼缺乏科学性的特征如下。

1. 对自己身体状况不够了解以及缺乏正确的评估。

2. 缺乏运动损伤防护的基本知识。

3. 缺乏正确的技巧及体能训练。

4. 运动伤害发生后，不知如何寻求正规医疗途径，因而延迟就医，导致一些永久性的伤害，缩短了运动生涯。

5. 受伤后接受治疗或手术，缺乏积极完善的物理治疗，因而导致复原缓慢或不全。

二、远离体育锻炼的误区

人体是个精密系统，视自身情况量力锻炼，才能达到健身效果。如果很久不运动，某天心血来潮突然"暴动"，就最容易出事。运动猝死虽然很突然，但并非没有任何预警信号。不少人在运动时可能出现胸闷、气促、心慌、头痛、恶心等情况，这往往被人们认为是运动过程中的正常反应，不予理睬而继续运动，结果就会导致悲剧发生。近年来，屡屡发生运动猝死的案例就是前车之鉴，应引起各体育锻炼者的高度重视。

常见的锻炼误区有以下几点。

（一）定点减肥

人们形容庸医治病是"头痛医头，脚痛医脚"。定点减肥的想法与此类似。例如，为了减去小肚子，就拼命做仰卧起坐；觉得大腿粗，就天天练习抬腿运动。遗憾的是，特定部位的脂肪无法被耗尽、被扩散，脂肪通常只能在最后积累的地方、从积累最多的部位或从全身各处以相同的速率减少。

但定点减肥的努力也并非完全徒劳。这些锻炼有助于肌肉变得更结实，并且使你感觉更好。同时，力量训练十分有助于消耗热量，并且在锻炼结束后仍然继续消耗。此外，你不必为了追求效果而成百上千次地重复这些锻炼。事实上，过度锻炼弊大于利。

（二）晨练比暮练好

很多健身者都热衷于晨练，认为晨练比暮练好，甚至起得越来越早。事实上，早晨人体的血液黏稠度高，血栓形成的危险性相应增加，是心脑血管病发作的高峰期。相反，黄昏是体育锻炼的理想时间。黄昏时分人体的血小板含量比清晨低20%左右，血液黏稠度降低6%，心脏病的发生率比其他时段低得多；经过大半天时间人体对活动已较适应，此时人体的吸氧量最大；黄昏时分人体的心跳、血压最为平稳，最适应运动时心跳、血压的改变；黄昏嗅觉、听觉、视觉、触觉最敏感，人体应激能力是一天中的最高峰。所以，应该是暮练比晨练好。

（三）运动时要克服身体各种不适和痛楚

这是一种非常危险的错误概念。如果在运动中出现眩晕、胸闷、胸痛、气短等症状，应立即中止运动，必要时应到医院进行诊治。强行继续运动常会招致不良后果。

（四）肌肉疼痛且天天练才能锻炼得好

许多人在力量训练时常常用较重的器械及较大的强度，认为只有感到肌肉疼痛了才锻炼得好，而且认为应该天天练肌肉才能越来越发达。健身运动会产生轻微的肌肉酸痛，但会在一定时间内缓解消失，这与疼痛不一样，疼痛只能说明锻炼过度或训练不当，意味着损伤，需要治疗，并停止锻炼。肌肉锻炼会消耗大量的营养物质，运动结束后，经过适当的休息，肌肉中的营养物质才会得到补充，而且补充的量会比所消耗的还要多，这种现象在生理学上叫作"超量恢复"。"超量恢复"使肌肉获得更多的营养物质，越练越发达。有研究认为，休息时间以肌肉再次具备上次运动能力为标准计算，一般需要 2 ~ 3 天。

（五）只要是锻炼，什么形式都行

不是所有的运动方式都适合每一个人，如膝关节有骨性关节炎及退行性改变者，不适合爬山、爬楼梯、深蹲、架势太低的太极拳等活动；高血压病、心脏病患者不适宜进行剧烈的运动。锻炼者选择锻炼项目的依据是生理健康状况及生理阶段，做运动一定要根据自己的身体条件量力而行，尤其慢性病患者在运动前最好咨询一下专科医生。

（六）只要运动，就可能加速膝关节退化

随着年龄增长，膝关节会产生退行性变化，这是自然现象，但因此完全停止运动是错误的。人不运动容易患骨质疏松症，肌肉萎缩，身体也会缺乏敏捷性和协调性，体能下降。膝关节有病变的人并非不能运动，但应尽量减少负重、长距离行走、长时间站立，不要练习跑跳、深蹲等。最好选择对膝关节没有损伤的运动，如游泳、骑车、散步、垫上动作等。

（七）运动就应"风雨无阻"

为表示锻炼的决心和恒心，有的人即使在刮风、下雨、飘雪等恶劣的气候条件下也不肯中止锻炼，这也是不可取的。大风刮起，尘土飞扬，此时锻炼会吸入过多的尘土，对肺部不利；雨中健身，很容易着凉感冒；下雪路滑，很容易跌伤，如果造成骨折就更得不偿失了；雾天空气质量差，雾中含有很多苯、酚、浮尘等有害物质，运动

时呼吸量增加，吸入过多有害物质会引起呼吸道疾病和过敏性疾病，严重者会出现呼吸困难、胸闷、心悸等症状。心脑血管疾病患者尤其不可在这种天气外出运动。

（八）步行或跑步前无需做热身准备活动

不论你从事哪一种运动项目，都要做热身准备活动。慢跑和步行也一样。只不过步行前只需做一些轻柔的放松活动或最初 5 分钟完全放松地行走，而慢跑在开始时，应跑得十分慢。

（九）强度越大效果越好

许多人倾向于大强度的锻炼，指望迅速取得成效。但是，这样做可能会导致受伤或肌肉疼痛而最终使锻炼计划夭折。

（十）出汗越多体重减少得越快

出汗是散发热量和降低体温的方式之一。失去水分能引起脱水，从而导致体重减轻。但减去的是水分，应迅速补充。这样所减去的体重与减少脂肪和肌肉组织无关。减去 1 千克脂肪，必须在 1 天中消耗 9000 千卡热量，这实际上是不可能的。

三、常见练习：错误方法与正确方法

（一）热身时可用脚尖做跑跳练习

错误方法：当你锻炼身体前做热身准备活动时，如果不断用脚尖来回蹦跳，会使小腿肚肌肉缩短。其后果是：小腿肚痉挛。

正确方法：热身活动应使整只脚都承受负荷。例如，跑步时，应从脚后跟向趾尖依次落地。当你向侧边或前后迈步时，应使脚后跟和趾尖分别来回地承受负荷。练习中间应经常重复抖动两腿。

（二）仰卧腹部练习

错误方法：抬起上身，下巴向胸部下压，动作做得太猛时，腹部会被挤压。其后果是：腹部肌肉没有绷紧，而脊柱变弯曲。

正确方法：颈部放松，头放在两手上，手肘向外。只将上部脊背（从胸部起）提起，而肩胛骨不要收缩。做任何腹部练习时，都要将腹肌轻微绷紧。

（三）臂部练习

错误方法：两臂向前伸展或交叉在身体前面，脊柱后凸，长此以往可能产生疼痛性痉挛。此外，你也不能正确地深呼吸。

正确方法：做这种力量训练时最重要的是挺胸。因为你站立并挺直（但同时放松），你的整个脊柱就减轻负担。颈部和肩部也得以放松，胸腔扩大，从而使呼吸畅通无阻。

（四）伸展练习

错误方法：双腿伸直，屈身，两手着地。这种后大腿伸展练习法已列入许多健身和放松教程之中。殊不知这是对脊柱和椎间盘，同时也是对膝关节韧带的一种折磨。

正确方法：将一腿向前迈一步，脚尖绷紧，双腿微屈。背部挺直，往前屈身。用两手支撑身体重心。这样能减轻背部负荷。

（五）俯卧撑练习

错误方法：双臂完全伸直，两手关节往外扭，背部完全下弯。这种俯卧撑易对脊柱，包括臂关节、手关节和足关节造成劳损。

正确方法：初练者应首先采取猫弓背姿势练习俯卧撑（锻炼臂部和肩部肌肉）。两手和两前脚掌撑地，身体俯卧，全身绷紧。重量移至两臂，两臂弯，连续平起平落。在平起时，两臂切不可完全伸直，指尖朝外。

（六）头部旋转练习

错误方法：许多人喜欢以头部旋转练习作为放松和健身的良方。现今，人们已发现，这种放松练习反而会使颈椎负荷过重。

正确方法：为使痉挛颈肌得以放松，最重要的是将头部尽量保持挺直和将颈伸长。以此姿势出发，可做各种不同的练习。例如，将头部轻柔地扭转至一侧和轻轻地点头。

四、运动处方

运动处方是指对从事体育锻炼的人们，根据其医学检查和运动能力的测试结果，按其健康、体力以及心血管功能状况，结合生活条件和运动爱好等个体特点，用处方的形式规定适当的运动种类、次数、强度及时间，并指出运动中的注意事项，以便有计划地进行经常性的锻炼，达到健身或治病的目的。

（一）运动处方的三个阶段

第一阶段：热身运动。每次运动前都应有一段热身准备，时间一般为 5 ~ 6 分钟。热身运动使体内温度升高，血流量和肺呼吸量增加，全身肌肉充分伸展，以便使身体适应即将开始的激烈运动，防止运动损伤和肌肉酸痛现象的发生。

第二阶段：主要运动。确定运动的负荷强度和运动持续时间是关键。

第三阶段：整理活动。整理阶段与运动阶段实际上是连贯的，即在激烈运动后以强度较低的方式继续活动一段时间，如跑步后转入步行，做一些伸展练习等。该阶段约需 5 ~ 10 分钟，使人体有大于安静状态时的摄氧量，以补充运动时体内消耗的氧，使呼吸和心跳逐渐恢复正常，使积累在四肢的血液加快回流到心脏，以免因大脑缺血而出现头晕、昏厥。

（二）制订和实施运动处方的基本原则

在制订和实施运动处方时应遵循下列基本原则。

1. 运动处方个体化

由于每个人的身体条件千差万别，不可能有放之四海而皆准的处方。即使可能，每个人的身体或客观条件也在经常变化。严格地说，上周的处方本周就不一定适合。所以，必须根据每个人的具体情况，因人而异，个别对待。

2. 运动处方要不断调整

对于初定的处方在实行过程中要进行一次或多次的微调，使之逐渐符合自己的实际情况。一个安全、有效、愉快的运动处方不是别人给予的，而是自己制订的。各种书刊上介绍的运动处方只是制订运动处方的参考。

3. 要以耐力为基础

在制订运动处方时，体力的差别比性别和年龄的差别更为重要。以体力（全身耐力）情况为基础制订的运动处方才是适宜的。

4. 保持安全界限和有效界限

为了提高全身耐力水平，运动必须达到改善心血管和呼吸功能的有效强度，这就是靶心率范围。如果运动超过这个上限，就可能有危险性，此运动强度或运动量界限被称为安全界限，而达到这个最低效果的下限被称为有效界限。安全界限和有效界限之间，就是运动处方安全而有效的范围。

（三）运动处方的种类

运动处方大致可分为治疗性运动处方、预防性运动处方两种。

1. 治疗性运动处方

治疗性运动处方是用于某些疾病或损伤的治疗和康复，它使医疗体育更加定量化、个别对待化。例如，某人中等肥胖，体重超标 10 千克，他需每天爬山 1 小时，约 16 周的时间体重可以降到标准范围，这就是治疗性运动处方。

2. 预防性运动处方

预防性运动处方主要用于健身防病。如人过中年，身体就开始衰退，像动脉硬化就慢慢开始了。为了预防动脉硬化，运动处方规定了中等强度的耐力跑，使脂肪和胆固醇等物质不易沉积，从而达到预防动脉硬化的作用，这就是预防性运动处方。

（四）运动处方的基本构成

1. 健康检查

了解锻炼者的一般身体发育、伤病的情况和健康状况，以确定是否是健身运动的适应者，有无禁忌症等。

2. 运动负荷测定

检测和评定锻炼者对运动负荷的承受能力。以心肺功能为主，进行安静和运动状态下的生理功能检测，主要有心率、血压和肺活量等指标。

3. 体能测定

进行力量、耐力、速度和灵敏的身体素质检测，从中判定锻炼者的运动能力和生理机能的状况。

4. 制订运动处方

（1）运动目的

通过有目的的锻炼达到预期的效果。由于每个人的情况千差万别，运动处方的目的有健身的、娱乐的、减肥的和治疗的等多种类型。

（2）运动项目

在运动处方中，为锻炼者提供最合适的运动项目关系到锻炼的有效性和持久性。选择运动项目，要考虑运动的目的，如是健身还是治疗；要考虑运动条件，如场地器材、余暇时间、气候等；还要结合体育兴趣爱好等。

（3）运动强度

运动强度是运动时的剧烈程度，是衡量运动量的重要指标之一，可用每分钟的心率来表示大小。一般认为学生心率 120 次／分以下为小强度，120 ~ 150 次／分为中强度，150 ~ 180 次/分钟或 180 次／分以上为大强度。

（4）运动时间

运动时间指一次锻炼的持续时间。它与运动强度紧密相关，强度大，时间应稍短，强度小，时间应稍长。有氧锻炼一般在 30 分钟左右就可以达到较好的效果。

（5）运动频率

运动频率指每周的锻炼次数。关于运动频率，日本的池上晴夫研究表明，1 周运动 1 次，肌肉酸痛和疲劳每次发生，运动后 1 ~ 3 天身体不适，效果不蓄积；1 周运动 2 次，酸痛和疲劳减轻，效果有点蓄积，不明显；1 周运动 3 次，无酸痛和疲劳，效果蓄积明显；1 周运动 4 ~ 5 次，效果更加明显。可见，1 周运动 3 次以上，效果才明显。

（6）运动量

运动量是运动的频率，强度和时间共同决定的，它对身体成分和体重管理的重要性尤为突出。

（7）运动进程

运动进程取决于运动者的健康状况、体适能、训练反应和运动计划的目的。

5. 效果检查

由于个人情况千差万别，在实行运动处方的过程中，可能会有不合适的地方，应在实践中及时检查和修正，以保证锻炼的效果。

第三节 体育锻炼的风险与自我监控

一、知晓自己的体能和健康状况

在开始体育锻炼前，锻炼者有必要了解自己的体能水平，这有助于锻炼者通过一定的方法和手段来改善体能方面的不足之处，有助于体现锻炼所带来的益处，从而树立自己坚持锻炼的信心。

体育锻炼需要身体承受一定负荷，但是对人来说，承担一定负荷的运动有可能存在安全隐患。因此，在准备参与体育锻炼前也很有必要了解自己的健康状况。如果你身患疾病（高血压病、心脏病、糖尿病等），则需要咨询医生或体育保健专家，这样才能科学地进行锻炼，否则体育锻炼不仅无益于健康，而且还可能造成生命危险。健康状况自评量表能使你清楚地了解自己的健康状况；疾病史自评量表会使锻炼者清楚地了解自己的疾病史；适合健康状况运动量的自评量表则可以帮助你选择最适合自己运动量的运动形式。

如果锻炼者对自己的健康状况有疑问，在参与体育锻炼之前就应去医院接受体检。如果锻炼者对以下任何一个问题做出了肯定的回答，那么在开始一项锻炼计划之前就应进行全面的体检（表 2-3-1）。

表 2-3-1 健康状况自评量表

1. 在运动时或运动后，你是否有胸部疼痛或受压的感觉？
2. 在爬楼梯、迎冷风行走或从事任何体育活动时你是否有胸部不适感？
3. 你的心脏是否曾经不规则地跳动或悸动或早搏？
4. 在无明显原因的情况下，你是否曾经有过心律突然加快或减慢的经历？
5. 你是否有规律地服用过药物？
6. 医生是否曾经告诉过你，你的心脏有问题？
7. 你是否有诸如哮喘这样的呼吸疾病，或在从事轻微的体力活动时是否呼吸短促？
8. 你是否有关节或背部的疾患，从而使你在运动时感到疼痛？
9. 你是否存在下列心脏病的隐患。
（1）高血压病。
（2）血液中胆固醇含量过高。
（3）超过标准体重的30%以上。
（4）长期吸烟。
（5）近亲（父母亲、兄弟姐妹等）在55岁以前曾经有心脏病史。

选自：季浏．体育与健康．上海：华东师范大学出版社，2000.

　　锻炼者在正式决定参与体育锻炼前，很有必要了解自己的健康状况，这样可以避免体育锻炼给你带来副作用。不管哪一个问题，只要回答"是"，就应该在正式参与体育锻炼前咨询一下医生（表2-3-2）。

表2-3-2　疾病史自评量表

疾病类型	是	否
冠心病	☐	☐
胸　痛	☐	☐
肩和颌痛	☐	☐
心律不齐	☐	☐
高血压病	☐	☐
呼吸短促	☐	☐
心脏病遗传史	☐	☐
风湿病	☐	☐
高胆固醇	☐	☐
哮喘病	☐	☐
慢性咳嗽	☐	☐
糖尿病	☐	☐
镰形血球贫血症	☐	☐
头晕目眩或意识模糊	☐	☐
痉　挛	☐	☐
严重头痛	☐	☐
肥胖症	☐	☐
关节炎	☐	☐
骨头、关节或肌肉严重受损	☐	☐
背下部疼痛	☐	☐
你吸烟吗	☐	☐
你正在使用药物处方吗	☐	☐
你有其他身体问题吗	☐	☐

　　选自：季浏．体育与健康 [M]．上海：华东师范大学出版社，2000.

　　如果锻炼者打算在以后的体育锻炼中增加运动量，请首先回答以下7个问题。如果锻炼者的年龄在15 ~ 69岁之间，该量表的最后结果会告诉锻炼者是否应咨询一下医生。仔细阅读以下每一个问题，并在符合自身情况的小方格中打"√"（表2-3-3）。

表 2-3-3 适合健康状况运动量的自评量表

	是	否
1. 医生曾说过，你的心脏有问题，但你仍从事医生并未推荐的体育活动方式吗？	☐	☐
2. 当你进行体育锻炼时，你感到胸痛吗？	☐	☐
3. 在上一个月中，你不从事体育活动时胸痛吗？	☐	☐
4. 你因眩晕而昏倒过吗？	☐	☐
5. 在体育锻炼时，你的骨头或关节有问题吗？	☐	☐
6. 医生为你的血压或心脏问题开过药方吗？	☐	☐
7. 你知道不应该进行体育锻炼的其他原因吗？	☐	☐

如果锻炼者有一个或几个问题回答"是"，请询问一下医生是否可以增大运动量；如果对所有问题的回答都是"否"，锻炼者就完全可以增加运动量，但应遵循循序渐进的原则。此外应注意的是，如果暂时身体不适或有病（如感冒或发烧），请停止体育锻炼，直到锻炼者的身体完全恢复后再开始活动。

如果锻炼者的回答都是"否"，请在开始从事大强度的运动（特别是竞技性运动项目）前，进一步回答以下五个问题，如果有一个问题回答"是"，请询问一下医生，以确定是否能从事大强度的运动（表 2-3-4）。

表 2-3-4 大强度运动自评量表

	是	否
1. 你计划参加一个有组织的运动队吗？	☐	☐
2. 你曾经在身体接触的运动中由于冲撞而昏倒过吗？	☐	☐
3. 由于以前肌肉受伤，你现在活动时还痛吗？	☐	☐
4. 由于以前背部受伤，你现在活动时还痛吗？	☐	☐
5. 在体育活动时，你有其他不健康的症状吗？	☐	☐

选自：季浏.体育与健康[M].上海：华东师范大学出版社，2000.

二、运动强度的监控

一般采用心率监控运动强度，心率可以帮助了解和控制体育锻炼过程中的运动强度，它可以准确地告诉锻炼者运动强度是需要增加还是需要减少。为了掌握体育锻炼运动强度是否合理，应当准确测量运动中的心率，测试运动中心率的方法是运动结束后的 5 秒内开始进行测量，测量 10s 的心率再乘以 6，作为运动时 1 分钟的心率。

靶心率：是指能获得最佳效果并能确保安全的运动心率，也称运动适宜心率。在体育锻炼中常用它来调节运动负荷。下列公式可以帮助锻炼者计算靶心率：靶心率=最大心率×60%～最大心率×80%。其下限为健身锻炼的有效界限，上限为安全界限（成年人靶心率的上限为最大心率×80%）。靶心率为人们提供了运动时安全有效的心率范围。学会了如何根据靶心率来调控自己锻炼时的运动强度，就应该利用这种方法指导自己的实践活动。

三、体育锻炼过程中的监控

在训练的过程中，一定要注意一些危险信号。

第一组

如果发生以下任何一种情况，即使只有一次，也要停止运动，在咨询医生之后，才可以恢复运动。

1. 感觉心跳不正常。这包括不规则的心跳，心脏快速跳动，或者是心悸，突然的心跳，或者在正常心跳之后出现很慢的心率（这可能发生在运动中或运动后）。

2. 胸、手臂或喉咙感到疼痛或压力，这可能在运动中或运动后发生。

3. 眩晕、突然丧失协调、神志迷乱、出冷汗、目光呆滞、面色苍白、忧郁或者昏厥。在这种情况下，要停止运动，也不要做放松运动，躺下并抬高脚，或者坐下把你的头放在双腿之间直到症状消失。

第二组

立即试用建议的疗法，如果没有作用，就去看医生。

1. 长期的快速心跳。这可能在你接近训练区域上端时和运动后5～10分钟内发生。要改变这个状况，可以把运动心跳保持在训练区域的下端，并且逐渐增加运动量。当症状仍不消失时，就去看医生。

2. 关节炎发作。休息到症状消失再参加运动。如果常用药物而没有作用，就去看医生。

第三组

一般可以不用医生就可消除的症状，但你最好告诉医生。

1. 运动后的恶心或呕吐。减少运动量并延长放松运动时间。

2. 在运动停止后仍持续10分钟以上的严重呼吸困难。运动强度应保持在训练区域下端或下方，在运动中要保持能够谈话，如果你在运动中呼吸困难，就停止运动，去看医生。

3. 疲劳恢复过慢。如果你在运动后24小时仍不能消除疲劳或在运动后出现失眠，就要降低训练强度，保持在训练区域的下端或下方，并且缓慢地增加运动量。

4. 侧肋剧痛（隔膜痉挛）。坐下前倾，试着把腹部器官向上挤压以舒张隔膜。

四、过度疲劳的十大症状

1. 运动后第二天肌肉非常疼痛。

2. 肌肉的疼痛感随着锻炼的次数逐渐加强。

3. 体重不正常地持续下降。

4. 已能完成的练习任务现在完不成。

5. 安静状态下的心率增加了 8 ~ 10 次（在每天相同的时间和状态下测量）。

6. 对体育锻炼感到厌倦。

7. 感冒、头疼等症状增多。

8. 食欲下降。

9. 颈、腋、腹股沟部的淋巴结肿大。

10. 便秘、腹泻。

如果在锻炼过程中，出现上述过度疲劳症状，应该减少运动量或停止锻炼，直到过度疲劳症状消除。

五、对锻炼环境的监控

在阳光下锻炼身体，我们可以直接接受太阳辐射到地球上的光线、紫外线和红外线，它们对人类的健康与生存尤为重要。但是，这些射线和自然环境中的一些有害因素也随时威胁着我们的健康。

（一）太阳射线对人体运动的不良影响

在体育锻炼时，皮肤过度暴露在强烈的阳光下对机体也会产生很大的伤害。紫外线可使局部皮肤毛细血管扩张充血，使表皮细胞破坏，导致皮肤发红、水肿，出现红斑；过量紫外线照射还可以引起光照性皮炎、眼炎、白内障、头痛、头晕、体温升高、精神异常等症状。此外，过度紫外线照射还会诱发皮肤癌。

过强的红外线照射对机体有害，它可使局部组织温度过高，甚至发生烧伤。当头部受强烈阳光照射时，其中的红外线可使脑组织的温度上升，进而引起全身机能失调。因此，要尽量避免在强烈的阳光下进行体育活动，同时还应选择在反射率低的场地进行锻炼。

（二）热环境中的体育锻炼

只有当体温恒定在37℃左右时，机体才能维持进行正常的生理活动，波动范围过大就会对人体造成伤害。运动时，人体内产热量会大幅度增加，特别是剧烈运动时产生的热量能比平时增加100倍以上。体内产生这么多的热量，如果蓄积在体内使体温升高，会引起一系列的机能失调，甚至休克，而且热环境是不利于体内热量向外散发的。因此，在热环境中进行体育锻炼，必须采取防暑措施，避开酷热；穿有孔隙的服装，便于空气流动带走身体多余热量，浅色或白色的服装有利于反射热量，在阳光直射环境中运动时戴上有孔的遮阳帽；休息时选择在阴凉处；运动中和运动后及时补充水分；注意观察身体状态的变化，如果身体出现不适症状，应该停止运动，否则就有患热辐射疾病的危险。

（三）冷环境中的体育锻炼

在寒冷环境中进行体育锻炼所采取的保护措施，其主要目的是保持体温和防止冻伤，因此要注意手、脚、鼻子、耳朵等部位的保暖。运动着装应是重量轻而多层的服装，而不是单层厚重服装，贴身一层衣服需要是有助于散发皮肤水分和吸水性强的材料。在寒冷多风的环境下进行身体锻炼，尽量不把身体弄湿，以保持热量。另外在冷环境下，肌肉的黏滞性增大、伸展性和弹性降低、工作能力下降、更容易引起运动损伤。为了避免冷环境给运动带来的不利影响，在运动前一定要做好准备活动并增加热身活动的时间，保证体温进一步地升高；其次，不要张大嘴巴呼吸，避免冷空气直接刺激喉咙而引起呼吸道感染、喉痛和咳嗽等；运动后要及时穿好衣服保持身体温度。

（四）避免在空气污染的环境中进行锻炼

大气中的二氧化碳、一氧化碳、臭氧、花粉、可吸入颗粒物等是影响体育锻炼效果和危害健康的重要污染物，它们可导致胸腔发闷、咳嗽、头痛、眩晕及视力下降等，严重的还可导致支气管哮喘。在马路边跑步，呼吸带中弥漫着由汽车排放的大量二氧化碳，会对锻炼者的健康造成严重的危害。因此，应避免到车流量大的马路边快走或跑步。在遇到沙尘暴、可吸入颗粒物较多或大雾的天气时，也应停止在户外的锻炼。因为空气中的可吸入颗粒物和雾中含有许多危害健康的物质。

思考题

1. 试述体育锻炼对健康的积极影响。
2. 简述体育锻炼缺乏科学性的特征。
3. 怎样监控运动强度？过度疲劳的症状有哪些？

第三章

营养与健康

第一节 营养素

生命的存在，有机体的生长发育，各种生理活动及体力活动的进行，都有赖于体内的物质代谢过程。体内进行物质代谢必须不断地从外界获得新的物质，主要是从食物中摄取。营养是指人体吸收、利用食物或营养素的过程，也是人体通过摄取食物以满足机体生理需要的生物化学过程。营养素是指能在体内消化吸收、供给热能、构成机体组织和调节生理机能，为身体进行正常物质代谢所必需的物质。人体所需要的营养素有蛋白质、脂肪、碳水化合物、维生素、无机盐、食物纤维和水七类。

一、蛋白质

（一）生理作用

1. 构成人体组织与修补人体组织，促进生长发育

蛋白质是构成组织和细胞的主要材料，人的骨骼、大脑、神经、皮肤、肌肉、内脏、血液，甚至指甲、头发都是蛋白质为主要成分构成的。身体的发育成长、成长后衰老组织的更新、损伤后组织的新生修补，蛋白质都起着重要的使用。蛋白质占人体重量的18%，平均每天约有3%的蛋白质被更新。所以人每天需有摄取一定的蛋白质，生长发育期、疾病恢复期和手术后需要供给较多的蛋白质。

2. 构成机能物质

人体有许多具有重要生理作用的物质，也是以蛋白质为主要组成成分或由蛋白质提供必需的原料，如对代谢过程具有催化作用和调节作用的酶和激素、承担氧运输和贮存的血红蛋白及肌红蛋白、维持渗透压的血浆蛋白、发挥免疫作用的抗体蛋白、血液中具有缓冲作用的缓冲碱、进行肌肉收缩的肌纤凝蛋白构成机体支架的胶原蛋白等。所以蛋白质是生命存在的形式，也是生命活动的物质基础。

3. 增强机体抵抗力，构成抗体

机体抵抗力的强弱，决定于抵抗疾病的抗体多少。抗体的生成与蛋白质有密切关系。近年被誉为抑制病毒的法宝和抗癌生力军的干扰素，也是一种糖和蛋白质的复合物。

4. 调节渗透压

正常人血浆与组织之间的水不停地交换，但却保持着平衡。其之所以能平衡，有赖于血浆中电解质总量和胶体蛋白浓度；在组织液与血浆的电解质浓度相等时，两者间水分的分布就取决于血浆中白蛋白的浓度。若膳食中长期缺乏蛋白质时，血浆蛋白的含量便降低，血液内的水分便过多地渗入周围组织，造成营养不良性水肿。

5. 供给热能

虽然蛋白质在体内的主要功能并非供给热能，但陈旧的或已破损的组织细胞的蛋白质，也会不断分解释放能量。另外，每天从食物中摄入的蛋白质中有些不符合人体需要，或者数量过多的，也将被氧化分解而释放能量。所以蛋白质也可以供给部分热能。每克蛋白质在体内氧化时可产生 16.7 千焦（4 千卡）热能，人体每日热能的 5% ~ 10% 来自蛋白质。

6. 增强神经系统功能

神经传导、信息加工及思维活动都与蛋白质有关。它可明显地影响大脑皮层的兴奋和抑制过程。在婴幼儿大脑发育时期，蛋白质供给不足，会使脑细胞数量减少，从而影响智力发育。

（二）供给量与来源

一个人一天需要补充多少蛋白质，这应根据年龄、性别、劳动强度和健康状况来定。一般成年人每天每千克体重需要 1 ~ 1.5 克蛋白质；正在生长发育的青少年、孕妇、乳母每天每千克体重需要 1.5 ~ 3 克蛋白质；患病情况下可根据病情作相应增减。但是，仅考虑蛋白质的"量"是远远不够全面的，还需注意蛋白质的营养价值（质量）。

人体所需蛋白质一般来源于动物性食物和植物性食物。动物性食物常指瘦肉、鱼类、奶类和蛋类等，属于优质蛋白质，其营养价值一般高于植物性食物，所以一般认为动物性食物营养好。植物性食物常指米、面、大豆、蔬菜等。除大豆、芝麻、葵花籽等是优质蛋白质外，其余均不属于优质蛋白质。植物性食物中，谷类虽然蛋白质含量不算高，但它是中国人民的主食，一日三餐 70% 的蛋白质来自谷类，不可忽视。植物性食物中的大豆蛋白质含量高达 40%，是植物性食物中蛋白质含量最高的食物，而且营养价值也高，是优质蛋白质的重要来源。

二、脂 肪

（一）生理作用

1. 供给热能并维持体温

脂肪是供热的营养素，1 克脂肪在体内氧化可产生 38 千焦（9 千卡）热量，其产热量是碳水化合物和蛋白质的 1.52 倍。脂肪被吸收后，一部分被利用消耗，一部分则贮存于体内，当肌体代谢需要时可释放能量。皮下脂肪还能使体内温度不易外散，有助于维持体温和御寒。

2. 构成组织细胞

脂肪（主要是磷脂和胆固醇等）是构成脑和神经组织的主要成分。组织细胞的各种膜——细胞膜、细胞器膜等，都是由脂类物质与蛋白质结合而成的。

3. 促进脂溶性维生素的吸收

脂溶性维生素A、维生素D、维生素E、维生素K等不溶于水，它们只有溶于脂肪中才能被吸收和利用。因此，摄取脂肪，就能使食物中的脂溶性维生素溶解于脂肪中，随同一起被吸收。

4. 供给必需脂肪酸

人体所需的必需脂肪酸主要靠膳食提供。

5. 促进食欲，增加香味

油脂烹调的食物因其特有的香味能促进人们的食欲。

6. 增加饱腹感

脂肪在胃中滞留时间较长，约 3.5 小时。延迟胃的排空，有助于控制饥饿感发生。这是因为脂肪进入十二指肠，能刺激产生肠抑胃素。

7. 防护作用

分布于腹腔、皮下、肌纤维间的脂肪有保护脏器、组织及关节的作用。

（二）供给量与来源

脂肪的供给量成年人一般每天应占总热量的 20% ~ 25%，即 60 ~ 80 克。在寒冷条件下可增加脂肪的摄入量，在炎热环境下脂肪供给量应适当减少，重体力劳动者为避免食物体积过大，可适当提高脂肪摄入量。考虑到脂肪酸对人体健康的影响，脂肪供给不仅要考虑到量，还要考虑到质，即不饱和脂肪酸应多一些，饱和脂肪酸应少些。在膳食中对饱和脂肪酸、单不饱和脂肪酸与多不饱和脂肪酸供给量的比例以 1：1：1 最为合理，也有人认为以 1.25：1.5：1 为好，这就意味着要多食用植物油。一般认为膳食中的脂肪植物油应占 2/3，随着年龄的增大，动物油的摄入量应逐步减少。

脂肪按其食物来源可分为动物性脂肪和植物性脂肪。

动物性脂肪是指由动物组织和动物资源离析出来的脂肪，主要含有饱和脂肪酸。

饱和脂肪酸的熔点较高，一般呈固态，容易凝固、沉淀在血管壁上，可导致动脉硬化。动物脂肪中有较多的胆固醇，它在人体内有重要的生理作用，但中老年人血液中胆固醇过高时，容易患动脉硬化、高血压病等疾病，因此中老年人应少吃动物性脂肪。供给机体脂肪的动物性食物主要有猪油、牛油、鱼油、奶油、蛋黄油等。

植物性脂肪主要含有不饱和脂肪酸，熔点都比较低，在室温下呈液态，不容易凝固、沉淀在血管壁上。植物油不含有胆固醇，而含有豆固醇、谷固醇等植物固醇，其植物固醇不但不能被人体吸收，还能阻止人体吸收胆固醇。供给机体脂肪的植物性食物有花生、大豆、芝麻、菜子等油料作物榨取的油类。植物油中的橄榄油、花生油、菜子油，其单不饱和脂肪酸、多不饱和脂肪酸和饱和脂肪酸的含量接近，长期食用对动脉硬化无明显影响。此外，蛋黄，瘦肉，动物的脑、肝及肾等内脏含磷脂丰富，但也含有较多的胆固醇。

三、碳水化合物

（一）生理作用

1. 供给热能

碳水化合物是人体热能最主要和最经济的来源。每1克糖在体内氧化可产生17千焦（4千卡）热量，每日膳食中热能的供给量60%～70%来自糖类。糖类在供能上有许多优点，比脂肪和蛋白质更容易消化吸收，产热快，耗氧少，而且在无氧的情况下也可分解供能。

2. 保护肝脏

糖除了供给热能还有保护肝脏及解毒的作用。肝糖原含量高时，生成的葡萄糖醛酸对四氯化碳、酒精、砷等有较强的解毒能力。另外对各种细菌引起的毒血症也有较强的抵抗力。从这个意义来讲，摄入足量的糖，使肝脏合成充足的糖原，可保护肝脏免受有害因素的损害，并保持肝脏的正常解毒功能，对身体健康是有益的。

3. 构成组织

碳水化合物存在于一切细胞中，含量约占2%～10%。如构成细胞膜的糖蛋白，构成结缔组织的粘蛋白。另外，糖和磷酸、碱基组成的核糖核酸和脱氧核糖核酸是构成细胞质和细胞核的重要成分。糖和蛋白质结合生成的糖蛋白是构成软骨、骨骼和眼球的角膜、玻璃体的组成成分。

4. 抗生酮作用

当碳水化合物供给不足时，脂肪则氧化不全，可产生过量的酮体。酮体是酸性物质，在体内积存过多可引起酸中毒。只有在一定量碳水化合物存在时，脂肪氧化才能彻底，不产生过量的酮体，因为脂肪在体内代谢产生的乙酰基必须与草酰乙酸结合，进入三羧酸循环中才能被彻底氧化，而草酰乙酸的形成是葡萄糖在体内氧化的结果。所以，碳水化合物有抗生酮的作用。

5. 维持中枢神经的机能

大脑的能量代谢极强，其重量仅为体重的 2%，而能量消耗却占全身基础代谢的 25%。脑组织无能量储备，全靠血糖供给能量，每天需要 100 ～ 120 克葡萄糖。糖是大脑的唯一能源物质，血糖水平正常才能保证大脑的功能。当血糖含量下降到正常值以下时，脑组织因供能物质不足可发生头晕、昏厥等低血糖症。

6. 节省蛋白质的作用

碳水化合物有利于机体的氮储留。蛋白质以氨基酸的形式被吸收，并在机体内合成组织蛋白质或其他代谢产物，这些过程均需能量。如摄入蛋白质并同时摄入糖类，可增加 ATP 形成，有利于氨基酸的活化及合成蛋白质，使氮在体内储留增加。因为，供给充足的碳水化合物可以节省蛋白质作为能源的消耗。

（二）供给量与来源

碳水化合物的主要生理功能是供给热量，因此，一个人一天需要多少碳水化合物，应根据人体每天需要的热量而定。而人体每天的需要同年龄、性别、体型、生活方式、健康状况、劳动强度等密切相关。在同样的生活、劳动条件下，由于年龄、性别、体型等不同，所需要的热量也有所差别。

从年龄来说，按每千克体重计算，正在生长发育的儿童和青少年需要的热量相对比成年人要多，人过中年后，所需热量相应减少一些。成年人的热量供给标准是以年龄 18 ～ 40 岁体重分别为 53 千克、63 千克的女子和男子为基础，随年龄的增长而递减。如 40 ～ 49 岁减少 5%，50 ～ 59 岁减少 10%，60 ～ 69 岁减少 20%，70 岁以上减少 30%。

按照中国人民的膳食习惯，每天应摄入的碳水化合物以占总热量 60% ～ 70% 为宜。例如，供给热能 12552 千焦（3000 千卡），其中碳水化合物应占 7531 ～ 8159 千焦（1800 ～ 1950 千卡），即 450 ～ 488 克为宜。

糖的来源很广，各种粮食、根茎类食物等都含有大量的淀粉和少量的单糖和双糖，蔬菜和水果除含有少量单糖外，还含纤维素和果胶。此外，食糖中的蔗糖是最普遍的食用糖，近年来，研究成果表明，肥胖、糖尿病、心血管疾病等都与蔗糖摄入过多有关。因此，蔗糖的摄入不应超过总热量的 10%。

四、维生素

维生素是维持人体生命正常代谢和功能所必需的一种营养素，化学本质均为低分子有机化合物。人体不能合成维生素，必须从食物中获得。维生素不能为机体提供热能，也不是机体的构成物质。虽然机体对维生素需要量很少，但因其各有重要的生理功能，故当机体中某种维生素缺乏或不足时，就会引起代谢紊乱以及出现相应病理症状，称为维生素缺乏症。

在维生素的化学结构未阐明之前，维生素的名称的命名一般是按发现的前后，在维生素之后加上 A、B、C、D 等拉丁字母标志，如维生素 A、维生素 B、维生素 C、维生素 D 等。此外，初发现时，以为是一种，其后发现是几种混合存在，于是在字母右下方注以 1、2、3 等加以区别，如维生素 Al、A2 等，但这种命名系统正逐渐被基于它们的本质或生理功能的命名所取代，如硫胺素、抗癞皮病维生素、生育粉、抗坏血酸等。

维生素的种类繁多，结构各异，生理功能也各不相同，通常按其溶解性质分为脂溶性维生素和水溶性维生素两大类。脂溶性维生素包括维生素 A、维生素 D、维生素 E、维生素 K，只溶于有机溶剂而不溶于水，在食物中常与脂类一起，在吸收过程中与脂类相伴进行。可贮存于脂肪组织和肝脏中，故过量可引起中毒。水溶性维生素有 B 族维生素（B1、B2、PP、B6、B12、泛酸、叶酸、生物素）和维生素 C 等，易溶于水，在食物清洗、加工、烹调过程中处理不当易损失，在体内仅有少量贮存，易排出体外。维生素的生理功能、供给量及食物来源见表 3-1-1、表 3-1-2。

表 3-1-1 脂溶性维生素的生理功能、缺乏症、日需量及来源

名　称	生理功能	缺乏症	成年人日需量	来　源
维生素 A 视黄醇、胡萝卜素	维持正常视力；防癌；促进骨骼、牙齿正常发育	夜盲症、干眼	2500 国际单位	动物肝脏、菠菜、胡萝卜、芒果等
维生素 D 胆钙化醇	促进肠道钙、磷吸收；促进生长和骨骼钙化	佝偻病（儿）、软骨病（成）	100 国际单位	鱼肝油、肝、乳、蛋黄等
维生素 E 生育酚	与生殖机能有关；抗氧化作用；防止肌肉萎缩	人类未发现缺乏症	10 毫克	植物油、蛋类、谷类、干果等
维生素 K 凝血维生素	促进凝血酶原合成，防止出血	凝血时间延长；皮下、胃肠道出血	1 毫克	肝、绿色蔬菜

表 3-1-2 水溶性维生素的生理功能、缺乏症、日需量及来源

名　称	生理功能	缺乏症	成年人日需量	来　源
维生素 B1	硫胺素	促进糖的氧化；增进食欲	脚气病、肠道功能障碍	1.2 毫克
谷物外皮及胚芽、酵母、豆	维生素 B2	核黄素	参与生物氧化	舌炎、唇炎、口角炎等
1.8 毫克	肝、蛋黄、黄豆、绿色蔬菜	维生素 PP 烟酸	参与生物氧化，维持皮肤健康	癞皮病
19.8 毫克	谷类、花生、酵母、肉类	维生素 B6	参与蛋白质、脂肪代谢的关系非常密切	脂溢性皮炎、肌肉无力

续　表

名　　称	生理功能	缺乏症	成年人日需量	来　源
1.6毫克	蛋黄、谷类、豆类、肝	维生素B12	钴胺素	促进甲基转移核酸合成以及红细胞成熟
巨幼红细胞性贫血	2微克	肝、肉、鱼等	生物素维生素H	参与体内CO2的固定
人类未发现典型缺乏症	0.1毫克	动植物及微生物	叶酸维生素B11	与蛋白质核酸合成红细胞及白细胞成熟有关
巨幼红细胞性贫血	0.2毫克	肝、酵母、绿色蔬菜	维生素C	抗坏血酸
参与体内氧化还原反应，参与细胞间质形成	坏血病	60毫克	新鲜水果和蔬菜	

五、无机盐

无机盐又称矿物质，人体内含有的各种元素，除了碳、氢、氧、氮主要以有机化合物形式存在外，其余各种元素统称无机盐。人体内无机盐的种类很多，约占体重的5%，是构成机体组织和调节生理机能的重要物质。其中含量较多的有钙、镁、钾、钠、磷、硫、氯等7种，称为常量元素。其他如铁、碘、氟、硒、锌、铜、钼、锰、铬、镍、钒、锡、硅、钴等14种含量很少，称为"微量元素"。

矿物质在体内不能合成，只能通过食物来补充。人体在物质代谢中每天有一定量的矿物质从各种途径排出体外，因而必须从食物中得到补充。矿物质在食物中分布很广，一般都能满足机体需要。其中较易发生缺乏的为钙、铁、碘、锌和硒。

无机盐是构成人体最基本的物质，也是各种元素在体内生化代谢的表现。它们的主要功用可概括为以下几个方面。

（一）构成骨骼和牙齿的主要成分

如钙、磷是骨骼和牙齿中必不可少的成分。镁也是组成骨骼的成分。氟在体内需要量虽然不大，也是骨骼和牙齿中不可缺少的成分。

（二）构成软组织的重要成分

如铁是合成血红蛋白、肌红蛋白、细胞色素和其他酶系统的主要成分，也是肌肉、肝、脾和骨髓的组成成分，缺乏时，则携氧能力减小。

（三）调节生理机能

钠、钾共同维持体内正常的渗透压、酸碱平衡及体内水分的保留。碘是合成甲状腺激素的主要成分，可调节和控制机体的基础代谢，促进体内的氧化作用。钙是维持所有细胞正常功能的物质，如心脏的正常搏动，肌肉神经正常兴奋的传导和适宜性的维持，都必须有一定量的钙离子存在，如血钙量下降，则使神经肌肉的兴奋性增高。

（四）参与免疫机能的形成

现代研究结果认为，锌、锡、铁、铜、锗等元素与机体免疫水平有密切关系。如锌有激活胸腺素，增强免疫反应和T细胞功能的作用。缺锌时会使胸腺明显萎缩，T细胞数量减少，功能降低，细胞免疫力减退。硒有促进体内抗体形成的作用。

（五）维持组织的正常兴奋性

神经肌肉的兴奋性与某些离子浓度和比例有关。Na^+、K^+浓度升高可提高神经兴奋性。Ca^{2+}、Mg^+浓度升高则可降低神经肌肉兴奋性。心肌细胞的兴奋性升高与Na^+、Ca^+浓度升高有关，K^+、Mg^+浓度升高，心肌细胞兴奋性降低。

（六）保护人体细胞不发生癌变

近年来，研究发现癌症患者体内存在着微量元素的平衡失调。如肺癌与锌、硒低、铬、镍高有关；肝癌与锰、铁、钡低而铜高有关。硒具有调节癌细胞的增殖、分化的作用，可抑制体内癌细胞的浸润、转移，以延缓肿瘤的复发。铜元素可直接杀伤癌细胞，又可抑制癌细胞DNA的合成，并能促进癌细胞的诱导分化。近年来，科学家发现，锗能促进产生抗癌因子，能诱导分泌白细胞介素 3 和干扰素，刺激机体抗癌防御功能，抑制肿瘤生长和扩散。

（七）延缓机体衰老过程

人体的过氧化是细胞破坏导致衰老的主要原因，而锌、硒、铜、锰等元素具有清除导致细胞老化的过氧化物质，锰、铜、锌还是超氧化物歧化酶的重要成分，这种酶能破坏自由基，发挥抗衰老作用。硒的主要功能是增加谷胱甘肽过氧化物酶的活性，从而达到延缓衰老的目的。各种矿物质的生理功能、需求量及食物来源见表3-1-3。

六、膳食纤维

膳食纤维是一类多聚物的混合体，是不被人体肠道分泌物消化的植物成分，包括纤维素、半纤维素、木质素、果胶、黏液和树胶等。它们虽然不能被机体消化和吸收，但却是人体必需的营养素之一，它有利于营养物质的消化吸收，具有预防多种疾病的作用。

（一）生理功能

1. 产生饱腹感

食物纤维进入消化道后，在胃内吸水膨胀，产生饱腹感，延缓胃的排空速度，从而降低小肠对营养素吸收的速度，可以抑制多食并抗饥饿，有助于提高糖尿病患者和肥胖者成功地控制饮食量。

2. 降低血脂的作用

食物纤维进入人体后，能与胆汁酸、胆固醇等结合成不被人体吸收的复合物，因此能阻断胆固醇和胆汁酸的肠肝循环，可减少肠道对胆固醇的吸收，从而能促进胆汁酸和胆固醇随粪便排出，降低血胆固醇水平，有助于防治冠心病和胆石症的发生。此外，膳食纤维还具有结合锌的能力，从而降低锌铜比值，对心血管系统有保护作用。

表 3-1-3　人体必需矿物质的生理功能和供给量

元素	生理功能	缺乏症	日供给量	来源
钙	构成骨骼、牙齿的成分、维持神经肌肉的兴奋性、参与血凝	软骨病、肌肉痉挛、流血难止	成年人 800 毫克 少年 1000 毫克 儿童 600 毫克	乳品、小虾米、骨头汤、豆类蔬菜
磷	构成骨骼、牙齿的成分、核酸的成分、酶的组成成分、参与物质和能量代谢	软骨病、食欲不振	成年人 400 毫克	动物性食品
钾	维持细胞渗透压、维持体内酸碱平衡、加强肌肉兴奋性、参与蛋白质、糖代谢	倦怠	成年人 4 克	谷类、豆类、天然食品
钠	维持细胞渗透压、维持体内酸碱平衡、加强肌肉兴奋性	厌食、眩晕、倦怠、无力、血压降低	成年人 5 克	食盐
氯	胃酸的主要成分、维持细胞渗透压、维持体内酸碱平衡、唾液淀粉酶激活剂	食欲不振	成年人 5 克	食盐
镁	多种酶的活性剂、维持神经肌肉兴奋性、参与体内蛋白合成	肌肉震颤、心跳过速、情绪不安	成年人 200 ~ 300 毫克	谷类、豆类、蔬菜等
铁	血红蛋白组成成分、氧、二氧化碳运输	缺铁性贫血	成年人男 12 毫克 成年人女 18 毫克	肝、肾、菌藻类、蛋黄、豆类
碘	甲状腺素成分、促进代谢和生长发育	甲状腺肿、生长迟缓、智力低下	成年人 100 ~ 140 毫克	海带、紫菜、海产品

续 表

元 素	生理功能	缺乏症	日供给量	来 源
锌	参与核酸、蛋白质代谢	生长停滞、厌食、少年期性发育不全	成年人 10~15 毫克	动物性食物、谷类
铜	促进铁吸收利用、参与物质氧化	贫血、生长迟缓、情绪容易激动	成年人 2.0 毫克	饮用水、各种食物
硒	抗氧化作用、保护细胞膜	克山病	成年人 50 微克	谷物、蔬菜
氟	构成牙齿、骨骼的成分、预防龋齿	儿童、成年人骨质疏松症	成年人 1.5 毫克	饮用水

3. 降糖作用

纤维素进入胃肠道后，可如同海绵一样吸水膨胀呈凝胶状，增加食物的黏滞性，延缓食物中葡萄糖的吸收。另外膳食纤维还可增加胰岛素的敏感性，减轻胰岛素抵抗，增加胰岛素的降糖作用。

4. 清除肠道内"垃圾"和毒素的作用

结肠癌和直肠癌发病率与膳食纤维摄入量呈负相关。食物纤维在肠道内好像"清道夫"，不断地清除肠道内的"垃圾"和毒素，将有害物质排出体外。减少某些致病因子对大肠的刺激，同时减少大便滞留时间，减少有害物质的吸收和对肠黏膜的毒害。食物纤维可改良肠道菌群，使有用的细菌增加，从而减少某些致癌物的产生和活化，因而降低肠癌的发病率。

5. 降低龋齿和牙周病的发病率

高食物纤维增加了口腔咀嚼时间，也能刺激唾液的分泌，这增加了缓冲酸的能力，也有利于口腔和牙齿的清洁。再者，口腔在咀嚼富含纤维素的食物时，由于纤维素对牙齿和牙龈组织反复地摩擦，能按摩牙龈组织，加强血液循环，维护了组织健全。纤维素还能清除牙面的糖、蛋白质，可减少龋齿的发生。

食物纤维虽然有益于人体健康，但也不宜过多，食物纤维在减少一些有害物质吸收的同时，也会减少一些营养素的吸收。膳食纤维对消化管有刺激作用，对胃肠溃疡患者会加重病症，应禁忌摄入。

6. 利于消化，防止便秘

膳食纤维不经消化就进入大肠，因为纤维素、果胶有强吸附水的能力，故能使粪便变软，体积增大，从而刺激肠蠕动，有助于排便。

（二）供给量与来源

正常成年人每日食物纤维供给量为 10~15 克。食物纤维的来源是植物性食物，包括谷类、豆类、蔬菜、水果、薯类、菌类和藻类。

七、水

（一）营养功用

1. 机体的重要成分

水占成年人体重的 1/3，血液、淋巴、脑脊液含水量高达 90% 以上，肌肉、神经、内脏、细胞、结缔组织含水约 60% ~ 80%，脂肪组织和骨骼含水在 30% 以下。

2. 参与物质代谢过程

水是良好的溶剂，能使物质溶解，加速化学反应。从物质的消化、吸收、生物氧化以及排泄，都需要水参与，否则不能正常进行。

3. 调节体温

水的比热高，使血液流经体表部位时，不会因环境温度的差异，导致血液温度发生大的改变，有利于体温保持稳定。此外，水的蒸发散热（排汗），有利于人体在炎热季节或环境温度较高时，通过蒸发来维持体温的正常。

4. 体内物质的运输

水的流动性大，在体内形成体液，循环运输物质。

5. 保持腺体的正常分泌，起到润滑的作用

各种腺体分泌是液体，若缺乏水，其分泌受影响。水作为关节、肌肉和脏器的润滑剂，维护其正常功能，如泪液防止眼球干燥，关节液可减少运动时关节之间的摩擦。

（二）需要量与来源

体内的水分必须保持衡定。正常情况下，体内水分的出入量是平衡的。体内不储存多余的水分，也不能缺水。多余的水分即排出，缺少若不及时补充，就会影响正常生理机能。

正常成年人，一天通过排尿、体表蒸发等途径排出水分约 2000 ~ 2500 毫升，因此需摄入同样的水量 2000 ~ 2500 毫升（包括饮水 1300 毫升，食物水 900 毫升，代谢中产生的水 300 毫升）。

每个人的需水量还受气候、工作性质等的影响。天热及体力工作排汗较多时，需水量较高。能量消耗与需水量成正比，多消耗 4.18 千焦（1 千卡）热能，需水 1 毫升。

第二节　健康膳食

合理膳食

一、健康膳食原则

健康膳食又称平衡膳食。健康膳食是指膳食中所含营养素种类齐全，数量充足，比例适当，且与人体的需要保持平衡，又不会导致热量过多摄入。健康膳食的目的是促进人体正常生长发育，确保各组织器官和机能的正常活动，提高人体对疾病的抵抗力，进而提高工作效率，延长寿命。

现代医学研究证明，人类各种疾病的发生，几乎或多或少或轻或重都与人体内营养平衡失调有关，如心血管病与钾、镁锌低而铜高有关；高血压病与钠高钾低镁不足有关；脑血管病与钙、镁、锌、硒不足有关。所以，人体营养平衡是至关重要的。尤其是当今科学的日益发达，化肥、农药的广泛的使用，食物添加剂在食品的加工中中的应用，高科技生物食品的不断开发，保健食品的种类越来越多，而且食品的加工越来越细，因而当今人类面临着营养失调日趋严重的状况下，健康膳食的意义就越显得重要。健康膳食原则如下：

（一）各种营养素的供给平衡

供给足够的热能，满足生理、生活、劳动的需要；供给充足的蛋白质，全面平衡人体的八种氨基酸，以满足机体的生长发育、组织修补和更新的需要；供给各种无机盐，以满足构成机体组织和调节生理功能的需要；供给足够的维生素，以满足调节生理功能，维持正常新陈代谢，增进机体健康的需要；供给适量的食物纤维，以维持正常的排泄及预防某些疾病的需要。同时，要保持能量摄入与消耗的平衡。现代社会热量摄入过多是普遍存在的问题，因此在膳食中应注意少油、少糖、限量、多食。

（二）三大热能营养素的配比平衡

蛋白质、脂肪和糖是人体三大能源物质，在膳食中含量最多，它们在人体代谢过程中关系密切，其中最主要的是糖和脂肪对蛋白质的节省作用，即足够的糖和脂肪可减少蛋白质作为能源而消耗。但蛋白质供给量不足，单纯提高糖和脂肪的供给量，也不能维持正常的氮平衡。所以，只有蛋白质的供给量达到最低需要的量以上，碳水化合物和脂肪才能充分发挥它们对蛋白质的节约作用。也只有糖和脂肪达到最低需要的量以上，蛋白质才能发挥作用。此外，热量摄入应适应性别、年龄、劳动强度及生理需要，摄入与消耗呈动态平衡。通常认为蛋白质、脂肪、碳水化合物供给量的比例分别占总热能的 10% ~ 15%、20% ~ 25%、60% ~ 70%。

（三）氨基酸平衡

食物中蛋白质所含的色氨酸、苯丙氨酸、赖氨酸、苏氨酸、蛋氨酸、亮氨酸、异亮氨酸、缬氨酸为人体所必需的 8 种氨基酸，应种类齐全，数量充足，比例适当，而且还应有一定比例的非必需氨基酸。一般来说，必需氨基酸和非必需氨基酸的比值为 4∶6。一般在肉、蛋、奶等动物性食品和豆类食品中含量充足、比例恰当，故肉、蛋、奶和豆类食品的营养价值较高，而粮谷等植物性食品中则常有几种氨基酸缺乏，故其营养价值较低。因此，做到动、植物食品的合理搭配，实现食物氨基酸互补，达到比值平衡，可提高食物蛋白质的利用率和营养价值。

（四）脂肪酸平衡

脂肪可来自动物性食品、粮食、坚果及食用油等多种食品。脂肪由甘油和脂肪酸组成。脂肪酸可分为饱和脂肪酸、多不饱和脂肪酸和单不饱和脂肪酸。所以平衡膳食除了维持脂肪功能的比例，还应维持饱和脂肪酸与不饱和脂肪酸的平衡。膳食中饱和脂肪酸在动物性油脂中含量较高，如猪油、牛油、奶油等，过多摄入可导致高血脂、动脉粥样硬化，故应控制其摄入量。而多不饱和脂肪酸一般在植物性油脂中的含量较高，如豆油、葵花子油、芝麻油、花生油等，其中有的多不饱和脂肪酸如亚油酸，是人体不能合成必须由食物提供的必需脂肪酸，故通常认为植物油的营养价值较高。因此，应尽量控制动物油的摄入量，适当增加植物油摄入量，对老年人更应如此。当然，植物油摄入也不是多多益善，因为多不饱和脂肪酸在体内氧化易产生过氧化物，具有促进衰老作用。所以食用油脂还应控制适量，一般以食用油脂加上其他食物脂肪不超过总热能的 25% 为宜，在这个前提下尽量多采用植物油作为烹调用油，其用量一般应占全日用油量至少一半以上。

（五）酸碱平衡

人体在正常情况下血液酸碱处于平衡状态，pH值稳定在 7.3 ~ 7.4 之间。食品中，含磷、硫、氯等非金属元素较多的，在机体内经代谢后可生成酸根，称为酸性食品，如米、面粉、肉、鱼、蛋等；而含钠、钾、镁、钙等金属元素较多的，则在体内氧化，产生带阳离子的碱性氧化物，称为碱性食品，如大多数蔬菜、水果、黄豆等。膳食中酸性食品和碱性食品应搭配适当，否则一旦超过机体缓冲系统代偿能力，就会导致酸碱失衡。如酸性食品摄入过多可使血液偏酸性，严重时还可导致酸中毒。

（六）维生素平衡

脂溶性维生素摄入过多，在体内易造成蓄积，引起中毒，这在食用强化食品或口服鱼肝油丸等制剂时应予注意；在中国膳食结构中，维生素 A、D 膳食来源不充分，应注意动物肝脏等食品摄入。水溶性维生素如维生素 B1、维生素 B2、尼克酸、维生素 C 等，体内储备少且烹调加工及贮存过程中易损失破坏，因而易发生供给不足的问题，应注意膳食补充。维生素 B 1、维生素 B 2、尼克酸等，还参与体内生物氧化过程，同能量代谢有关，因此，在热量摄入增加时也应相应增加这几种维生素的供给量。各种维生素之间也存在互相影响问题，如维生素 B 1、维生素 B 2 可促进维生素 C 的合成；维生素 B 1 与维生素 B 2 之间也存在相互影响的问题，缺乏维生素 B1，影响维生素 B2 在体内的利用；维生素 C 能促进铁的吸收和利用；维生素 E 能促进维生素 C 在肝内的存储；缺乏生物素会引起泛酸的缺乏。

（七）无机盐平衡

膳食中如果磷酸盐过多可与食物中的钙结合，使其溶解度降低，影响钙的吸收率。因此膳食中钙、磷的比例恰当，才能有利于两者的消化吸收。成年人膳食中钙、磷之比为 1∶1.5，儿童为 1∶1。过量的铜、钙和亚铁离子可抑制锌的吸收。铁与铜在造血过程中起协同作用，铜是合成血红蛋白的催化剂，缺铜也如同缺铁一样会导致贫血。膳食中膳食纤维过多或脂肪过高或蛋白质缺乏也会影响钙的吸收。食物中含草酸、植酸较高时能与某些元素结合生成难溶物质，可影响钙、铁、锌等的吸收。

二、健康膳食制度

健康的膳食制度，即合理地安排一日的餐次、两餐之间的间隔时间、每餐的数量与质量，使进餐与日常作息制度及生理状况相适应，与消化规律相协调，从而提高对食物的消化、吸收和利用程度，提高劳动者的工作效率，并有利于人体健康。

（一）合理膳食制度的重要性

每个人的日常作息时间不同，决定了其一天内不同时间对热能和营养素的要求也不同，所以根据食用者的具体情况，规定适合其生理需要的膳食制度是很重要的。一旦膳食制度确定，食用者形成相对固定的膳食习惯，就形成了条件反射。只要接近或到了进餐时间，机体就会产生良好的食欲，并预先分泌消化液，保证食物的充分消化、吸收和利用。如果膳食制度不合理，一日餐次过多或过少，各餐时间间隔过长或过短，都会影响食欲或造成消化系统功能紊乱，不利于健康。合理膳食制度的原则如下。

1. 食用者在吃饭前不产生剧烈的饥饿感但有正常的食欲。
2. 所摄取的营养素能被机体充分地消化、吸收和利用。
3. 能满足食用者生理和劳动的需要，保证健康的生活和工作。
4. 尽量适应食用者的工作制度，以利于生产、工作和学习。

（二）合理的膳食制度

1. 两餐间隔的时间

两餐间隔的时间要适宜，间隔时间过长可引起明显的饥饿感甚至胃痛，血糖下降，工作能力也随之下降，长期的长时间空腹还可导致胃炎或胃溃疡。间隔时间太短则无良好的食欲，会使进食和消化液分泌都减少，影响食物的消化与吸收。通常两餐间隔以 4～5 小时为宜，一日进食四餐比三餐好。按中国人民的作息制度和习惯，一日进食三餐，两餐间隔 5～6 小时，也比较合理。

2.食物的分配

一日食物的分配应与作息时间相适应。中国民间流传"早餐要吃好，中餐要吃饱，晚餐要吃少"，西方国家流传"早餐吃得像皇帝，中餐吃得像伯爵，晚餐吃得像乞丐"，都生动浅显地揭示了这个道理。三餐热能的合理分配如下。

（1）早餐：占全天总摄入量的 30%，以蛋白质、脂肪食物为主，辅以维生素，以满足上午工作的需要。中国部分地区的早餐以清淡的白粥加咸菜为主，热能分配偏低，有的仅占全日总热能的 10%～15%，这与上午长达 4～5 小时的工作消耗是很不适应的。而西式早餐以牛奶、面包为主，辅以煎鸡蛋、新鲜水果或鲜榨果汁，含较高的热能营养素和维生素，值得我们借鉴。

（2）午餐：占全天总摄入量的 40%，糖、蛋白质和脂肪的供给均应增加。因为中餐在三餐中的作用是承上启下，既要补偿饭前的热能消耗，又要贮备饭后工作的需要，所以在全天各餐中应占热能最多，加之上午工作的消耗，通常食用者进食量较大，食物供给量也要相应增加。

（3）晚餐：占全天总摄入量的 30%，应多供给含糖多的食物及谷类、蔬菜等易消化的食物，而富含蛋白质、脂肪的食物应少吃。因蛋白质和脂肪提供热能多，且较难消化，晚餐后的热能消耗又大大降低，易使热能积累而致肥胖，同时影响睡眠。

三、居民健康膳食指南

2016 年 5 月 13 日，国家卫生计生委疾控局发布了《中国居民膳食指南（2016）》，自 2016 年 5 月 13 日起实施。《中国居民膳食指南（2016）》由一般人群膳食指南、特定人群膳食指南和中国居民平衡膳食实践三个部分组成。同时推出了中国居民膳食宝塔（2016）、中国居民平衡膳食餐盘（2016）和儿童平衡膳食算盘等三个可视化图形，指导大众在日常生活中进行具体实践。为方便百姓应用，还特别推出了《中国居民膳食指南（2016）》科普版，帮助百姓做出有益健康的饮食选择和行为改变。本部分内容只介绍一般人群膳食指南和平衡膳食宝塔。

（一）一般人群膳食指南

一般膳食指南适用于 2 岁以上人群，指南针对此人群提出了 6 条核心推荐，分别为：食物多样，谷类为主；吃动平衡，健康体重；多吃蔬果、奶类、大豆；适量吃鱼、禽、蛋、瘦肉；少盐少油，控糖限酒；杜绝浪费，兴新食尚。

1.食物多样，谷类为主

每天的膳食应包括谷薯类、蔬菜水果类、畜禽鱼蛋奶类、大豆坚果类等食物。

每天摄入谷薯类食物 250 ~ 400 克，其中全谷物和杂豆类 50 ~ 150 克。平均每天应摄入 12 种以上的食物，每周应摄入 25 种以上的食物。

2. 吃动平衡，健康体重

食不过量，控制总能量摄入，保持能量平衡。各年龄段人群都应天天运动，保持健康体重。坚持日常身体活动，每周至少进行 5 天中等强度的身体活动，累计 150 分钟以上，主动身体活动最好每天 6000 步。

3. 多吃蔬果、奶类、大豆

蔬菜水果是平衡膳食的重要组成部分，奶类富含钙，大豆富含优质蛋白质。保证每天摄入 300 ~ 500 克的蔬菜，其中，深色蔬菜应占 1/2。天天吃水果，果汁不能代替鲜果，保证每天摄入 200 ~ 350 克新鲜水果。吃各种各样的奶制品，相当于每天液态奶 300 克。经常吃豆制品，适量吃坚果。

4. 适量吃鱼、禽、蛋、瘦肉

鱼、禽、蛋和瘦肉的摄入要适量，每周吃鱼 280 ~ 525 克，畜禽肉 280 ~ 525 克，蛋类 280 ~ 350 克，平均每天摄入总量 120 ~ 200 克。优先选择鱼和禽，吃鸡蛋不能弃掉蛋黄，少吃肥肉、烟熏和腌制食品。

5. 少盐少油，控糖限酒

培养清淡饮食习惯，少吃高盐和油炸食品，成年人每天食盐不超过 6 克，每天烹调油 25 ~ 30 克。控制添加糖的摄入量，每天摄入不超过 50 克，最好控制在 25 克以下；每日反式脂肪酸摄入量不超过 2 克，儿童少年、孕妇、乳母不应饮酒。成年人如饮酒，男性一天饮用酒的酒精量不超过 25 克，女性不超过 15 克。足量饮水，成年人每天 7 ~ 8 杯，1500 ~ 1700 毫升，提倡饮用白开水和茶水，不喝或少喝含糖饮料。

6. 杜绝浪费，兴新食尚

珍惜食物，按需备餐，提倡分餐不浪费；选择新鲜卫生的食物和适宜的烹饪方式；食物制备生熟分开、熟食二次加热要热透；传承优良文化，兴饮食文明新风；多回家吃饭，享受食物和亲情；学会阅读食品标签，合理选择食品。

（二）中国居民平衡膳食宝塔

中国居民平衡膳食宝塔（以下简称膳食宝塔）是根据《中国居民膳食指南》的核心内容，结合中国居民膳食的实际状况，把平衡膳食的原则转化成各类食物的重量，便于人们在日常生活中实行。

1. 中国居民平衡膳食宝塔说明

（1）膳食宝塔结构（图 3-2-1）

膳食宝塔共分五层，包含我们

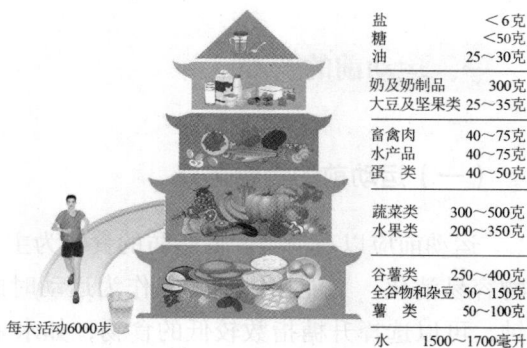

盐	<6克
糖	<50克
油	25~30克
奶及奶制品	300克
大豆及坚果类	25~35克
畜禽肉	40~75克
水产品	40~75克
蛋类	40~50克
蔬菜类	300~500克
水果类	200~350克
谷薯类	250~400克
全谷物和杂豆	50~150克
薯类	50~100克
水	1500~1700毫升

每天活动6000步

图 3-2-1 中国居民平衡膳食宝塔

每天应吃的主要食物种类。膳食宝塔各层位置和面积不同，这在一定程度上反映出各类食物在膳食中的地位和应占的比重。新的膳食宝塔图增加了水和身体活动的形象，强调足量饮水和增加身体活动的重要性。

（2）膳食宝塔建议的食物量

膳食宝塔建议的各类食物摄入量都是指食物可食部分的生重。各类食物的重量不是指某一种具体食物的重量，而是一类食物的总量。

2. 中国居民平衡膳食宝塔的应用

（1）确定适合自己的能量水平

膳食宝塔中建议的每人每日各类食物适宜摄入量范围适用于一般健康成年人，在实际应用时要根据个人年龄、性别、身高、体重、劳动强度、季节等情况适当调整。

（2）根据自己的能量水平确定食物需要

膳食宝塔建议的每人每日各类食物适宜摄入量范围适用于一般健康成年人，按照7个能量水平分别建议了10类食物的摄入量，应用时要根据自身的能量需要进行选择。

（3）食物同类互换，调配丰富多彩的膳食

应用膳食宝塔可把营养与美味结合起来，按照同类互换、多种多样的原则调配一日三餐。

（4）要因地制宜充分利用当地资源

中国幅员辽阔，各地的饮食习惯及物产不尽相同，只有因地制宜充分利用当地资源才能有效地应用膳食宝塔。

（5）要养成习惯，长期坚持

膳食对健康的影响是长期的结果。应用平衡膳食膳食宝塔需要养成习惯，并坚持不懈，才能充分体现其对健康的重大促进作用。

第三节　运动与营养

一、运动前的营养

（一）运动前的食物选择

运动前应以高糖类、低脂肪的食物为主，如面包、米饭、面条和水果等，这些食物容易消化，又能提供糖类来作为运动时的能量来源。如果运动时间为 60～90 分钟，可以选择升糖指数较低的食物，如水果、脱脂牛奶、米饭、豆类，这些食物缓慢地被消化成糖类，能够长时间地供应糖类给运动中的肌肉使用。如果运动时间少于 60 分钟，可以选择高升糖指数的食物，如面包、运动饮料，这些食物很快就被消化，能够迅速地提供糖类。

高纤维的食物比较容易造成肚子不舒服，因为它们需要比较长的时间才能被消化。有些高纤维的食物也富含糖类，如全麦面包、高纤饼干、某些高纤饮料等，如果这些食物使你在运动中感觉不舒服，就应该避免在运动前吃这些食物。

（二）运动前的最佳进食时间

进食的时机随着运动时间的变化和食物的种类而有所不同，共同的原则是：吃进去的食物可以在运动过程中提供充足的营养和能量，而又不至于在运动过程中造成肠胃不适。

身体震动比较大的运动，如打篮球、跑步等，对胃内的食物通常比较敏感，少量的食物可能就会令人感到不舒服。这就需要在运动前更早的时候进食，或是减少食物的摄取，以减轻这些症状。一般而言，身体震动比较小的运动，例如，骑自行车和游泳，一般不会受到胃中食物的影响，对于进食的时间和食物的选择有较大的弹性。

1. 上午 8：00 的运动

前一天的晚餐和夜宵必须富含糖类，喝充足的水。经过一夜后，肝脏中肝糖的含量已经降低，而在运动前补充糖类可以提高运动能力。在运动前 90 ~ 120 分钟应吃少量的早餐，如面包加果酱或水果；而避免食用含多脂肪的食物，如包子、油饼，它们不容易消化，会在胃中停留比较长的时间，也无法提供足够的糖类。有时牛奶也会造成某些人的肠胃不适。若是习惯吃丰盛的早餐，就需要在运动前 2 ~ 3 小时进食，这样机体才有足够的时间消化。如果无法早起，在运动前 10 ~ 30 分钟也可以用运动饮料或是一两片面包补充前一天晚上消耗的体内肝糖。

2. 上午 10：00 的运动

前一天晚餐必须富含糖类，喝充足的水。在当天 7：00 左右吃丰盛而高糖类的早餐，3 小时的时间足够消化这些食物，这样既补充了肝糖，且不会造成肠胃不适，但是应该避免油腻的食物。

3. 午间 12：00 的运动

前一天晚餐必须富含糖类，喝充足的水。当天吃丰盛而高糖类的早餐，若是 8：00 吃早餐，在 11：00 左右可以再吃少量的高糖类点心，如面包、果汁或水果。若是 9：00 吃早餐，运动前 10 ~ 30 分钟可以再补充一些运动饮料。

4. 午后 4：00 的运动

前一天晚餐必须富含糖类，喝充足的水。当天早上 8：00 吃丰盛的早餐，中午 12：00 吃高糖类的午餐，下午 3：00 吃少量高糖类的点心，同时在一天中必须摄取充足的水分。也可以从早上开始每 1 ~ 2 小时喝一大杯果汁，补充并维持体内肝糖的含量，运动前 20 ~ 30 分钟再以运动饮料作最后的补充。

5. 晚间 8：00 的运动

当天吃丰盛而富含糖类的早餐和午餐，下午 5：00 吃丰盛而富含糖类的晚餐，或是下午 6：00 吃少量但是高糖类的晚餐，避免吃高脂肪的食物，如油炸的食物、肥肉等。运动前 20 ~ 30 分钟喝 200 ~ 300 毫升运动饮料或果汁。在一天中都要摄取充足的水。

二、运动后的营养

（一）糖类的补充

肝糖是运动时的主要能量来源之一，存在于肌肉和肝脏中。肌肉中的肝糖只能供给肌肉细胞使用，而肝脏中的肝糖可以葡萄糖的形式释放到血液中，供给肌肉以及身体其他器官所用。体内肝糖存量不足以应付运动后所需，是造成疲劳、运动能力降低、无法持续运动的原因之一。运动后体内的肝糖存量显著地降低，若是没有肝糖的补充，下次运动时的表现会受到肝糖不足的影响。

研究显示，在运动后的 2 小时内，身体合成肝糖的效率最高，2 小时后则恢复到平常的水平，因此如果在运动后迅速补充糖类，就可以利用这段自然的高效率时段迅速地补充体内消耗的肝糖。如果下次运动是在 10 ~ 12 小时之内，这段高效率时段则特别重要，因为如果错过这个时段，即使在后续的时间吃进了足够的糖类，身体也可能没有足够的时间完全补充消耗的肝糖，使得体内的肝糖存量一次比一次低，运动后身体越来越容易感觉疲劳。若是下一次运动在 24 ~ 48 小时之后，即使错过这段时间，接下来只要着重于摄取高糖类的食物，仍然有足够的时间补充所有消耗掉的肝糖。

建议在运动后 15 ~ 30 分钟之内进食 50 ~ 100 克的糖类（大约每千克体重需要补充 1 克糖类），然后每两小时再吃 50 ~ 100 克糖类。正餐以及其他运动期间的饮食也应该以摄取富含糖类的食物为主。

（二）肌肉和组织的营养恢复

即使是没有身体接触的运动也会造成肌肉纤维和结缔组织的伤害，而身体接触性的运动，如篮球、足球等会造成更多的肌肉损伤。运动后迅速地补充蛋白质有助于修复受伤的肌肉和组织，受伤的肌肉合成和储存肝糖的效率也会提高，因此身体接触性运动或是比赛后受伤的运动员，需要补充更多的糖类，更需要把握运动后两小时的高效率时段有效地补充体内消耗掉的肝糖。

常见食品的蛋白质含量见表 3-3-1。此外，一般计算蛋白质的质量时，还要考虑蛋白质必需的氨基酸与氨基酸总量的比值问题。一般认为成年人所摄入的氨基酸总量中至少需要 20% 的必需氨基酸（表 3-3-2）。

表 3-3-1 常见食品的蛋白质含量（%）

食品名称	蛋白质含量	食品名称	蛋白质含量
猪　肉	13.3 ~ 18.5	面　粉	11.0
牛　肉	15.8 ~ 21.7	大　豆	39.2
羊　肉	14.3 ~ 18.7	花　生	25.8
鸡　肉	21.5	白萝卜	0.6
鲤　鱼	18.1	大白菜	1.1
鸡　蛋	13.4	菠　菜	1.8
牛　奶	3.3	油　菜	1.4
稻　米	8.5	黄　瓜	0.8
小　麦	12.4	橘　子	0.9
玉　米	8.6	苹　果	0.2
高　粱	9.5	红　薯	1.3

表 3-3-2 单一食物与混合食物的氨基酸值 * 与缺少的必需氨基酸

氨基酸值	食物	缺少的必需氨基酸
人　奶	100	无
牛　奶	95	蛋氨酸、谷胱氨酸
鸡　蛋	100	无
牛　肉	100	无
鱼　肉	100	无
精　米	67	赖氨酸
花　生	65	赖氨酸、苏氨酸
甘　薯	63	赖氨酸
木薯粉	56	亮氨酸
一般豆类（不包括大豆）	54	蛋氨酸、谷胱氨酸
玉　米	49	赖氨酸
精白面粉	38	赖氨酸
绿　豆	35	蛋氨酸、谷胱氨酸
混合食物米（3 份）+ 绿豆（1 份）	83	苏氨酸
甘薯（3 份）+ 豆类（1 份）	73	蛋氨酸、谷胱氨酸
甘薯（8 份）+ 鱼（2 份）	84	赖氨酸

注：* 根据食物每克氨基酸的毫克量计算。

三、运动与水

（一）运动与补充水分的重要性

激烈的运动使身体大量流汗，体内液体流失，电解质也随汗液流失。例如，夏季 4 小时的长跑训练平均出汗量可达 3000 毫升左右。中国马拉松运动员在比赛时总出汗量为 4000 毫升，平均占体重的 4.9%。若运动前和运动中不补充水分而运动中又大量出汗，就很容易发生脱水现象。体内缺水主要表现在尿量和体液减少。大约占体重 1% 的水分流失会使运动时的体温和心率明显上升。脱水量约占体重的 2% 为轻度脱水，主要是细胞外液减少，身体会丧失调节的能力，若没有补充流汗所失去的水分，体温可能会持续上升，进而导致体力的丧失。脱水量占体重的 4% ~ 6% 时，则肌力及耐力减少，同时引起热痉挛，令长时间活动能力下降 20% ~ 30%，亦会影响体内无氧代谢的供能过程。脱水对心血管方面的影响，亦会使得血浆容量下降和血液渗透压升高。低血浆容量则会导致心输出量下降、排尿量减少、体温升高、血液黏稠度增大及中暑危险增加。水分流失占体重的 6% 以上时，则有严重热痉挛、热衰竭、中暑、昏迷甚至死亡的可能。这些数据说明，排汗提高了散热能力，但水分及电解质的流失应立即补充。所以，必须防止或降低脱水程度，而立即补充水分就能改善运动能力。

（二）补充水分的原则和途径

运动中水分的补充应以保持水分的平衡为原则，调整体内水及电解质平衡的唯一途径是喝水或饮料。由于体液是低渗透液，相比之下，运动期间补充水分比补充电解质更重要。在热环境下，正常人不自觉的脱水量为每小时 275 毫升。长时间进行耐力锻炼的人在热环境下脱水时间拖得越长，对运动能力的影响就愈严重，因此在脱水之前就应补充水分，千万不要等到口渴才喝水，因为当口渴时身体已处于脱水状态了。

在水分吸收方面，胃排空的最大正常速度是每小时 600 ~ 800 毫升；冷水或温水在胃内排空速率明显高于体温（37°），运动时喝低温的水对降低体温的效果优于运动前摄取等量水的效果；纯水或低渗透压饮料的胃排空速率高于高渗透压的饮料。因此，在热环境下激烈运动时，补充水分的重要性大于补充糖类及电解质。在持续时间短的运动中，不必特别在饮料中补充电解质，因为运动中补充电解质会提高由运动引起的高渗透程度。所以，在 30 ~ 60 分钟的运动时间中，水可谓是最经济实用的补充液体。

（三）运动的不同阶段的补水方法

1. 运动前的正确喝水方法

运动饮料主要是为训练和比赛过程中的运动员补充能量、水分、电解质及维生素等，以预防运动员在高强度运动训练下消耗能量过多而引起低血糖现象，并用以维持身体在大量出汗情况下体内水分和电解质的平衡，防止体内电解质的流失而引起的运动能力降低、心律不齐或肌肉抽筋等现象。另外，有些特殊的运动饮料还可增强体力、耐力及消除疲劳，进而有助于提高运动成绩。目前研究指出，饮用等渗透压运动饮料比较适宜，其在体内吸收十分迅速，而且能使运动员有效地保持运动机能。

在较长的运动过程中，每小时流汗量可能达 2 ~ 4 升，由于缺水将使身体失去散热作用，所以在耐力性运动前的两小时最好饮用 600 毫升左右的水（可分两次喝）。

2. 运动中的正确喝水方法

大部分研究者认为，在运动及比赛期间每隔 15 ~ 20 分钟喝 200 ~ 300 毫升的饮料为较适当的方法。

3. 运动后的正确喝水方法

在运动后的恢复期补充饮料和运动前的准备同样重要，即使在运动员休息时正常地补充水分，体内水分依然会以汗水的形式大量流失；而肌肉肝糖浓度可能也会降低一些，身体会感到虚弱、衰竭，此时正是恢复过程开始的时候。研究表明，运动后愈早开始恢复愈好，此时正确补充水分有助于体力的恢复。可在饮料中添加葡萄糖聚合物及麦芽糊精（其为容易消化的复合碳水化合物），以增加糖类补充肌肉肝糖含量，促使恢复期缩短。

第四节　肥胖和消瘦的预防与治疗

人的体重由两部分组成，即瘦体重与脂肪体重。瘦体重包括肌肉、皮肤、骨骼、器官、体液及其他非脂肪组织。减肥的任务，应是尽可能地减去多余的脂肪体重，而保留瘦体重。影响体重的基本要素是热能摄入量与消耗量。当热能摄入量等于消耗量时，则体重基本保持不变，即热能平衡；当热能摄入量大于消耗量时，则体重增加，即热能正平衡；而当热能摄入量小于消耗量时，则体重减轻，即热能负平衡。因此，减肥的最终目的主要是减去体内多余的脂肪，并且主要是通过变动热能平衡来实现的。

目前，专家们认为，要想减肥，一是要控制饮食，二是加强运动；既要减少摄入的热量，又要努力消耗体内的热量。近年来，大量的有关研究证明：最佳的减肥方法就是体育锻炼与控制饮食相结合，因为它比只运用单一方法更能有效地减肥。

从长远的眼光看，要想成功地持久控制体重，避免降低体重后的"反弹"和不利于健康现象的产生，必须养成体育锻炼和控制饮食的习惯。消瘦者要想改变现状，体育锻炼也是最好的方法。

一、肥胖的预防

肥胖的治疗比较困难。对于超重和肥胖，重点在于预防。因此，应当树立肥胖是可以预防和控制的，某些遗传因素也可以通过改变生活方式来抗衡的正确观念；充分认识肥胖的危害性，杜绝引起肥胖的各种因素发生；养成良好的行为与生活方式，使体重保持在正常范围内。

（一）知识预防

接受健康教育，学习有关肥胖症知识；树立健康体重的概念，知晓肥胖的危害和产生肥胖的原因；掌握评价肥胖的方法与标准及控制肥胖的方法。

（二）饮食预防

对于有肥胖遗传基因者和有肥胖预兆的人，要特别把好"进口"关。

1. 多补充含有丰富烟酸、维生素B2、维生素B6等的食物，促使体内脂肪释放能量。

2. 多补充水，以利脂肪溶解。因为体内如果水摄入缺乏，脂肪就会沉积。因此，有肥胖基因或有肥胖趋势的人，每日最好喝8杯（约2 000毫升）凉开水，但应"多次少量"，忌一次多量。

3. 少吃高脂肪、高热量的食物，少吃味精、胡椒、盐、糖等易刺激食欲的调味品，多吃蔬菜；鼓励摄入低能量、低脂肪、含有适量蛋白质和碳水化合物、富含微量元素和维生素的膳食。

4. 烹调最好多采用蒸、煮、烤和凉拌等方式。

5. 多餐少食，每日四至五餐，每餐七八分饱，最好常喝粥。

6. 餐前喝汤；进餐时，细嚼慢咽，每口饭最好咀嚼30下左右；正餐的进食时间最好不少于20分钟。

7. 食物的品种要丰富，但每种的摄取量不宜多。

8. 早餐吃饱、吃好，难消化的肉、禽、蛋类等荤食应在早、午餐食用；晚餐宜少、宜早，安排在晚上6点左右为好；餐后散步，进餐与睡觉最好间隔3~4小时；不加夜宵。

9. 避免滥用含有激素的营养滋补品。

10. 一日三餐的热量分配比例保持在早餐占30%、午餐占40%、晚餐占30%为最佳。

（三）运动预防

适量地运动有助于预防肥胖，如做广播操、打太极拳、跳交谊舞、跳绳、爬山、登楼、疾走等，能消耗脂肪，同时可保持肌肉。对于减肥的活动，无论是什么运动项目，采取中低强度进行运动是关键，因为减肥不仅仅是减体重，更重要的是减体脂；而只有长时间、中低强度地运动，才能最大限度地消耗脂肪。减肥是一个长期的过程，需要有目的、有计划地进行。对于没有时间参加运动的人，建议增加一些日常体力活动，尽可能地每天都活动，如可以用骑自行车或步行代替乘车，以站立替代静坐，以爬楼梯代替乘电梯，饭后步行，少看电视等，从而养成活动的习惯，树立终生运动的观念。

（四）生活方式预防

1. 坚持规律作息，不贪睡；积极改善生活方式，包括改变膳食、增加体力活动、矫正过度进食或活动不足的行为和习惯。
2. 注意保持体重，经常测量体重、腰围、臀围。
3. 避免"饱食终日，无所事事"，以免"心宽体胖"，同时日常生活要注意多活动手脚，可增加一些"非锻炼耗能"的小动作。

二、肥胖治疗与控制

肥胖治疗的目标是减轻体重，减少各种与肥胖相关的并发症。肥胖治疗的基本方法与措施主要是控制饮食和增加运动，必要时辅以药物或手术治疗。具体治疗应根据个人的情况，制订适合本人的治疗方案。

（一）饮食控制

饮食控制主要是通过调整膳食结构、改变饮食习惯和控制总进食量，使热量摄入减少。控制饮食，应避免吃过多油腻食物和零食，少吃油炸食品、点心和盐；控制食欲，吃七分饱即可，减少加餐，不暴饮暴食；进食应有规律，每日三餐应合理安排，不要一餐过饱，也不要不按时进餐或不吃；尽量少饮用含糖的饮料，养成每日饮用白开水或茶的习惯。

在选择减重膳食时，应保证膳食的低能量、低脂肪，减少脂肪和简单碳水化合物的摄入，避免摄入高糖类食物。同时注意选择一些体积较大而能量相对较低的食物，如蔬菜和水果，这类食品不仅富含人体必需的维生素和矿物质，还容易使人产生饱腹感而不致摄入过多的食物和能量；还要选择一些含优质蛋白的食物（如瘦肉、鱼、豆类等），优质蛋白含有较多人体必需的氨基酸，可与谷类植物蛋白的氨基酸起互补作用，提高植物蛋白的营养价值，防止人体肌肉中的蛋白质因减肥而造成的不足。总的说来，应做到在营养素平衡的基础上减少每日摄入的总热量，使膳食的摄入既能满足人体对营养素的需要，又使热量的摄入低于机体的能量消耗，让身体的一部分脂肪氧化以供应机体的能量消耗。

值得指出的是，减肥者往往会陷入一个误区，认为控制饮食就是单纯地限制谷类主食的量，不吃或少食谷类主食。这种观点和做法是不可取的。因为谷类中的淀粉是复合碳水化合物，有维持血糖水平的作用，可减缓进食后血糖升高的速度，也可避免出现低血糖。因此，减少总的食物摄取量时，可相应地减少谷类主食的摄入，但不要减少谷类食物占食物总量的比例。

单纯控制饮食的方法，可以有效地减轻体重，但也容易导致一些重要营养素的缺乏和不足，引起营养缺乏病，使身体抵抗力下降。此外，单纯饮食控制虽然可以降低体重，但除脂肪组织减少外，肌肉等去脂体质也会减少，静息代谢率也可能降低，从而使机体在低代谢水平上建立起新的能量平衡。而且，单纯地应用饮食疗法，一旦停止，体重就会出现反弹，以后再减重，就需要加大节食的程度，从而进入一个叫作体重循环的过程。

对此，专家们建议，肥胖患者减体重不宜操之过急，每周体重减轻应控制在0.5千克左右；宜采用中等降低能量摄入并积极参加体育锻炼的方法，使体重缓慢地降低；每天膳食中的热量可比原来日常水平减少 1/3 左右，或比原来每日习惯摄入的能量低 1260 ～ 2100 千焦（300 ～ 500 千卡），并且对低能量减重膳食提出了一个标准，即女性一般为 4200 ～ 5040 千焦（1000 ～ 1200 千卡）/天，男性一般为 5040 ～ 6720 千焦（1200 ～ 1600 千卡）/天。

肥胖患者应依据个人情况，制订科学合理的饮食方案，使方案提供的热量达到一定程度的负平衡。饮食方案的主要内容包括以下几点。

1. 确定每日能量的推荐摄入量

在限制和减少能量之前，首先要确定个体每天的能量需要量。

2. 根据减肥的目标控制能量的摄入量

0.5 千克人体脂肪大约含有 14700 千焦（3500 千卡）的热量，因此，必须消耗大约 14700 千焦（3500 千卡）的热量（氧化或燃烧），才能减去 0.5 千克储存在我们身体内的脂肪。如果采用控制每日能量摄入量的减肥方法，就应每天减少 2100 千焦（500 千卡）的热量摄入，才能达到一周减肥 0.5 千克的目标。相应地，如果每天从食物中多摄入了 2100 千焦（500 千卡）的热量，就会使体重在一周内增加 0.5 千克。如一个体重 70 千克的 25 岁的年轻人，他日常的活动是轻松的办公室工作，不参加任何的体育活动，这样他每日所需的热量大约是 10080 千焦（2400 千卡）。如果他想每周减 0.5 千克体重的话，则应将每日摄入量控制在 7980 千焦（1900 千卡）左右。

3. 确定食物比例及用量

人体的能量来源是食物中的碳水化合物、脂类和蛋白质。每克脂肪可产生 38 千焦（9 千卡）能量，每克蛋白质和碳水化合物分别可产生 17 千焦（4 千卡）能量。这三类营养素普遍存在于各种食物中。在膳食中选择合适的食物比例及用量。

4. 饮食控制的注意事项

（1）合理分配供能营养素的能量比例

对于节食减肥者来说，由于限制了能量的摄入，所以要保证必需的营养素供给，才能保证人体正常的生理功能。在减肥过程中，三大功能营养素的分配比例是至关重要的。正常平衡膳食的三大营养素分配比例是蛋白质占总热能的 12% ~ 15%，脂肪为 25% ~ 28%，碳水化合物为 60%，而肥胖治疗膳食的三大营养素分配原则应是蛋白质占总热能的 25%，脂肪占 15%，碳水化合物占 60%。在蛋白质的选择中，动物性蛋白质可占总蛋白的 50% 左右，烹调油则应选择橄榄油、茶油、葵花子油、玉米油、花生油、豆油等。

（2）保证维生素和无机盐的供给

由于摄入的能量受到限制，所以肥胖者在膳食减肥时，常会出现维生素和无机盐摄入不足的问题。易缺乏的维生素主要有维生素 B_1、维生素 B_2、烟酸等，易缺乏的无机盐有钙、铁等。为了防止维生素和无机盐缺乏病，在进行膳食治疗的过程中，必须注意合理的食物选择和搭配。新鲜蔬菜、水果、豆类、动物内脏如肝脏、牛奶等是维生素和无机盐的主要来源。另外，可在医生的指导下，适当服用多种维生素和无机盐制剂。

（3）增加膳食纤维的供给

肥胖患者常有便秘的问题，适当增加膳食纤维的摄入，不仅有助于缓解便秘，还可以减少脂肪和糖的吸收。所以，应食用富含膳食纤维的食物，最好能保证每天摄入 30 克左右的膳食纤维，这相当于 500 ~ 750 克绿叶蔬菜和 100 克粗杂粮中含的膳食纤维量。

（4）戒　酒

在进行膳食治疗时，最好不要饮酒，酒类主要含有乙醇，而不含其他营养素，1克乙醇可提供 30 千焦（7 千卡）的能量。因此，饮酒常常会使摄入的能量过高，而导致减肥失败。

（5）改变膳食习惯和行为

纠正不良的膳食习惯是减肥成功的关键。要想减肥成功，肥胖者就务必要改变一些常见的不良膳食习惯，如不吃早餐、午餐和晚餐进食过量；爱吃零食、甜食；进餐速度过快等。

（二）体力活动和体育锻炼

合理的有氧运动不仅能增加能量消耗，还可增进心肺系统健康，减少肥胖并发症。肥胖者如能在减重后继续保持体育锻炼，体重就不容易反弹。如同时能配合科学的饮食控制，则减肥的效果会更好。

三、消瘦的预防和治疗

对瘦人来说，增肥是很有必要的。增肥不只是适当增加机体的皮下脂肪，主要在于使肌肉和体魄更加强健。那就是不仅要纠正"瘦"而且要纠正"弱"，其中体育锻炼是最好的方法，在锻炼的过程中要注意以下几点。

（一）合理安排运动量

运动量的安排是科学锻炼的重要环节之一。实践证明，消瘦者应以中等运动量（每分钟心率在 130 ~ 160 次之间）的有氧锻炼为宜，器械重量以中等负荷（最大肌力的 50% ~ 80%）为佳。时间安排可每周练 3 次（隔天 1 次），每次 1 ~ 1.5 小时。每次练 8 ~ 10 个动作，每个动作做 3 ~ 4 组。做法是快收缩、稍停顿、慢伸展。连续做一组动作时间为 60 秒左右，组间间歇 20 ~ 60 秒，每种动作间歇 1 ~ 2 分钟。一般情况下，每组应能连续完成 8 ~ 15 次。

（二）打好基础

消瘦者在初级阶段（2 ~ 3 个月）最好能进健美培训班学习锻炼，以便正确、系统地掌握动作技术，全面提高身体素质。特别要注意肌肉力量和耐力的锻炼，逐步提高机体的适应能力，为以后锻炼打下良好的基础。

（三）有重点和针对性地训练

消瘦者经过 2 ~ 3 个月锻炼后，体力会明显增强，精力也会比以前充沛。这时，应重点锻炼大肌肉群，如胸大肌、三角肌、肱二头肌、肱三头肌、背阔肌、臀大肌和股四头肌等肌肉，运动量要随时调整。另外，同一个部位的肌群可采用不同的动作、不同的器械进行锻炼。一般情况下，练习动作一个半月到两个月变换一次。此外，锻炼时精神（意念）要集中于所练部位，切忌谈笑、听音乐等。这样，再坚持半年到一年，体形就会发生显著的变化。

（四）少练其他项目

消瘦者进行健美锻炼时，最好少参加其他运动项目长时间的锻炼，特别是耐力性项目的运动，如长跑、踢足球、打篮球等。因为这些运动消耗能量较多，不利于肌肉的增长，而且会越练越瘦。

（五）合理膳食

只有摄入的能量大于消耗的能量，人才能变胖。因此，消瘦者的膳食调配一定要合理、多样，不可偏食。平时除食用富含动物性蛋白质的肉、蛋、禽类等，还要适当多吃一些豆制品及赤豆、百合、蔬菜、瓜果等。只要饮食营养全面，利于消化吸收，再加上适当的健美锻炼，就能在较短时间内变得健壮起来。

（六）坚定信心，持之以恒

消瘦者要使体形由瘦变壮，不是一两天、一两个月的事，想"一口吃个胖子"的练法不行，因锻炼方法不对、效果不明显而丧失信心也不行，只有坚定胜利的信心，做好吃苦的准备，以高昂的情绪进行科学的、有计划的、坚持不懈的锻炼，才能获得最后成功。

思考题

1. 简述人体所需的营养素。
2. 简述健康膳食的原则。
3. 试述运动的不同阶段的补水方法。
4. 试述肥胖的预防、治疗与控制。

第四章 体质健康测试

第一节 《国家学生体质健康标准》实施说明

一、说　明

《国家学生体质健康标准》（以下简称《标准》）是国家学校教育工作的基础性指导文件和教育质量基本标准，是评价学生综合素质、评估学校工作和衡量各地教育发展的重要依据，是《国家体育锻炼标准》在学校的具体实施，适用于全日制普通小学、初中、普通高中、中等职业学校、普通高等学校的学生。

本标准的修订坚持"健康第一"，落实《国家中长期教育改革和发展规划纲要（2010—2020 年）》、《国务院办公厅转发教育部等部门关于进一步加强学校体育工作若干意见的通知》（国办发〔2012〕53 号）和《教育部关于印发〈学生体质健康监测评价办法〉等三个文件的通知》（教体艺〔2014〕3 号）有关要求，着重提高《标准》应用的信度、效度和区分度，着重强化其教育激励、反馈调整和引导锻炼的功能，着重提高其教育监测和绩效评价的支撑能力。

本标准从身体形态、身体机能和身体素质等方面综合评定学生的体质健康水平，是促进学生体质健康发展、激励学生积极进行身体锻炼的教育手段，是国家学生发展核心素养体系和学业质量标准的重要组成部分，是学生体质健康的个体评价标准。

本标准将适用对象中高校部分分为：大学一、二年级为一组，三、四年级为一组。

大学各组别的测试指标均为必测指标。其中，身体形态类中的身高、体重，身体机能类中的肺活量，以及身体素质类中的 50 米跑、坐位体前屈为各年级学生共性指标。

本标准的学年总分由标准分与附加分之和构成，满分为 120 分。标准分由各单项指标得分与权重乘积之和组成，满分为 100 分。附加分根据实测成绩确定，即对成绩超过 100 分的加分指标进行加分,满分为 20 分;大学的加分指标为男生引体向上和 1000 米跑,女生 1 分钟仰卧起坐和 800 米跑,各指标加分幅度均为 10 分。

根据学生学年总分评定等级:90.0 分及以上为优秀,80.0 ~ 89.9 分为良好,60.0 ~ 79.9 分为及格,59.9 分及以下为不及格。

每个学生每学年评定一次,记入《〈国家学生体质健康标准〉登记卡》(表 5-9)。特殊学制的学校,在填写登记卡时可以按规定和需求相应地增减栏目。学生毕业时的成绩和等级,按毕业当年学年总分的 50% 与其他学年总分平均得分的 50% 之和进行评定。

学生测试成绩评定达到良好及以上者,方可参加评优与评奖;成绩达到优秀者,方可获体育奖学分。测试成绩评定不及格者,在本学年度准予补测一次,补测仍不及格,则学年成绩评定为不及格。普通高中、中等职业学校和普通高等学校学生毕业时,《标准》测试的成绩达不到 50 分者按结业或肄业处理。

学生因病或残疾可向学校提交暂缓或免予执行《标准》的申请,经医疗单位证明,体育教学部门核准,可暂缓或免予执行《标准》,并填写《免予执行<国家学生体质健康标准>申请表》(表 5-10),存入学生档案。确实丧失运动能力、被免予执行《标准》的残疾学生,仍可参加评优与评奖,毕业时《标准》成绩需注明免测。

各学校每学年开展覆盖本校各年级学生的《标准》测试工作,《标准》测试数据经当地教育行政部门按要求审核后,通过"中国学生体质健康网"上传至"国家学生体质健康标准数据管理系统"。测试和数据上传时间由教育行政部门确定。

本标准由教育部负责解释。

二、单项指标与权重(表 4-1-1)

表 4-1-1 评价指标与权重

测试对象	单项指标	权重(%)
大学各年级	体重指数(BMI)	15
	肺活量	15
	50 米跑	20
	坐位体前屈	10
	立定跳远	10
	引体向上(男)/1 分钟仰卧起坐(女)	10
	1000 米跑(男)/800 米跑(女)	20

注:体重指数(BMI)=体重(千克)/身高 2(米 2)。

里测验成绩100分的加分指标，得分为20分；不足的加分指标分别为：引体向上1次1000米跑：男生1分钟仰卧起坐或跳绳，获得加分的分值最高为10分……

60.0~99.9秒加8分，50.0秒以下为9秒及格。

排十分及格……9分为一B，15.0，（但体育教师可根据实际情况适当地调整项目……根据所测的健康范围，按新的评分（分别考虑的分值，单次成绩为100s……

二、跳绳（女）

第二节 《国家学生体质健康标准》测试方法

一、1分钟仰卧起坐（女）

（一）测试目的

测试学生的腹肌耐力。

（二）测试方法

受试者仰卧于垫上，两腿屈膝，小腿与地面成45°角左右，两手轻轻地搭在双耳侧。脚底与地面平行。受试者坐起时两肘触及或超过双膝为完成一次。仰卧时两肩胛必须触垫。（图4-2-1）

图4-2-1 仰卧起坐测试示意图

（三）注意事项

1. 若发现受试者借用肘部撑垫或臀部起落的力量起坐时，该次不计数。
2. 测试过程中，观测人员应向受试者报数。
3. 受试者双脚必须放于垫上。

二、引体向上（男）

（一）测试目的

测试学生的上肢肌肉力量的发展水平。

（二）测试方法

受试者跳起双手正握杠，两手与肩同宽成直臂悬垂。静止后，两臂同时用力引体（身体不能有附加动作），上拉到下颌超过横杠上缘为完成一次。记录引体次数。

（三）注意事项

1. 受试者应双手正握单杠，待身体静止后开始测试。
2. 引体向上时，身体不得做大的摆动，也不得借助其他附加动作撑起。
3. 两次引体向上的间隔时间超过10秒则停止测试。

仰卧起坐

引体向上

三、立定跳远

（一）测试目的

测试学生下肢爆发力及身体协调能力的发展水平。

（二）测试方法

受试者两脚自然分开站立，站在起跳线后，脚尖不得踩线（最好用线绳做起跳线）。两脚原地同时起跳，不得有垫步或连跳动作。丈量起跳线后缘至最近着地点后的垂直距离，以厘米为单位，不计小数。

（三）注意事项

1. 发现犯规时，此次成绩无效。
2. 可以赤足，但不得穿钉鞋、皮鞋或塑料凉鞋参加测试。

四、坐位体前屈

（一）测试目的

测量学生在静止状态下的躯干、腰、髋等关节可能达到的活动幅度，主要反映这些部位的关节、韧带和肌肉的伸展性和弹性及学生身体柔韧素质的发展水平。

（二）测试方法

受试者两腿伸直，两脚平蹬测试纵板坐在平地上，两脚分开 10 ~ 15 厘米，上体前屈，两臂伸直，用两手中指尖逐渐向前推动游标，直到不能前推为止（图4-2-2）。测试计的脚蹬纵板内沿平面为 0 点，向内为负值，向前为正值。记录以厘米为单位，保留一位小数。测试两次，取最好成绩。

（三）注意事项

图 4-2-2　坐位体前屈测试示意图

1. 身体前屈，两臂向前推游标时两腿不能弯曲。
2. 受试者应匀速向前推动游标，不得突然发力。

五、800 米（女）、1000 米（男）跑

（一）测试目的

测试学生耐力素质的发展水平，特别是心血管呼吸系统的机能及肌肉耐力。

立定跳远

坐位体前屈

800 米和
1000 米跑

（二）测试方法

受试者至少两人一组进行测试，站立式起跑。当听到"跑"的口令后开始起跑。计时员看到旗动开表计时，当受试者的躯干部到达终点线垂直面时停表。以分、秒为单位记录测试成绩，不计小数。

（三）注意事项

1. 如果在非 400 米标准场地上进行测试，测试人员应向受试者报告剩余圈数，以免跑错距离。
2. 测试人员应告知受试者在跑完后要继续缓慢走动，不要立刻停下，以免发生意外。
3. 受试者不得穿皮鞋、塑料凉鞋或钉鞋参加测试。
4. 对分、秒进行换算时要细心，防止差错。

六、50 米跑

50 米跑

（一）测试目的

测试学生速度、灵敏素质及神经系统灵活性的发展水平。

（二）测试方法

受试者至少两人一组测试。站立起跑，受试者听到"跑"的口令后开始起跑。发令员在发出口令同时要摆动发令旗。计时员视旗动开表计时，受试者躯干部到达终点线的垂直面停表。以秒为单位记录测试成绩，精确到小数点后一位，小数点后第二位数按非 0 进 1 原则进位，如 10.11 秒读成 10.2 秒并记录之。

（三）注意事项

1. 受试者测试最好穿运动鞋或平底布鞋，赤足亦可，但不得穿钉鞋、皮鞋、塑料凉鞋。
2. 发现有抢跑者，要当即召回重跑。
3. 如遇风时一律顺风跑。

七、肺活量

肺活量

（一）测试目的

测试学生的肺通气功能。

（二）测试方法

房间通风良好；使用干燥的一次性口嘴（非一次性口嘴，则每换测试对象需消毒一次，每测一人时将口嘴下倒出唾液并注意消毒后必须使其干燥）。肺活量计主机放置在平稳桌面上，检查电源线及接口是否牢固，按工作键液晶屏显示"0"即表示机器进入工作状态，预热5分钟后测试为佳。

首先告知受试者不必紧张，并且要尽全力，以中等速度和力度吹气效果最好。令被测试者面对肺活量计站立，手持吹气口嘴，测试过程口嘴或鼻处不能漏气，若漏气应调整口嘴和用鼻夹（或自己捏鼻孔）；学会深吸气（避免耸肩提气，应该像闻花似的慢吸气）。受试者进行一两次较平日深一些的呼吸动作后，更深地吸一口气，屏住气向口嘴处慢慢呼出至不能再呼为止，防止此时从口嘴处吸气。测试中不得中途二次吸气。吹气完毕后，液晶屏上最终显示的数字即为肺活量毫升值。以毫升为单位，不保留小数。

（三）注意事项

1. 电子肺活量计的计量部位的通畅和干燥是仪器准确的关键，吹气筒的导管必须在上方，以免口水或杂物堵住气道。
2. 严禁用水、酒精等任何液体冲洗气筒内部。
3. 导气管存放时不能弯折。
4. 定期校对仪器。

八、体 重

（一）测试目的

测试学生的体重，与身高测试相配合，评定学生的身体匀称度，评价学生生长发育的水平及营养状况。

（二）测试方法

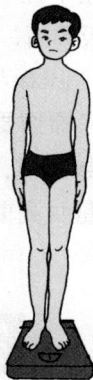

图 4-2-3 体重测试示意图

测试时，杠杆秤应放在平坦地面上，调整0点至刻度尺水平位。受试者赤足，男性受试者身着短裤；女性受试者身着短裤、短袖衫，站在秤台中央（图4-2-3）。测试人员放置适当砝码并移动游标至刻度尺平衡。读数以千克为单位，精确到小数点后一位。记录员复诵后将读数记录。测试误差不超过0.1千克。

（三）注意事项

1. 测量体重前受试者不得进行剧烈体育活动或体力劳动。
2. 受试者站在秤台中央，上下杠杆秤动作要轻。

九、身　高

（一）测试目的

测试学生身高，与体重测试相配合，评定学生的身体
匀称度，评价学生生长发育的水平及营养状况。

（二）测试方法

受试者赤足，立正姿势站在身高计的底板上（上肢自

图 4-2-4　身高测试示意图

然下垂，足跟并拢，足尖分开成 60° 角）。足跟、骶骨部
及两肩胛区与立柱相接触，躯干自然挺直，头部正直，耳屏上缘与眼眶下缘呈水平
位（图 4-2-4）。测试人员站在受试者右侧，将水平压板轻轻沿立柱下滑，轻压于受
试者头顶。测试人员读数时双眼应与压板水平面等高进行读数，记录员复述后进行
记录。以厘米为单位，精确到小数点后一位。测试误差不得超过 0.5 厘米。

（三）注意事项

1. 身高计应选择在平坦靠墙的地方放置，立柱的刻度尺应面向光源。
2. 严格掌握"三点靠立柱""两点呈水平"的测量姿势要求，测试人员读数时两眼
一定与压板等高，两眼高于压板时要下蹲，低于压板时应垫高。
3. 水平压板与头部接触时，松紧要适度，头发蓬松者要压实，头顶的发辫、发
结要放开，饰物要取下。
4. 读数完毕，立即将水平压板轻轻推向安全高度，以防碰坏。
5. 测量身高前，受试者应避免进行剧烈体育活动和体力劳动。

第三节　促进达标的锻炼方法

为了促进体质健康达标，针对《标准》规定的各项指标，现分别提供五种锻炼
方法供同学们参考。

一、身高标准体重指数锻炼方法

影响此项指数成绩的因素主要是一些学生过于肥胖，而体重较轻的同学通过一
般体育锻炼即可达到提高此项指数成绩的目的。因此，本锻炼方法重在提高肥胖学
生的该项成绩。

1. 锻炼目的：一是减轻体重，防止肥胖；二是保持和增强体力，提高身体机能水平。

2. 运动项目：长距离跑、自行车运动、游泳及球类活动。比较而言，经常采用的是长距离跑，它简单易行，容易控制。

3. 运动强度：保持心率在 120 ~ 160 次/分，最佳为 130 ~ 140 次/分。

4. 运动时间和频度：每次 45 ~ 60 分钟，每周 4 ~ 5 次。

5. 锻炼方法与程序：

（1）准备活动 5 分钟，可做些腰、腿、髋关节柔韧性活动。

（2）慢跑 30 分钟，速度控制以心率位于 120 ~ 160 次/分的速度为好，若心率低于 120 次/分，应加快跑速；若心率高于 160 次/分，应降低跑速。

（3）素质练习 20 分钟，包括仰卧起坐 40 个、提踵 50 次、立卧撑 40 次、纵跳 40 次。

（4）整理活动 5 分钟，可做些腰、背、腿、上肢的放松活动。

（5）注意事项：锻炼时若过于轻松或过于吃力，可适当调节内容或运动量（如改变速度、变换动作等）；以锻炼后第二天不感到疲劳为宜，每周可适当增加运动量；严寒、酷暑或患病时，应停止锻炼。

6. 锻炼时间安排：早晨或晚饭后 1 小时。

7. 锻炼伙伴：最好与同样体型或同一运动水平的同学一起锻炼。

8. 锻炼环境：应在干净、空气清新的环境中，附近有树木、绿地及花草为宜。

9. 锻炼监督：选择与你有利害关系的人监督。

10. 锻炼习惯：争取养成锻炼习惯，保证计划的执行。

二、肺活量体重指数锻炼方法

1. 锻炼目的：一是提高个体肺活量水平，使个体的肺通气量、肺活量、呼吸深度等发生良性变化；二是保持和增强体力，提高身体机能水平。

2. 运动项目：长距离慢跑、球类运动、健美操、游泳、台阶跑等。

3. 运动强度：心率保持在 140 ~ 160 次/分。

4. 运动时间和频度：每次 50 分钟左右，每周 3 ~ 4 次。

5. 锻炼方法与程序：

（1）准备活动 5 分钟，可做些腰、腿、髋关节柔韧性活动。

（2）台阶跑 10 组，使心率保持在 160 次/分左右，持续时间大概 30 分钟。

（3）素质练习 20 分钟，包括跨跳 40 米 2 次、后蹬跑 50 米 3 次、加速跑 30 米 3 次。

（4）整理活动 5 分钟，可做些腰、背、腿、上肢的放松活动。

（5）注意事项：锻炼时若过于轻松或过于吃力，可适当调节内容或运动量（如改变速度、变换动作等）；以锻炼后第二天不感到疲劳为宜，每周可适当增加运动量；严寒、酷暑或患病时，应停止锻炼。

6. 锻炼时间安排：早晨或晚饭后 1 小时。

7. 锻炼伙伴：最好有同一运动水平的同学与你一起交替或同时锻炼。

8. 锻炼环境：在田径场做跑的活动，在看台进行台阶跑。

9. 锻炼监督：选择与你有利害关系的人监督。

10. 锻炼习惯：坚持按已制订的计划执行，保证每次的锻炼量。

三、1000 米跑（男）、800 米跑（女）锻炼方法

1. 锻炼目的：一是提高机体的呼吸系统和心血管的机能；二是提高肌肉的耐力水平。

2. 运动项目：越野跑、变速跑、重复跑、中速跑、台阶跑、楼梯跑等。

3. 运动强度：使心率保持在 140 ~ 180 次/分。

4. 运动时间和频度：每次 60 ~ 90 分钟，每周 3 ~ 4 次。

5. 锻炼方法与程序：

（1）准备活动 5 分钟，可做些腰、腿、髋关节柔韧性活动。

（2）加速跑 40 ~ 60 米 3 次，每次间歇时间 1 分钟；变速跑 1500 ~ 2500 米 2 ~ 3 次，每次间歇时间 3 ~ 5 分钟，要求快跑和慢跑相结合，如采用 100 米慢跑接 100 米快跑，或者 200 米慢跑接 200 米快跑，再或用 400 米慢跑接 400 米快跑相结合的方法。

（3）素质练习 20 分钟，包括仰卧起坐 20 次 1 组，共 3 组；或收腹举腿 20 次 1 组，共 3 组。

（4）整理活动 5 ~ 10 分钟，可做些腰、背、腿、上肢的放松活动或者慢速跑。

（5）注意事项：锻炼时若过于轻松或过于吃力，可适当调节内容或运动量（如改变速度、变换动作等）；以锻炼后第二天不感到疲劳为宜，每周可适当增加运动量；严寒、酷暑或患病时，应停止锻炼。

6. 锻炼时间安排：晚饭前 4 小时左右。

7. 锻炼伙伴：最好有同一运动水平的同学与你一起结伴锻炼。

8. 锻炼环境：田径场。

9. 锻炼监督：选择与你有利害关系的人监督，并记录你每次练习的时间和间歇时间，以保证练习强度。

10. 锻炼习惯：坚持按已制订的计划执行，保证每次的锻炼量和强度。

四、50 米跑、立定跳远锻炼方法

1. 锻炼目的：一是提高较短距离跑的能力；二是发展下肢肌肉力量，尤其是爆发力水平、跳跃的协调性等。

2. 运动项目：30 ~ 50 米的计时跑、上下坡跑、半蹲跳、跳远、多级蛙跳、负重深蹲、多级跨跳等。

3. 运动强度：运动时心率在 160 ~ 180 次/分。

4. 运动时间和频度：每次 60 ~ 90 分钟，每周 3 ~ 4 次。

5. 锻炼方法与程序：

（1）准备活动 5 分钟，可做些腰、腿、髋关节的柔韧性活动。

（2）慢跑 5 ~ 10 分钟；跑的专门性练习 30 ~ 40 分钟，包括小步跑 30 ~ 50 米 3 次、高抬腿跑 30 米 3 次、后蹬跑 30 米 3 次；50 米计时跑 5 次。

（3）素质练习 20 分钟，包括半蹲跳 10 次。

（4）整理活动 5 ~ 10 分钟，可做腰、背、腿、上肢的放松及放松跑 5 分钟。

（5）注意事项：锻炼时应坚持运动强度，间歇时间可适当调整；锻炼后必须认真完成放松活动，每周可适当增加运动量；每次这样的练习后，应有至少 24 小时的休息时间；严寒、酷暑或患病时，应停止锻炼。

6. 锻炼时间安排：晚饭前 4 小时左右。

7. 锻炼伙伴：最好与同一运动水平的同学结伴锻炼。

8. 锻炼环境：田径场。

9. 锻炼监督：选择与你有利害关系的人监督，并帮你计时或放松。

10. 锻炼习惯：保证强度要求，坚持完成锻炼计划。

五、其他锻炼方法

1. 坐位体前屈锻炼方法：5 ~ 10 分钟的慢跑后，可大量做正压腿、侧压腿、正踢腿、并腿体前屈等活动；保持静力性肌肉韧带伸展和动力性肌肉韧带伸展活动相结合的运动形式。

2. 仰卧起坐锻炼方法（女）：5 ~ 10 分钟的慢跑后，可大量做仰卧起坐、收腹举腿、仰卧团身、头手并起等活动；坚持每天锻炼的持续性，不能松懈。

3. 引体向上锻炼方法：5 ~ 10 分钟的热身运动后，每周可进行 2 次上肢力量练习，每次大约 20 分钟，如引体向上 3 组，每组 3 ~ 5 次；俯卧撑 5 组，每组 10 次；用哑铃锻炼肱二头肌和肱三头肌动作各 3 组，每组 8 ~ 12 个。

❓ 思考题

1. 简述《国家学生体质健康标准》的重要意义和基本思路。

2. 简述《国家学生体质健康标准》的测试内容。

3. 试述促进达标的锻炼方法。

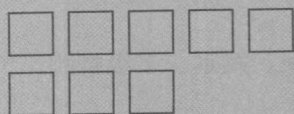

第五章

体适能及其锻炼方法

第一节　提高心肺适能的锻炼方法

提高心肺功能的运动包括积极的有氧运动和积极的休闲活动。心血管循环系统的机能可以说是身体健康素质中最重要的组成要素，直接影响到人们的工作或学习效率、生活质量及健康。有氧运动能有效提高心血管功能适应水平和肌肉利用氧的能力，降低患心血管疾病的危险性。有氧运动是指以有氧氧化供能为主的运动，这类运动包括健身走、健身跑、划船、游泳、球类活动等。本节重点从有氧运动的角度，介绍提高心肺功能的方法。

一、有氧运动锻炼

（一）锻炼项目

凡是以有氧氧化供能为主、大肌群参与的运动都可以作为有氧运动的锻炼方式。常见的有氧运动锻炼项目有步行、慢跑、游泳、爬楼梯、骑自行车、跳绳、有氧健身操、球类活动等。近年来，美国总统体适能和竞技委员会对 14 种常见改善心血管适能的运动项目提出了一个定量评价表，以帮助锻炼者选择适合自己的锻炼项目（表 5-1-1）。

表5-1-1　14项常用健身锻炼项目评价表

运动项目	心血管	肌耐力	肌肉力量	柔韧性	平　衡	减　肥	健　美	消　化	睡　眠	总　分
慢　跑	21	20	17	9	17	21	14	13	16	148
骑　车	19	18	16	9	18	20	15	12	15	142
游　泳	21	20	14	15	12	15	14	13	16	140
轮　滑	18	17	15	13	20	17	14	11	15	140
手　球	19	18	15	16	17	19	11	13	12	140
极地滑雪	19	19	15	14	16	17	12	12	15	139
高山滑雪	16	18	15	14	21	15	14	9	12	134
篮　球	19	17	15	13	16	19	13	10	12	134
网　球	16	16	14	14	16	16	13	12	11	128
健美操	10	13	16	19	15	12	18	11	12	126
步　行	13	14	11	7	8	13	11	11	14	102
高尔夫	8	8	8	9	8	6	6	7	6	67
软式垒球	6	8	7	9	7	7	5	8	7	64
保龄球	5	5	5	7	6	5	5	7	6	51

（二）锻炼频率

一周进行3次有氧锻炼就可增加心肺功能适应能力，一周有氧锻炼4～5次，可使心肺功能取得最佳锻炼效果。

（三）运动强度

练习强度是提高心血管适能的重要因素，练习强度太小不能形成良好的适应性变化，练习强度太大，运动危险性增加，造成身体疲劳而过早结束运动，对发展心肺耐力不利。计算运动强度方法较多，大学生可采用最大心率百分比法和主观体力感觉等级法（RPE）计算运动强度。如果用RPE的等级数值乘10，得出的相应数值就是完成这种负荷的心率。

1. 最大心率百分比法

有氧运动强度接近50%的最大吸氧量时即可增强心肺功能适应能力。目前推荐的有氧运动强度范围为50%～80%最大吸氧量，50%～80%最大吸氧量强度相当于60%～85%最大心率强度。因此，有氧运动目标心率是60%～85%最大心率。学生目标心率计算如下。

$$目标心率 = 最大心率 \times 60\% \sim 最大心率 \times 85\%$$

2. 主观体力感觉等级法（RPE）

瑞典生理学家冈奈尔·鲍格在1973年研制了主观体力感觉等级表，依靠锻炼者自我体力感觉等级来评估运动强度（表5-1-2）。

表 5-1-2　主观体力感觉等级

等级	主观运动感觉	相应心率（分/次）
6 ~ 7	非常轻松	70
8 ~ 9	很轻松	90
10 ~ 11	轻松	110
12 ~ 13	有些吃力	130
14 ~ 15	吃力	150
16 ~ 17	很吃力	170
18 ~ 19	非常吃力	195
20		最大心率

　　主观体力感觉等级与吸氧量储备和心率储备（CR=最大心率－安静心率）高度相关，因此可以方便地由锻炼者自己来评估运动强度，而不需要停下来测量和计算脉搏。主观体力等级 12（有些吃力）相当于达到目标心率的下限，等级 16（非常吃力）相当于达到目标心率的上限。目前国外学者认为，确定合理运动强度最好的办法，是把最大心率百分比和 RPE 两种方法综合使用。

（四）持续时间

　　持续时间是指一次有氧锻炼时间，一般应为 20 ~ 60 分钟（不包括准备活动和整理活动）。对水平较低的锻炼者而言，开始锻炼时 20 ~ 30 分钟的锻炼就可以提高心肺功能水平，水平较高者可能需要 40 ~ 50 分钟才能有效地提高心肺功能适应水平，而以 70% 最大吸氧量强度进行锻炼，需要 20 ~ 30 分钟的锻炼时间。

（五）有氧运动锻炼过程安排

1. 起始阶段

　　起始阶段最重要的是让机体慢慢适应运动，锻炼强度不应超过 70% 最大心率，根据不同适应水平，起始阶段可持续 2 ~ 6 周。

2. 渐进阶段

　　渐进阶段时间较长，约持续 10 ~ 20 周，在这一阶段，锻炼强度、频率和持续时间应逐渐增加。锻炼频率应达到每周 3 ~ 4 次，每次锻炼持练时间不短于 30 分钟，锻炼强度应达到 70% ~ 90% 最大心率。

3. 维持阶段

　　锻炼者经过 16 ~ 28 周的锻炼即进入维持阶段。如果锻炼者已达到自己的锻炼目标，没有必要增加运动量。但怎样才能维持已获得的锻炼效果呢？一般来说，若运动强度和锻炼持续时间都维持在渐进阶段最后一周水平时，锻炼频率即使降至每周 2 次，心肺功能适应水平也无明显降低；若保持渐进阶段的锻炼频率和强度，锻炼持续时间可减至 20 ~ 25 分钟。相反，在锻炼频率和持续锻炼时间不变的情况下，强度减少 1/3 就可使心肺适应水平明显降低。

我们还列举了不同体能的大学生运动处方表，有利于大学生根据个人体能状况安排有氧运动锻炼计划提供参考（表5-1-3 ~ 表5-1-5）。

表 5-1-3　体能低的大学生的运动处方表

周　次	阶　段	锻炼时间（分钟/天）	运动强度（%最大心率）	锻炼频率（天/周）
1	起始阶段	10	60	3
2	起始阶段	10	60	3
3	起始阶段	12	60	3
4	起始阶段	12	70	3
5	起始阶段	15	70	3
6	起始阶段	15	70	3
7	渐进阶段	20	70	3
8	渐进阶段	20	70	3
9	渐进阶段	25	70	3
10	渐进阶段	25	70	3
11	渐进阶段	30	70	3
12	渐进阶段	30	70	3
13	渐进阶段	35	70	3
14	渐进阶段	35	70	3
15	渐进阶段	40	70	3
16	渐进阶段	40	70	3
17	渐进阶段	40	75	3
18	渐进阶段	40	75	3
19	渐进阶段	40	75	3
20	渐进阶段	40	75	3
21	渐进阶段	40	75	3 ~ 4
22	渐进阶段	40	75	3 ~ 4
23	维持阶段	30	75	3 ~ 4
24	维持阶段	30	75	3 ~ 4
25	维持阶段	30	75	3 ~ 4
26	维持阶段	30	75	3 ~ 4

选自：季浏.体育与健康[M].上海：华东师范大学出版社，2000.

锻炼指导：（1）每次锻炼前做准备活动。（2）感觉不适时不要增加运动量。（3）每次锻炼都应监控心率。（4）锻炼后要做整理活动。（5）为预防受伤，开始锻炼时最好选择冲击力小的锻炼方式，每次锻炼时间为20 ~ 30分钟，以后可适当延长。

表 5-1-4　体能一般或较好的大学生的运动处方表

周　次	阶　段	锻炼时间（分钟/天）	运动强度（%最大心率）	锻炼频率（天/周）
1	起始阶段	10	70	3
2	起始阶段	15	70	3
3	起始阶段	15	70	3
4	起始阶段	20	70	3
5	渐进阶段	25	70	3
6	渐进阶段	25	75	3
7	渐进阶段	30	75	3
8	渐进阶段	30	75	3
9	渐进阶段	35	75	3
10	渐进阶段	35	75	3
11	渐进阶段	40	75	3
12	渐进阶段	40	75	3
13	渐进阶段	40	75	3
14	渐进阶段	40	75	3
15	渐进阶段	40	80	3
16	渐进阶段	40	80	3～4
17	渐进阶段	40	80	3～4
18	渐进阶段	40	80	3～4
19	维持阶段	30	80	3～4
20	维持阶段	30	80	3～4
21	维持阶段	30	80	3～4
22	维持阶段	30	80	3～4

选自：季浏. 体育与健康[M]. 上海：华东师范大学出版社，2000.

锻炼指导：同体能低的大学生的运动处方表。

表 5-1-5　体能优秀大学生的运动处方表

周　次	阶　段	锻炼时间（分钟/天）	运动强度（%最大心率）	锻炼频率（天/周）
1	起始阶段	15	75	3
2	起始阶段	20	75	3
3	起始阶段	25	75	3
4	渐进阶段	30	75	3
5	渐进阶段	35	75	3
6	渐进阶段	40	75	3
7	渐进阶段	40	75	3～4
8	渐进阶段	40	75	3～4
9	渐进阶段	40	80	3～4
10	渐进阶段	40	80	3～4

周　次	阶　段	锻炼时间（分钟 / 天）	运动强度（% 最大心率）	锻炼频率（天 / 周）
11	渐进阶段	40	80	3 ～ 4
12	渐进阶段	40	80 ～ 85	3 ～ 4
13	渐进阶段	40	80 ～ 85	3 ～ 4
14	渐进阶段	40	80 ～ 85	3 ～ 4
15	维持阶段	30	80 ～ 85	3 ～ 4
16	维持阶段	30	80 ～ 85	3 ～ 4
17	维持阶段	30	80 ～ 85	3 ～ 4
18	维持阶段	30	80 ～ 85	3 ～ 4

选自：季浏. 体育与健康[M]. 上海：华东师范大学出版社，2000.

锻炼指导：同体能低的大学生运动处方表。

（六）有氧运动的练习方法

1. 综合练习

综合练习是由几种不同的锻炼内容组成的锻炼方法，如第一天跑步，第二天骑自行车，第三天游泳。其优点就是避免日复一日进行同一种练习的枯燥感。

2. 持续练习

持续练习是指长时间、长距离、中等强度（约70%最大心率）的锻炼方法，也是一种最受欢迎的有氧运动锻炼方法，锻炼者一次锻炼时间可持续 30 ～ 60 分钟，并能较轻松地完成活动。

3. 间歇练习

间歇练习是指重复进行强度、时间、距离和间隔时间都较固定的锻炼方法。练习持续时间各不相同，但一般为 3 ～ 5 分钟，每次练习后有一定休息时间，休息时间一般稍长于练习时间。

（七）安全告诫

1. 每次锻炼前应做好准备活动。

2. 每次锻炼后应做好整理活动，整理活动至少应包括 5 分钟的小强度练习（如步行、放松、柔韧性练习等）。

3. 在运动中感觉不适或有疼痛感时应停止运动或减小运动量。

4. 每次运动时都要注意监控心率。

二、有氧运动处方

有氧运动处方是指导大学生有目的、有计划地进行科学锻炼的一种方法。这里，我们列举了健身走、健身跑、游泳等有氧运动处方，供同学们在制订运动锻炼计划时参考。对于肥胖、超重和体质健康水平较差的同学，可以选择从健身走开始锻炼；体质健康水平较好的同学则应从健身跑开始锻炼；在有条件的学校还可以选择从游泳开始锻炼。

（一）健身走

步行锻炼有百炼之祖的称号。由于健身走简便易行，不易出现伤害事故，所以适合各类人群。步行时心率达到110次/分以上，并保持10分钟以上，可改善血液循环，提高心脏功能。如果全力以赴快步行走，比速度较慢的跑步效果还好，有研究表明，步速达到133米/分，心率可达到最大心率的70%。健身走一般可采用快步疾走和大步走的方式进行，走的时候要保持身体正直、抬头挺胸、收腹收臀、两臂自然摆动，呼吸自然，并根据自身体能状况选择不同的步长、步速、距离或运动时间。快步走的步频要大于每分钟140步，一般采用130米/分的速度，步数每分钟180步，步幅约70厘米。大步走一般采用130米/分的速度，每分钟108步，步幅约120厘米。

健身走锻炼计划的制订，可参考步行锻炼计划（表5-1-6）和美国运动医学专家库珀制订的有氧健身走锻炼得分标准（表5-1-7），确定健身走步长、步速、距离或运动时间。库珀在有氧健身走锻炼得分标准中指出，只要按表中规定的速度进行锻炼，经过几周的锻炼，体力和情绪状态都会得到改善，如果每周能获得30分以上，就能保持良好的健康水平。

表5-1-6 步行锻炼计划（一）

周次	1~2	3~4	5	6	7~8	9	10	11	12~13	14	15~16	17~18	19~20
步行距离（千米）	1.5	2.0	2.5	2.5	3.0	3.2	3.2	3.2	3.5	4.0	4.0	4.5	4.5
步行速度（千米/时）	5.0	5.0	5.0	5.5	5.5	5.5	6.0	6.0	6.0	6.0	6.0	6.5	6.5
运动强度（%最大心率）	60	60	60~70	60~70	60~70	60~70	60~70	70	70	70	70	70~80	70~80

步行锻炼计划（二）

周次	1~2	3~4	5~6	7	8~9	10~12	13	14	15~16	17~18	19~20
步行距离（千米）	2.5	3.0	3.2	3.2	3.5	4.0	4.5	4.5	5.0	5.3	5.6
步行速度（千米/时）	5.0	5.0	5.0	5.5	5.5	5.5	5.5	6.5	6.5	6.5	6.5
运动强度（%最大心率）	60~70	60~70	60~70	70	70	70	70	70~80	70~80	70~80	70~80

步行锻炼计划（三）

周次	1	2	3～4	5	6～8	9～10	11～12	13～14	15	16～17	18～20
步行距离（千米）	3.2	3.5	4.0	4.5	4.5	5.0	5.0	5.3	5.6	5.6	6.5
步行速度（千米/时）	5.0	5.0	5.0	5.0	5.5	5.5	6.5	6.5	6.5	7.2	7.2
运动强度（% 最大心率）	70	70	70	70	70	70	70～80	70～80	70～80	70～80	70～80

步行锻炼计划（四）

周次	1	2	3～4	5	6	7	8	9～10	11～14	15～20
步行距离（千米）	4	4.5	5.0	5.3	5.3	5.6	6.0	6.5	6.5	6.5
步行速度（千米/时）	55	5.5	55	55	6.5	6.5	6.5	6.5	7.2	7.2
运动强度（% 最大心率）	70	70	70	70	70～80	70～80	70～80	70～80	70～80	70～80

选自：季浏.体育与健康[M].上海：华东师范大学出版社，2000.

表 5-1-7　有氧健身走锻炼得分标准

周	距离（米）	时间（分钟）	锻炼次数（周）	得分（周）
1	3200	35	3	9
2	3200	34	3	9
3	3200	33	4	9
4	3200	32	4	12
5	3200	31	4	12
6	3200	30	4	20
7	3200	29	4	20
8	3200	28	4	20
9	4000	34	4	26
10	4000	33	4	26
11	4800	42	4	32
12	4800	41	4	32

（二）健身跑

健身跑也称慢跑，被人们视为"有氧代谢运动之王"，不少国家流行着"你要健康长寿就得跑步"的口号，著名德国医学专家赫尔曼教授指出"慢速长跑是保持健康的最好手段，健身跑时氧的供给比静坐时多 8 ~ 12 倍。"美国心脏病学家乔治·希汉博士评价说："跑步从运动生理上说是一项全面的运动。跑步是按照自己控制的速度，以一种有节奏的大腿和小腿的肌肉运动，这是安全的，是最大限度增强心肺功能所需要的。"

健身跑的方法很多，如走跑交替、匀速跑、间歇跑、变速跑、越野跑和重复跑等，其动作要点是：头部正直，身体略前倾，两肩放松，两臂随跑步节奏自然摆动，摆幅适中，跑时前脚掌着地，再过渡到全脚掌，呼吸自然且有适宜深度，采用腹式呼吸，使空气主要通过鼻腔进入体内，并注意呼吸节奏与跑的节奏协调配合。

健身跑运动处方应依据自身体能与健康状况制订，循序渐进地增加练习强度、练习时间和跑的距离。表 5-1-8 提供的是大学生及同龄人不同锻炼水平的运动强度，表 5-1-9 提供了渐进跑步锻炼计划，供制订运动处方时参考。

表 5-1-8　大学生及同龄人适宜运动强度

锻炼水平	跑步距离（千米）	跑步速度（千米 / 小时）	运动强度（% 最大心率）
初　级	2.7　　3.2	8.0　　9.6	60　65
中　级	3.7　4.3	11.2　12.9	70　75
高　级	4.8　5.3	14.4　16.0	80　85

选自：季浏. 体育与健康[M]. 上海：华东师范大学出版社，2000.

表 5-1-9　渐进跑步锻炼计划

周　次	准备活动	锻炼内容	整理活动	练习时间（分钟）
1	伸展运动及柔韧活动 5 分钟	快速步行 10 分钟，途中尽量不停	慢步行走 3 分钟伸展运动 2 分钟	20
2	伸展运动及柔韧活动 5 分钟	快速步行 5 分钟—慢跑 1 分钟—重复一轮	慢步行走 3 分钟伸展运动 2 分钟	22
3	伸展运动及柔韧活动 5 分钟	快速步行 5 分钟—慢跑 3 分钟—重复一轮	慢步行走 3 分钟伸展运动 2 分钟	26
4	伸展运动及柔韧活动 5 分钟	快速步行 4 分钟—慢跑 5 分钟—重复一轮	慢步行走 3 分钟伸展运动 2 分钟	28
5	伸展运动及柔韧活动 5 分钟	快速步行 4 分钟—慢跑 5 分钟—重复一轮	慢步行走 3 分钟伸展运动 2 分钟	28
6	伸展运动及柔韧活动 5 分钟	快速步行 4 分钟—慢跑 6 分钟—重复一轮	慢步行走 3 分钟伸展运动 2 分钟	30
7	伸展运动及柔韧活动 5 分钟	快速步行 4 分钟—慢跑 7 分钟—重复一轮	慢步行走 3 分钟伸展运动 2 分钟	32

续 表

周 次	准备活动	锻炼内容	整理活动	练习时间（分钟）
8	伸展运动及柔韧活动 5 分钟	快速步行 4 分钟—慢跑 8 分钟—重复一轮	慢步行走 3 分钟 伸展运动 2 分钟	34
9	伸展运动及柔韧活动 5 分钟	快速步行 4 分钟—慢跑 9 分钟—重复一轮	慢步行走 3 分钟 伸展运动 2 分钟	36
10	伸展运动及柔韧活动 5 分钟	快速步行 4 分钟—慢跑 13 分钟	慢步行走 3 分钟 伸展运动 2 分钟	27
11	伸展运动及柔韧活动 5 分钟	快速步行 4 分钟—慢跑 15 分钟	慢步行走 3 分钟 伸展运动 2 分钟	29
12	伸展运动及柔韧活动 5 分钟	快速步行 4 分钟—慢跑 17 分钟	慢步行走 3 分钟 伸展运动 2 分钟	31
13	伸展运动及柔韧活动 5 分钟	快速步行 2 分钟—缓慢跑 2 分钟—慢跑 17 分钟	慢步行走 3 分钟 伸展运动 2 分钟	31
14	伸展运动及柔韧活动 5 分钟	快速步行 1 分钟—缓慢跑 3 分钟—慢跑 17 分钟	慢步行走 3 分钟 伸展运动 2 分钟	31
15	伸展运动及柔韧活动 5 分钟	缓慢跑 3 分钟—慢跑 17 分钟	慢步行走 3 分钟 伸展运动 2 分钟	30

选自：季浏. 体育与健康[M]. 上海：华东师范大学出版社，2000.

（三）游 泳

游泳是一项很好的全身耐力性运动，人在水中游泳，全身的肌肉群和内脏器官系统都参加了活动，促进全身肌肉都得到锻炼，增强各部分关节的灵活性和柔韧性。由于水的传热性和阻力都比空气大，所消耗能量也比陆地上多，胸部由于受到水的压力要不断加深呼吸，经过长期锻炼，呼吸交换和氧运输能力增强。大学生可参考表 5-1-10，制订游泳运动处方。

表 5-1-10 游泳锻炼计划

	周次	练习强度安排计划	每周练习次数	建议
第一阶段（起始期）	第一周	可采用任何姿势游 12 ~ 20 分钟	3	练习至呼吸紧促即可停止，以能够持续游 12 ~ 20 分钟为目标
	第三周	尽可能采用爬泳练习，距离、时间不限	3 ~ 5	
	第六周	采用爬泳尽可能地延长持续时间	3 ~ 5	如果达不到目标，延长该期的周数

续 表

	周次	练习强度安排计划	每周练习次数	建议
第二阶段 （初练期）	第一周	采用任何泳姿游15～22分钟	3	练习至呼吸紧促即可停止，以能够持续游15～22分钟为目标
	第三周	采用爬泳尽可能地延长持续时间	5	
	第六周	每次练习持续游30分钟	5	如果达不到目标，延长该期的周数
第三阶段 （适应期）	第一周	采用爬泳持续游450米	3	以能够持续游12分钟为目标。如果已经达到目标，应再增加30秒
	第三周	采用爬泳持续游450米	4	
	第六周	采用爬泳持续游500米	4	如果达不到目标，延长该期的周数
第四阶段 （提高期）	第一周	采用爬泳持续游600米	4	以能够持续游15分钟30秒为目标
	第三周	采用爬泳持续游600米	6	
	第六周	采用爬泳持续游650米	6	如果达不到目标，延长该期的周数
第五阶段 （目标期）		从650米开始，每练习两次增加50米		以能够持续游900米为目标。如果你还想继续提高，每周练习3次再增加50米，直到用35分钟完成1800米

第二节　提高肌肉适能的锻炼方法

　　增强肌肉力量和耐力不仅可以增加肌肉体积和提高运动能力，而且对健康也有相当重要的价值，即减少脂肪和改善身体成分及塑造强壮健美的身材，有利于心血管机能的发展和提高，改善骨骼状况和推迟骨质疏松症的发生，加强关节周围肌肉的力量，防止肌肉、肌腱和韧带损伤，提高工作效率和生活质量，同时可以较好地应付日常生活中所出现的不可预测的突发事件。

一、肌肉锻炼的基本形式

（一）等张练习

肌肉进行收缩缩短和放松交替进行的力量练习方法叫作等张练习，又称为动力性练习，如负重蹲起、卧推、挺举等。等张训练法的优点是肌肉运动形式与竞技运动项目的运动特点一致，有效提高运动成绩，还可以改善神经肌肉协调性。

（二）等长练习

肌肉收缩而长度不变的对抗阻力的训练方法叫等长练习，又称静力性练习。这种练习方法使肌肉在原来静止长度上做紧张用力，也可以在一定程度上做肌肉缩短的紧张用力。

（三）等动练习

等动练习是一种利用专门的等速训练器进行肌肉力量和耐力的练习方法。等速训练器所产生的阻力和用力的大小相适应，是一种可以使肌肉在各个运动角度活动过程中受到相同的负荷，是发展肌肉力量最好的方法之一。

二、肌肉力量和耐力锻炼的计划安排

（一）最高重复次数（RM）与组数（SET）

在力量练习中用最高重复次数（RM）来表示运动强度。RM是表示能重复某一重量的最高次数，如果练习者对某一重量只能连续举起 6 次，则该重量对练习者来说是 6RM。

组数（SET）是表示练习的组数，如 2SET，15RM，就是表示练习者应重复进行某一重量 15 次，做 2 组。不同的 RM 和 SET 对发展肌肉力量、耐力的效果是不同的（表 5-2-1）。

表 5-2-1　不同 RM 和 SET 的力量练习对肌肉的影响

强 度	组 数	练习效果
3RM ~ 6RM	3SET ~ 6SET	主要发展肌肉力量
8RM ~ 12RM	3SET ~ 6SET	主要发展肌肉的体积
14RM ~ 20RM	4SET ~ 6SET	主要发展肌肉的耐力

经过一段时间的训练后力量增加，原重量的重复次数已超过规定的次数，可考虑增加练习重量，一般按原练习重量的 10% 左右增加，但也考虑练习者的具体情况。

（二）每组练习的间隔时间

力量练习各组间的间隔时间，一般以肌肉能完全恢复为准。肌肉在练习后3 ~ 5秒时已恢复50%，2分钟时完全恢复。如果练习是为了增强肌肉力量，练习的间隔时间不太重要，一般在1 ~ 2分钟左右，如果是为了增加肌肉耐力，练习间隔时间应从2分钟逐渐减少到30秒。

（三）每次练习的间隔时间

如果进行全身肌肉力量练习，每隔一天进行练习会获得最佳锻炼效果，这样可以使疲劳的肌肉在48h内得到充分的恢复。如果每天都坚持力量练习，每天应训练不同部位的肌群。

（四）合理安排不同肌群的练习顺序

为了保证大肌群承受适当的超量负荷及练习的安全，大肌群必须在小肌群疲劳前进行练习。

典型的力量练习顺序模式：大腿肌肉（股四头肌）–肩部和胸部肌肉（三角肌、胸大肌）—背肌和大腿后肌群–小腿肌–肱三头肌–腹肌–肱二头肌。

（五）注意控制力量练习时的动作速度

在进行力量练习时，动作还原阶段的速度应为主动用力阶段时动作速度的一半，这样做可以通过一次负重练习使肌肉得到两次的锻炼。

（六）力量练习过程安排

一般来说，力量练习的过程分三个阶段：开始阶段、慢速增长阶段和保持阶段。下面介绍的力量练习过程安排仅供参考（表5-2-2）。

表5-2-2　力量练习过程安排

持续练习周数	阶 段	每周练习次数	练习组数	强 度
1 ~ 3	开 始	2次	2	15RM
4 ~ 20	慢速增长	2 ~ 3次	3	6RM
20以上	保 持	2次	3	6RM

选自：季浏.体育与健康[M].上海：华东师范大学出版社，2000.

在力量练习开始阶段应避免举最大重量，应采用较轻的重量，如最高重复次数为12 ~ 15次的负荷，如果选定的重量能轻松自如地完成确定的重复次数，则可以增加重量。经过开始阶段的力量练习，如果肌肉已经适应练习动作，就可以增加重量。当肌肉力量得到增强时，可再增加重量，直到达到练习者制定的目标为止。达到目标后，每周1 ~ 2次练习即可保持原增长水平。若不训练，30周后原增长水平完全消退。

（七）安全告诫

1. 当用杠铃练习时，必须有同伴帮助、保护你完成练习。

2. 进行负重练习时，应仔细检查设备。

3. 在进行负重练习前应充分做好准备活动，练习后应做好放松活动。

4. 在进行负重练习时，如感到不适，应立即停止练习。

5. 在采取快速还是慢速举起重量问题上仍存在着争议，建议学生在练习时不宜采用快速举起重量的方式。研究表明，慢速举起重量也可增加力量和肌肉体积。

6. 锻炼结束后，肌肉有酸痛僵硬感，直到下次锻炼前这种感觉仍未消失，就应停止练习，让肌肉充分恢复。

（八）注意事项

1. 充分做好准备活动

力量练习可以采用慢跑、伸展体操和轻重量练习进行准备活动，使血液流向需要工作的肌肉群。如果天气寒冷或者存在以前训练课造成的肌肉酸痛，就需要做更加充分的准备活动。此外，在力量练习前还应进行伸展练习，这样能够增加关节和肌肉的活动幅度和防止受伤，而在力量练习后进行伸展练习则能够缓解肌肉紧张、减少酸痛和帮助机体恢复。

2. 量力而行

力量训练开始时要根据自己的实际情况循序渐进地进行，切不可盲目模仿优秀运动员，或者和训练水平比自己高很多的人"较劲"。这样会挫伤你的积极性，甚至造成伤害事故。

3. 避开旧伤

如果在力量练习过程中感到疼痛，就不要"钻牛角尖"硬顶。可以改变一下练习的手段，既发展了该部位的肌肉力量，还不疼痛，同时又加快了血液循环，促进损伤的痊愈。

4. 不因体重增加而烦恼

由于肌肉的比重大于脂肪，所以在进行力量训练初期，体重可能会增加。

5. 不过多改变饮食习惯

在进行力量训练的初期，为了执行健身计划而过多改变饮食习惯是不可取的。因为骤然改变了习惯的生活方式，常常会导致无法完成计划或出现训练效果顾此失彼的状况。

6. 呼吸方式

在整个练习过程中不要憋气，憋气会阻止血液流向脑部，甚至造成休克。用鼻和口同时呼吸，以防缺氧。在负重力量练习中，上举开始时吸气，在最大程度用力的部分短暂屏息，练习完成时呼气。

三、发展肌肉力量的锻炼方法

（一）杠铃与哑铃练习法

1. 卧推（图 5-2-1）

器械：杠铃。

练习方法：正握杠铃杆，将杠铃缓慢落到胸前，然后推起。

要点：屈膝 90°，双脚不接触地面和长凳。

发展的肌肉：胸大肌、肱三头肌、三角肌。

2. 挺举杠铃（图 5-2-2）

器械：杠铃。

练习方法：正握杠铃杆，爆发用力，将杠铃举到胸前。翻腕、屈膝后用力将杠铃举过头顶，然后屈臂、屈髋、屈膝，将杠铃降至大腿部后缓慢放下。

要点：握杠铃同肩宽，准备姿势成蹲姿抬头，背部挺直。

发展的肌肉：斜方肌、竖脊肌、臀大肌、股四头肌。

3. 负重半蹲（图 5-2-3）

器械：杠铃。

练习方法：正握杠铃杆，屈膝成 90° 后还原。

要点：将脚跟垫起，下颌微超前。

发展的肌肉：股四头肌、臀大肌。

图 5-2-1

图 5-2-2

图 5-2-3

4. 负重提踵（图 5-2-4）

器械：杠铃。

练习方法：正握杠铃杆于肩上，提踵。

要点：调整脚尖由朝前到向内或向外，保持身体正直。

发展的肌肉：腓肠肌、比目鱼肌。

5.提杠铃（图 5-2-5）

图 5-2-4 　　　　　　　　　　　　　　图 5-2-5

器械：杠铃。

练习方法：采用混合握法，屈膝使大腿与地面水平，然后用力，将杠铃提起，身体保持直立，然后屈膝将杠铃缓慢落下。

要点：抬头、挺胸，握距同肩宽。

发展的肌肉：竖脊肌、臀大肌、股四头肌。

6.提铃耸肩（图 5-2-6）

器械：杠铃。

练习方法：正握，耸肩至最高点，然后回落。

要点：四肢充分伸展。

发展的肌肉：斜方肌。

图 5-2-6

7.俯立飞鸟（图 5-2-7）

器械：哑铃。

练习方法：弓身成水平状，两臂向后举哑铃与肩同高，然后缓慢还原。

要点：膝与肘微屈。

发展的肌肉：三角肌后群、背阔肌、斜方肌。

图 5-2-7

8. 哑铃弯举（图 5-2-8）

器械：哑铃。

练习方法：手持哑铃，前臂弯举至肩部，然后缓慢还原。

要点：使背部保持正直、稳定。

发展的肌肉：肘部屈肌。

9. 坐姿颈后臂屈伸（图 5-2-9）

器械：哑铃。

练习方法：两手握住哑铃的一端，两肘夹紧并抬高，然后用力伸直两臂，使重物沿背部向上移动至最高位。

要点：肘高抬并内夹。

发展的肌肉：肱三头肌、三角肌。

图 5-2-8　　　　　　　　　　　图 5-2-9

10. 腕弯举（图 5-2-10）

器械：杠铃。

练习方法：五指可稍微分开，握住（反握）杠铃杆，屈腕。

要点：以适宜的握距，将前臂固定好。

发展的肌肉：腕屈肌群。

11. 肱二头肌弯举（图 5-2-11）

器械：杠铃。

练习方法：前臂弯举。

要点：弯举尽可能靠近肩部，动作应有控制地还原。

发展的肌肉：肱二头肌、肘部屈肌。

图 5-2-10　　　　　　　　　图 5-2-11

（二）体操练习法

体操练习法也是一种行之有效的肌肉力量、耐力的训练方法。它可以借助自身重量并把四肢作为阻力来发展肌肉的力量和耐力，同样它还可以提高柔韧性，这是因为肢体本身的力量就可以使肌肉伸展到最长。如果练习者锻炼时有足够的强度和持续时间，心血管和呼吸系统的耐力也可以提高。下面介绍的体操练习法都是针对专门的肌肉群设计的。如果完成了所有这些练习，则身体绝大部分肌肉群无论在耐力、力量和柔韧性等各方面都能得到锻炼和提高。

可以根据自己的节奏进行练习，节奏越快，对心肺的功能要求也就越大。因此，练习者应尽快完成动作，并使两个练习方法之间的间隔时间缩短，这样会收到满意的锻炼效果。如果你喜欢的话，也可在练习过程中加入音乐，这样可以使你练习起来更轻松、更有劲。

1. 仰卧起身（图 5-2-12）

目的：发展腹部肌肉。

发展的肌肉：腹直肌。

锻炼的关节：脊柱各关节。

练习方法：躯干蜷曲。

要点：仰卧，手置于胸前或头后，膝部弯曲成 90°，脚不要离地，上体起至与地面成 45°。

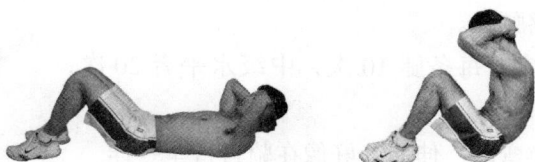

图 5-2-12

2. 俯卧撑（图 5-2-13）

目的：发展手臂和胸部肌肉力量。

发展的肌肉：肱三头肌、胸大肌。

要点：躯干与下肢保持在同一条直线上，下落时胸部不要触地。

重复次数：初练者 10 次，中级水平者 20 次，有训练者 30 次。

注意：避免背部的过分伸展，尤其是在调整后的俯卧撑练习中更应如此。

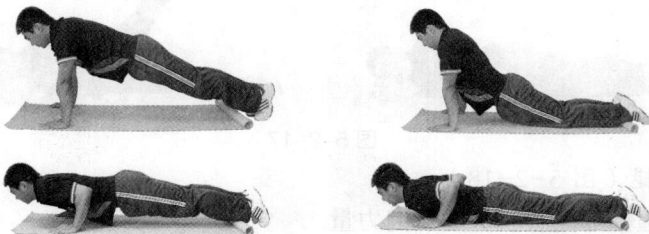

图 5-2-13

3. 臂屈伸（图 5-2-14）

目的：发展肩关节力量和肩关节活动范围。

发展的肌肉：肱三头肌、斜方肌。

重复次数：初练者 7 次，中级水平者 12 次，有训练者 18 次。

要点：准备姿势肘关节伸直，上体挺直，下落时臀部触地而撑起。

4. 肢体旋转（图 5-2-15）

目的：加强腹内、外斜肌的力量。

发展的肌肉：腹内、外斜肌。

重复次数：初练者每方向 10 次，有训练者每方向 20 次。

要点：下肢从一侧旋转到另一侧直到膝触地。

注意：此练习方式只适合于有较强腹部肌肉力量的锻炼者。

图 5-2-14   图 5-2-15

5. 骑"自行车"（图 5-2-16）

目的：加强髋部肌肉力量，使下背部肌肉得到伸展。

发展的肌肉：髂腰肌。

重复次数：初练者每条腿 10 次，中级水平者 20 次，有训练者 30 次。

图 5-2-16

要点：双腿交换弯曲、伸展，好像在骑自行车一样。

6. 侧卧举腿（图 5-2-17）

目的：加强髋部外展肌群的肌肉力量。

发展的肌肉：髋部外展肌群。

重复次数：初学者每条腿 10 次，中级水平者 15 次，有训练者 20 次。

要点：髋关节、膝关节、踝关节保持伸直，尽可能高举，缓慢地还原。

图 5-2-17

7. 侧卧提腿（图 5-2-18）

目的：加强髋部内收肌群的肌肉力量。

发展的肌肉：髋部内收肌群。

重复次数：初学者每条腿 10 次，中级水平者 15 次，有训练者 20 次。

要点：膝关节不能弯曲，练习腿尽量高抬，缓慢地还原。

图 5-2-18

8. 举腿（图 5-2-19）

目的：加强髋部伸肌、屈肌、内收肌、外展肌肌肉力量。

发展的肌肉：髂腰肌、臀大肌、臀中肌和内收肌。

重复次数：初学者每条腿 10 次，中级水平者 15 次，有训练者 20 次。

要点：每一动作应使腿尽量高举，为了防止损伤，避免发力过猛或过分伸展。

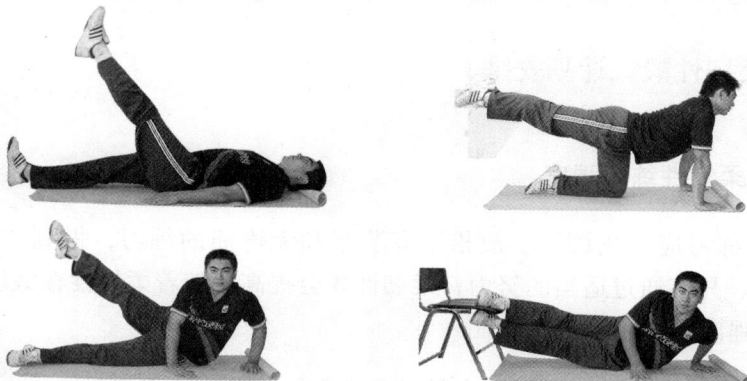

图 5-2-19

9. 挺髋（图 5-2-20）

目的：加强臀部肌肉力量。

发展的肌肉：臀大肌和 绳肌。

重复次数：初学者每条腿 10 次，中级水平者 15 次，有训练者 20 次。

图 5-2-20

第三节　提高柔韧性的锻炼方法

柔韧性是身体健康素质的重要组成部分，它是指身体各个关节的活动幅度以及跨过关节的韧带、肌腱、肌肉、皮肤等软组织的弹性和伸展能力。经常做伸展练习可以保持肌腱、肌肉及韧带等软组织的弹性。柔韧性得到充分发展后，人体关节的活动范围将明显加大，关节灵活性也将增强。这样做动作更加协调、准确、优美，同时在体育活动和日常生活中可以减少由于动作幅度加大、扭转过猛而产生的关节、肌肉等软组织的损伤。

一、柔韧健身的功能

1. 保障人体基本动作行为功能。
2. 保持良好的体态和基本姿势。
3. 为执行各种身体动作打下良好基础。
4. 进一步提高日常生活和工作质量。
5. 防止各种软组织拉伤和劳损、预防肌肉紧张和腰痛。
6. 是其他健身运动热身和整理活动的必要部分。

二、柔韧性锻炼计划安排

（一）柔韧性练习强度

柔韧性练习应采用缓慢、放松、有节制和无疼痛的练习，做到"酸加""痛停""麻停"。只有通过适当的努力，柔韧性才会提高。随着柔韧性在锻炼过程中的提高，练习强度应逐渐加大。

（二）柔韧性练习的时间和次数

每种姿势柔韧性练习的时间和次数是逐渐增加的，应从最初的 10 秒练习时间，逐渐增加至 30 秒，每种姿势重复次数应在 3 次以上。如果是平时体育锻炼时的柔韧性练习，5 ~ 10 分钟的时间就足够了，如果是专门为了提高柔韧性练习或运动员的训练，则练习时间必须要达到 15 ~ 30 分钟（表 5-3-1）。

表 5-3-1　柔韧性练习的时间、次数安排样例表

周次	阶段	肌肉伸展持续时间（秒）	每种练习重复次数（次）	每周锻炼次数（次）
1	起始	15	1	1
2		20	2	2
3		25	3	3
4	逐渐进步	30	4	3
5		30	4	3 ~ 4
6		30	4	4 ~ 5
7 周以上	保持	30	4	4 ~ 5

选自：季浏.体育与健康[M].上海：华东师范大学出版社，2000.

（三）柔韧性练习注意事项

1. 循序渐进、持之以恒

初次练习易产生不适感，甚至酸痛感，经过一个时期的练习，疼痛感和不适感才能消除。如果柔韧性练习停止一段时期，已获得的效果就会有所消退。因此，柔韧性练习要持之以恒才能见效。

2. 柔韧性练习要全面

不论是准备活动中的伸展性练习，还是专门发展某些关节柔韧性的练习，都要兼顾到身体各关节柔韧性的全面发展。因为在身体活动中，完成动作要涉及几个相互关联的部位，甚至全身。

3. 柔韧性练习之后应结合放松练习

每次伸展练习之后，应做些相反方向的练习，使供血、供能机能加强，这有助于伸展肌群的放松和恢复，如压腿后做几次屈膝下蹲动作。

（四）安全告诫

1. 在进行较大强度的肌肉伸展练习前，必须做热身活动，使身体微微出汗。
2. 肌肉伸展产生了紧绷感或感到疼痛时就应该停止练习，防止拉伤。

三、柔韧性练习方法

（一）肩关节柔韧性练习

1. 压肩（图 5-3-1、图 5-3-2）

（1）正压肩

伸展的肌肉：胸大肌、背阔肌。

方法：手扶一定高度的物体或两人手扶对方肩，体前屈直臂压肩。

（2）反压肩

伸展的肌肉：胸大肌、三角肌前束。

方法：反手扶一定高度的物体，下蹲直臂压肩。

2. 吊肩（图 5-3-3）

伸展的肌肉：胸大肌、背阔肌等肩带周围。

方法：单杠各种握法（正、反、反正、翻等握法）的悬垂，或单杠悬垂后，两腿从两手间穿过下翻成反吊。

3. 转肩（图 5-3-4）

伸展肌肉：肩带周围肌群。

方法：用木棍、绳、毛巾等作直臂或屈臂的向前、向后的转肩，握距应逐渐缩小。

图 5-3-1　　　图 5-3-2　　　图 5-3-3　　　　　　　图 5-3-4

（二）下肢柔韧性练习

1. 弓箭步压腿（图 5-3-5）

伸展的肌肉：大腿屈肌、股四头肌。

方法：前跨一大步成弓箭步，后脚跟提起，膝关节略屈，向前顶髋。

2. 后拉腿（图 5-3-6）

伸展的肌肉：大腿屈肌、股四头肌。

方法：一手扶一定高度的物体，另一手抓异侧的脚背，向后拉腿。

图 5-3-5

图 5-3-6

3. 正压腿（图 5-3-7）

伸展的肌肉：股后肌群、小腿三头肌。

方法：单脚支撑，一腿搁于一定高度的物体上，两膝伸直，身体前倾下压。

4. 侧压腿（图 5-3-8）

伸展的肌肉：大腿内侧肌群、股后肌群、小腿三头肌。

方法：侧立单脚支撑，一腿搁于一定高度的物体上，两膝伸直，身体侧屈下压。

图 5-3-7

图 5-3-8

（三）踝关节柔韧性练习

1. 跪压（图 5-3-9）

伸展的肌肉：小腿前群肌、股四头肌。

方法：跪于地面上，脚背伸直，臀部坐在脚跟上。

2. 倾压（图 5-3-10）

伸展的肌肉：小腿后群肌。

方法：手扶墙面站于一定高度的物体上，先提踵，后脚跟下踩，身体略前倾。

图 5-3-9　　　　　　　图 5-3-10

（四）腰腹部柔韧性练习

1. 体前屈（图 5-3-11）

伸展的肌肉：腰背及股后肌群。

方法：两腿并步或开立，膝关节伸直，身体前倾下压。

2. 体侧屈（图 5-3-12）

伸展的肌肉：体侧肌群。

方法：两腿开立，一手臂上举，上臂贴耳，身体侧屈下压。

3. 转体（图 5-3-13）

伸展的肌肉：躯干和臀肌。

方法：把一只脚放于另一腿的膝盖外侧，向弯曲腿的方向扭转身体。

图 5-3-11　　　　　图 5-3-12　　　　　　图 5-3-13

思考题

1. 简述提高心肺适能的锻炼方法。

2. 简述提高肌肉适能的锻炼方法。

3. 简述提高柔韧性的锻炼方法。

第六章

田径运动

第一节　田径运动概述

　　田径运动是人类通过长期的社会实践发展起来的，是世界上最为普及的体育运动之一，也是历史最悠久的体育运动。根据国际田径联合会章程中对田径运动的解释，田径运动的定义表述为："田径运动是由田赛和径赛、公路赛、竞走和越野赛组成的运动项目。"在众多的田径单项比赛中，我们通常把在跑道或公路上举行的以时间计算成绩的比赛项目称为径赛，把在专门的场地上进行的以高度和远度计算成绩的比赛项目称为田赛。而全能运动是由部分跑、跳跃、投掷项目组成的以评分为办法计算成绩的综合比赛项目。

　　田径运动起源于古时人类的生活、生存方式，人们为了获得生活资料，在和大自然的斗争中，不得不走或跑相当的距离，越过各种障碍，投掷石块和使用各种捕猎工具。在劳动中不断地重复这些动作，便形成了走、跑、跳跃和投掷的各种技能。随着社会的发展，人们有意识地把走、跑、跳跃、投掷作为练习和比赛形式。后来，这些基本技能逐渐发展和提高并日益走向成熟。

　　据史料记载，公元前776年，在古希腊奥林匹克村举行了第1届古代奥运会，从那时起，田径运动就被列为正式比赛项目之一。1894年在法国人皮埃尔·德·顾拜旦倡议下，在巴黎召开了国际体育代表大会，成立了国际奥林匹克委员会。1896年在希腊雅典召开了第1届现代奥林匹克运动会，并确立了田径为奥运会的第一运动。第1届现代奥运会只有男子田径项目的比赛，直到1928年阿姆斯特丹奥运会才增设了女子田径项目。1912年，国际业余田径联合会在斯德哥尔摩成立。随后拟订了国际统一的田径竞赛项目和竞赛规则。国际业余田径联合会的成立，对于田径运动的发展，起了积极的推动作用。

　　20世纪初外籍传教士将现代田径运动带进中国，当时只有在教会创办的学校之间开展田径比赛，后来逐渐普及到全国的国立和私立学校。1932年洛杉矶奥运会田径选手刘长春成为第一个参加奥运会比赛的中国人。新中国成立后，田径运动得到

迅速普及，技术水平提高很快，中国田径技术水平和成绩缩短了与国际间的差距。1957年，女子跳高运动员郑凤荣以1.77米打破了当时1.76米的世界纪录，成为中国运动员打破田径世界纪录的第一人。1983年，在第5届全运会上朱建华以2.38米创造了他自己保持的2.37米的世界纪录。同年，徐永久以45分13秒4的成绩创造女子10公里竞走世界纪录，成为中国第一个在世界比赛中获得冠军的田径运动员。1992年第25届奥运会上，中国女子竞走运动员陈跃玲获得10公里竞走金牌，实现了中国奥运史上田径项目金牌"零"的突破。此后，中国女子运动员王军霞先后以29分31秒78和8分06秒41的成绩创造了10000米和3000米的世界纪录。曲云霞以3分50秒46的成绩创造了1500米的世界纪录。1996年第26届奥运会上王军霞又获得了5000米的金牌和10000米的银牌。进入新的世纪，2000年悉尼奥运会上中国运动员王丽萍获得20公里竞走的金牌。2004年雅典奥运会上，刘翔以12秒91平世界纪录的成绩获得男子110米栏金牌。这是中国男运动员在奥运会上夺得的第1枚田径金牌，翻开了中国田径历史新的一页。此次奥运会上，邢慧娜也在女子1500米比赛中获得了金牌。2006年7月在瑞士洛桑田径大奖赛上，刘翔以12秒88的成绩打破了12秒91的110米栏世界纪录，为中国田径运动又竖起了一座新的丰碑。2015年是中国的田径年，在2015年国际田联钻石联赛美国尤金站，苏炳添在男子百米比赛上，跑进9秒99的成绩，完成了中国几代"飞人"突破10秒大关的夙愿。在北京田径世锦赛上，中国取得了1金7银1铜的成绩。2016年里约奥运会，刘虹获得女子20公里竞走冠军。2017年伦敦田径世锦赛，巩立姣获得女子铅球冠军，杨家玉获得女子20公里竞走冠军。近20年是中国田径运动突飞猛进的时期，但总的来说，中国的田径运动水平与高水平世界田径运动行列仍有明显差距，提高田径运动水平的任务还是十分艰巨的。

国内外田径运动的分类主要是根据性别、年龄、比赛项目和比赛场地等结合实际情况进行分类的。多数将田径运动分为竞走、跑、跳跃、投掷和全能五大类。各国为参加世界性的和国际间的田径比赛，使本国的训练和竞赛与世界接轨，都沿用或参照国际田联承认为世界纪录的比赛项目。中国通常将田径运动分为径赛、田赛和全能三大类。

田径运动是中国开展得最为广泛的体育运动之一。田径运动具有广泛的群众性、激烈的竞争性、严格的技术性、能力的多样性等特点。田径运动较少受到场地、人数、时间、器械、年龄和性别等方面的限制，比赛规则容易掌握，无身体冲撞，运动量可大可小，具有较好的教育价值、健身价值和竞技价值。经常参加田径运动可以改善身体器官和系统的功能状况，增强体质，增进健康，促进心理素质的发展；能培养人勇敢顽强、拼搏进取的意志品质，吃苦耐劳、坚韧不拔的精神。田径运动是在严密的组织下，按严格的规则和要求进行的，对于培养人遵守纪律，增进责任感和集体主义精神具有积极作用。

第二节　跑

一、短　跑

短跑项目包括 100 米、200 米和 400 米跑。

（一）100 米跑

1. 起　跑

田径竞赛规则规定，短跑比赛运动员必须采用蹲踞式起跑，必须使用起跑器，要按发令员的口令完成起跑动作。起跑器的安装方式主要有普通式和拉长式两种，运动员应根据个人的身高、体型、身体素质和技术水平等情况来选择起跑器的安装方式。

普通式：前起跑器距起跑线一脚半长，后起跑器距前起跑器一脚半长。前、后起跑器的抵足板与地面夹角分别约成 45° 和 75°，两起跑器的左右间隔约 15 厘米。

拉长式：前起跑器距起跑线两脚长，后起跑器距前起跑器一脚长，起跑器的抵足板与地面的夹角及两起跑器左右间隔与普通式基本相同。

起跑技术包括"各就位""预备"和鸣枪三个阶段。

听到"各就位"口令后，运动员走到起跑器前，俯身，两手撑地，两脚依次蹬在前后起跑器的抵足板上，脚尖应触及地面，后腿膝关节跪地。接着两臂收回到起跑线后撑地，两臂伸直，两手间距离比肩稍宽，四指并拢与拇指成"八"字形，颈部自然放松，身体重量均匀地落在两手、前腿和后膝之间，注意听"预备"口令。

听到"预备"口令后，逐渐抬起臀部和后膝，臀部要稍高于肩部，身体重心适当向前上方移动，肩部稍超出起跑线，重心落在两臂和前腿上。两脚紧贴起跑器抵足板，集中注意力听枪声。

听到枪声后，两手迅速推离地面，两臂屈肘做积极有力的前后摆动，同时两腿快速用力蹬起跑器，后腿快速蹬离起跑器后迅速屈膝向前上方摆出，前腿快速有力地蹬伸（图 6-2-1）。

图 6-2-1　蹲踞式起跑

2. 起跑后的加速跑

起跑后的加速跑是从蹬离起跑器到途中跑之间的一个跑段,一般为30米左右,其任务是尽快加速达到自己的最高速度。

起跑后第一步约三脚半长,第二步约为四脚至四脚半长,以后逐渐增大,直至途中跑的步长。腿蹬离起跑器后,身体处于较大的前倾姿势,为了不使身体向前摔倒,要积极加快腿的蹬伸与臂的摆动,保持身体的平衡。

最初几步两脚着地点并非在一条直线上,随着速度的加快,两脚内侧着地点逐渐趋于一条直线上。

3. 途中跑

途中跑在整个短跑中是最长的一段距离,其主要的任务是继续发展和保持较长距离的最高速度。其动作特点是前脚掌落在身体重心投影点的稍前面,脚触地后膝关节微屈,足踵下沉,使身体重心很快地移过垂直阶段;接着后腿的髋、膝、踝关节依次迅速伸展,完成快速有力的后蹬。后蹬的角度约为50°,后蹬方向要正。随着腿的落地动作,摆动腿的大腿迅速前摆,小腿随惯性折叠。蹬地腿蹬地时,大腿积极向前上方摆动,并把同侧髋一起带出。落地前,大腿要迅速积极地下压,这时由于惯性缘故,小腿自然前伸,接着前脚掌迅速和有弹性地向下、向后做"扒地"动作。

途中跑时,头要正对前方,两眼要向前平视,上体保持正直或微向前倾。以肩关节为轴,两臂轻松而有力地向前摆动。前摆时,不超过身体中线和下颌,大小臂之间所成的角度约90度;后摆时,肘关节要稍微向外。摆臂动作应以自然协调为原则(图6-2-2)。

图6-2-2 100米途中跑技术

4. 终点跑

终点跑是全程跑的最后一段,要求运动员在离终点线15~20米处时,尽力加快两臂摆动速度和力量,保持上体前倾角度,当离终点线一步距离时,上体急速前倾,双手后摆,用胸部或肩部冲向终点线,跑过终点后逐渐减速。

(二)200米和400米跑

200米和400米跑,有一半以上的距离是在弯道上进行的,弯道跑与直道跑的技术有区别。

1. 弯道起跑和起跑后的加速跑

为了便于弯道起跑后能有一段直线距离进行加速跑，应将
起跑器安装在弯道跑道的右侧，起跑器对着弯道的切线方向。弯
道起跑（图6-2-3）后，前几步应沿着内侧分道线的切线跑进。
加速跑的距离适当缩短，上体抬起较早。在进入弯道时，应尽可
能地沿着跑道内侧跑，身体及时向内侧倾斜。

图 6-2-3 弯道起跑

2. 弯道跑技术

运动员从直道进入弯道时，身体应有意识地向内倾斜，加大右侧腿和臂的摆动
力量和幅度，身体应向圆心方向倾斜。后蹬时，右腿用前脚掌的内侧，左脚用前脚
掌外侧蹬地。两腿摆动时，右腿膝关节稍向内摆动，左腿膝关节稍向外摆动。两臂
摆动时，右臂前摆稍向左前方，后摆时肘关节稍偏向右后方；左臂稍离躯干做前后
摆动。弯道跑的两腿蹬地与摆动方向都应与身体向圆心方向倾斜趋于一致。从弯道
跑进直道时，应在弯道最后几步，身体逐渐减小内倾程度，自然跑几步，然后作一
个进入直道的调整，按直道途中跑技术跑进。

二、中长跑

中长跑项目包括 800 米、1500 米和 3000 米跑。

（一）起跑和起跑后的加速跑

中长跑采用站立式起跑，当运动员听到"各就位"的口令后，迅速走到起跑
器后，习惯将力量较大的脚放在起跑线后，前后脚距约一脚长，左右脚距约半脚
长，后脚掌触地，眼看起跑线 5 ~ 10 米处，两臂一前一后，身体保持稳定，集中
注意听枪声。当听到枪声后，两腿迅速用力蹬地，两臂配合腿部动作做快速有力的
摆动，使身体迅速向前冲出，在短时间内获得较快的跑速，然后进入匀速有节奏的
途中跑。

（二）途中跑

途中跑的距离最长，是中长跑的主要部分。中长跑的强度小于短跑，跑速相对
较慢，动作速度和用力程度相对较小，除了战术需要而改变跑的节奏外，一般多采
用匀速跑，跑时要做到技术合理、速度均匀、节奏感强、全身动作协调有力。

（三）终点跑

在运动员实力接近的条件下，它将决定比赛的胜负。

什么时候开始终点冲刺，这要根据比赛项目、训练的水平、战术的要求和临
场的情况等因素决定。一般情况下，800 米可在最后 200 ~ 300 米，1500 米在最后
300 ~ 400 米，5000 米以上可以在最后 400 米或稍长的距离开始加速，长距离的项

中长跑

目加速距离可更长些。速度占优势的采取紧跟，在进入最后直道时，才开始做最后冲刺超越对手。

（四）中长跑的呼吸

中长跑时，应注意呼吸的节奏。呼吸应自然和有一定的深度，一般是跑两三步一呼气，跑两三步一吸气。随着跑速的提高，呼吸频率也相应加快。中长跑时，由于强度大、竞争激烈，为了提高呼吸效率可采用半张的口与鼻子同时呼吸，以最大限度地满足机体对氧气的需要。

中长跑时，跑一段距离后会不同程度地出现胸部发闷、呼吸困难、动作无力，迫使跑速降低的感觉。这种生理现象叫"极点"。当"极点"出现时，应适当降低跑速，深呼吸，特别是加深呼气，同时要以顽强的意志坚持下去。

三、接力跑

接力跑竞赛项目一般为男、女 4×100 米接力跑和男、女 4×400 米接力跑。

（一）4×100 米接力跑技术

1. 起　跑
（1）持棒起跑：第一棒运动员采用蹲踞式起跑，其基本技术类同短跑起跑，通常右手持棒，接力棒不得触及起跑线及起跑线前面的地面。持棒的方法一般用中指、无名指和小指握住棒的末端，用拇指和食指分开撑地（图6-2-4）。

（2）接棒人起跑：第二、三、四棒运动员多采用半蹲式或站立式起跑。第二、四棒选手站在跑道外侧，第三棒选手站在跑道内侧。接棒运动员起跑姿势的选择主要取决于能否快速起跑和进入加速跑，并能清晰地看到传棒选手以及设定的起动标志。

2. 传接棒
传接棒时，一般采用不看棒的传、接棒方法。可分为两种：

（1）上挑式。接棒人手臂自然后伸，手臂与躯干成 40°～45° 角，掌心向后，虎口张开朝下。传棒人将棒由下向前上方"挑"送到接棒人手中（图6-2-5）。

（2）下压式。接棒人手臂后伸，与躯干成 50°～60° 角，掌心向上，虎口向后，拇指向内。传棒人将棒的前端由上向下"压"送到接棒人手中（图6-2-6）。

图 6-2-4　持棒起跑　　图 6-2-5　上挑式　　图 6-2-6　下压式

接力跑

（二）4×400米接力跑技术

4×400米跑的传、接棒技术相对简单，由于传棒人最后跑速已不快，所以接棒人应目视传棒人，顺其跑速接棒，然后再快速跑出。

四、跨栏跑

（一）110米跨栏跑技术

1. 起跑至第一栏技术

起跑至第一栏要求步数固定，步长稳定，准确地踏上起跨点。如采用8步，应将起跨腿放在前起跑器上，如跑7步，摆动腿放在前起跑器上。同短跑相比上体抬起较快，大约在第6步时身体姿势已接近短跑途中跑的姿势。

2. 途中跑技术

跨栏途中跑是由9个跨栏周期组成的，每个跨栏周期由一个跨栏步和栏间三步跑构成。

（1）过栏技术：过栏技术由起跨攻栏、腾空过栏、下栏着地构成（图6-2-7）。

图 6-2-7　过栏技术

① 起跨攻栏：起跨离地前身体重心积极前移，身体重心移过支点后，足跟提起，上体加速前移，在摆动腿屈膝折叠积极前摆的配合下完成后蹬，形成有利的攻栏姿势。快速高摆攻栏腿，加大两腿夹角。起跨腿着地时，摆动腿由体后向前摆动，足跟靠近臀部，膝向下，以髋为轴，大腿带动小腿积极向前上摆至膝超过腰部高度。

两腿蹬摆配合完成起跨动作过程中，上体随之加大前倾，摆动腿异侧臂屈肘向前上方摆出，肘关节达到肩的高度，另一臂屈肘摆至体侧，整个身体集中向前用力。

② 腾空过栏：起跨结束后，摆动腿继续向前上方高抬，异侧臂屈肘后摆，超过栏板高度后，摆动腿的小腿迅速前摆，几乎伸直，脚尖微微上翘，使大腿伸肌拉长准备积极下压着地。当摆动腿前摆的同时，异侧臂伸向栏板上方，与摆动腿基本平行。同侧臂后摆，加大上体前倾，躯干与摆动腿形成锐角，目视前方。

在摆动腿脚掌到达栏板之前，起跨腿一侧的髋关节保持伸展，大腿屈肌处于拉紧状态，小腿约与地面平行或膝略高于踝，两腿在过栏前形成120°以上的夹角。

③下栏着地：摆动腿脚掌移过栏板的同时，起跨腿屈膝外展，小腿收紧抬平，脚尖勾起，足跟靠臀，以膝领先经腋下加速提拉，当脚掌过栏后，膝关节继续收紧向身体中线高抬，脚掌沿最短路线向前摆出，身体成高抬腿跑的姿势。

过栏时两腿剪绞换步动作是在两臂和躯干协调配合下完成的。摆动腿的异侧臂和经腋下向前提拉的起跨腿做相向运动，膝肘几乎相擦而过，臂的摆动积极有力，摆过肩轴以后屈肘内收摆向体后，另一臂屈肘前摆，以维持身体平衡。

伸直下压的摆动腿在接近地面时，前脚掌做积极扒地动作。脚落地后踝关节稍有缓冲，但足跟不触地面，膝、踝关节保持伸直，使身体重心保持较高的部位。躯干应保持一定前倾，起跨腿大幅度带髋提拉，两臂积极摆动，形成有利的跑进姿势。

（2）栏间跑技术：用三步跑过，其三步的步长分别是是：小—大—中。

第一步：为使跨跑紧密结合，在下栏着地时，应充分发挥踝关节及脚掌力量，借起跨腿的高抬快摆和两臂前后用力摆动，加速身体重心前移。

第二步：要高抬大腿用前脚掌着地，上体稍前倾，两臂积极前后摆动。

第三步：其动作特点与跨第一栏前的最后一步相同，形成一个快速的"短步"，摆动腿抬得不高，放脚积极而迅速。

合理的栏间跑技术表现为栏间三步步长比例合理，身体重心高、起伏小，频率快，节奏稳定，直线性强，更加接近平跑技术。

3. 全程跑技术

全程跑过栏技术与栏间跑技术要有机的结合，跨过最后一个栏架后，要像短跑一样冲刺。

（二）400米跨栏跑技术

400米跨栏跑距离较长，对节奏、速度、速度耐力有较高的要求。起跑技术与400米起跑技术基本相同。全程跑，一般固定步数过栏较好，但由于身体疲劳，最后几个栏步数可能增加，因此应该掌握两腿过栏技术，好的跨栏跑技术表现为跑速均匀、节奏准确、动作轻松。

第三节 跳

一、跳高

随着跳高技术的发展，在正式比赛中已经比较普遍采用背越式跳高，背越式跳高技术由助跑、起跳、过杆和落地四个部分组成（图6-3-1）。

跳高

图 6-3-1 背越式跳高技术

（一）助　跑

一般助跑分为前段直线跑和后段弧线跑。助跑开始采用直线助跑，用前脚掌着地，富有弹性的跑；提高重心，步幅均匀，不断加速；进入弧线跑时，前脚掌沿弧线落地，外侧摆动腿有弹性地蹬地，上体逐步加大向弧线内侧倾斜。助跑的节奏要快，特别是助跑最后两步髋关节前送幅度要大，迈步时上体保持较垂直的姿势，摆动腿积极，充分后蹬，起跳腿快速前伸，髋部自然前送。助跑时两臂应积极有力地前后摆动，弧线跑时外侧手臂摆动幅度应大于内侧手臂的摆动幅度。

（二）起　跳

起跳腿以大腿带动小腿积极下压着地，起跳脚脚跟外侧先着地，接着通过脚的外侧滚动至全脚掌，脚尖朝向弧线的切线方向。随着身体由内倾转为垂直，迅速地完成缓冲和蹬伸动作，运动员顺势向上跳起。

摆动腿蹬离地面以后，以髋发力加速向前摆大腿，同时以膝关节领先，屈膝折叠，当摆动腿摆过起跳腿前方后应向里转，而小腿和脚要稍外展。摆动腿沿着助跑弧线的延续方向加速上摆，直至减速制动。两臂的摆动要与摆动腿的摆动协调配合。

（三）过杆和落地

当起跳腿蹬离地面结束起跳以后，身体应保持伸展的姿势向上腾起，同时在摆动腿和同侧臂的带动下，围绕身体纵轴旋转，使身体转向背对横杆。当头和肩越过横杆以后，及时地仰头、倒肩和展体，并利用身体重心向上的速度，收腿挺髋，形成身体的背弓姿势。这时两腿屈膝稍后收，两臂置于体侧。当身体重心移过横杆时，则应做相反的补偿，即含胸收腹，控制上体继续下旋，同时以髋部发力，带动大腿和小腿加速向后上方甩腿，使整个身体脱离横杆。保持着屈髋伸膝的姿势下落，最后以上背部或背先落于海绵垫上。落在海绵垫后要做好缓冲控制，防止受伤。

二、跳　远

跳远技术由助跑、起跳、腾空和落地四个部分组成。

（一）助　跑

助跑是为了获得理想的水平速度，并为准确踏板和快速有力的起跳做好准备。助跑距离与运动员的年龄、运动水平和发挥速度的能力有关，助跑的距离一般为28～50米。男子助跑为16～24步，女子为14～18步。助跑过程注意身体重心、节奏的把握，最后一步达到助跑最高速度。

（二）起　跳

助跑的倒数第二步摆动腿着地时，膝关节迅速前移，上体正直，起跳腿自然积极地前摆。在起跳腿的大腿前摆时，抬腿要比短跑时低些，并积极主动下压，用全脚掌踏上起跳板，然后，屈膝缓冲，身体重心稍降低，当身体重心移至起跳腿支点的垂直部位时，起跳腿迅速用力蹬伸，使髋、膝、踝三个关节迅速伸直，上体挺起，摆动腿的大腿积极向前上方摆至水平位置，小腿自然下垂，完成起跳动作。

起跳腿蹬伸充分的同侧臂屈肘向前上方摆起，异侧臂屈肘向侧摆起，当双臂肘关节摆至略低于肩或与肩同高时，突停，使身体借助于摆臂的惯性提肩、拔腰、挺胸、顶头，帮助身体重心提起，增大起跳效果。

（三）腾　空

起跳腾空后的空中动作主要有挺身式、蹲踞式和走步式，以下介绍挺身式（图6-3-2）。

起跳腾空后，摆动腿的大腿积极下放，小腿随之向下、向后方摆动，留在体后的起跳腿与摆动腿靠拢。当达到腾空最高点时，身体充分伸展，形成"挺胸展髋"姿势。两臂上举或后摆，然后收腹团身，落地瞬间双腿前伸成落地动作。

图6-3-2　挺身式跳远技术

（四）落　地

落地前，上体不要过分前倾，大腿要尽量上举靠近胸部，将要落地时，小腿积极前伸，双脚接触沙面后，迅速屈膝缓冲，两臂积极向前挥摆，臀部前移，上体前倾，使身体重心迅速移过支撑面。为了避免落地时身体后坐，可采用以下两种落地姿势：前倒姿势，当脚跟着地后，前脚掌下压，两腿屈膝前跪，身体移过支撑点后继续向前移动，并向前倒下；侧倒姿势，当脚跟着地后，一腿紧张支撑，另一腿放松，身体向放松腿的前侧方倒下。

三、三级跳远

三级跳远由助跑、单足跳、跨步跳和跳跃四个部分组成（图6-3-3）。

（一）助　跑

助跑是为了获得最快的速度和准确地踏上起跳板。三级跳远的助跑与跳远的助跑基本相同。

（二）单足跳

起跳腿自然积极主动下压，用全脚掌踏上起跳板，然后，屈膝缓冲，身体重心稍降低，当身体重心移至起跳腿支点的垂直部位时，起跳腿迅速积极用力充分蹬伸，摆动腿的大腿积极向前上方摆至水平位置，然后开始做换腿动作，即摆动腿大腿带动小腿自然向下、向后摆动，同时起跳腿屈膝向前上方摆动，完成换步动作。

（三）跨步跳

随着身体重心下降，前摆的起跳腿积极有力的下压，小腿迅速前伸做积极有力的扒地动作，着地后要及时屈膝缓冲并迅速滚动到前脚掌，同时摆动腿的大腿快速有力地向前上方摆动至水平位置。

（四）跳　跃

随着身体重心下降，摆动腿的大腿积极下压、小腿前伸做有力的向下、向后快速扒地动作。着地后适度地屈膝，伸踝，积极缓冲，使身体快速前移。同时前两跳中的起跳腿此时成为摆动腿，与两臂积极配合快速有力、大幅度地向前上方摆出，及时完成第三跳的起跳动作。

图 6-3-3　三级跳远技术

第四节　投

背向滑步推铅球技术由握持球、预备姿势、滑步、最后用力和维持身体平衡五个部分组成。

一、握球和持球

握球的方法（以右手为例）五指稍微分开，将球放在食、中、无名指指根处，拇指和小指扶在球的两侧，手腕背屈（图6-4-1）。握好球后，将球放在锁骨窝处，贴于颈部，右臂屈肘向外，掌心向内（图6-4-2）。

图6-4-1　握　球　　　　　图6-4-2　持　球

二、预备姿势

持球后，站在投掷圈的后部，背对投掷方向，右脚在前，贴近投掷圈，身体重心落在右脚掌上，左脚在后，以脚尖自然点地。身体从正直姿势开始向前屈体，待身体与地面平行时，屈膝下蹲，形成"团身"动作。

三、滑　步

预备姿势完成后，臀部带动身体重心略向投掷方向移动，使其移离身体的支撑点（右脚），以便于滑步和避免身体重心起伏过大。接着，左腿以大腿带动小腿迅速向抵趾板方向摆出并外旋，右腿积极蹬伸，及时拉收并内旋，两腿摆蹬协调配合，推动身体向投掷方向快速移动。

背向滑步
推铅球

四、最后用力

最后用力是推铅球技术的重要环节。滑步结束后，左腿脚掌内侧着地支撑，右腿弯曲，支撑体重。左脚尖与右脚跟在一条直线上，肩轴与髋轴成扭紧状态，右腿积极蹬转，推动右髋向投掷方向转动，左臂由胸前向投掷方向牵引摆动，体重逐渐移至左腿，左膝被动微屈。左臂由上向身体左侧靠压制动，右臂向投掷方向转动，用力推球。铅球快离手时，手腕手指向外拨球。

五、维持身体平衡

铅球离手后，两腿交换，降低重心，维持身体平衡。

第五节 田径比赛规则简介

一、比赛通则

1. 各项目参赛的运动员必须穿着干净的服装，其设计式样和穿着方式应无碍观瞻，服装的材料着湿时不得透明。运动员不得穿着可能有碍于裁判员观察的服装。运动员的比赛上衣应前后颜色一致。运动员可以赤脚、单脚或双脚穿鞋参加比赛。运动员不得在鞋内或鞋外使用任何装置，使鞋掌超过上述允许的最大厚度或使穿鞋者得到任何穿着上述条款规定的鞋得不到的利益。应为每名运动员提供两块号码布，将其分别佩戴在胸前和后背的显著位置。在撑竿跳高和跳高比赛中，运动员可在胸前或背后佩戴一块号码布。号码必须与秩序册中的号码一致。比赛中的各种运动服，均必须按相同的规定佩戴号码。可在号码布上印运动员的名字或其他标志。佩戴号码布必须依其原样，不得以任何形式剪裁、折叠或遮挡。

2. 如果某运动员在比赛中因违反技术规则而被取消比赛资格，他在该项目该轮次中取得的成绩被视为无效，但此前取得的成绩被视为有效。这一事实不应妨碍该运动员参加其他所有后继项目的比赛。运动员违反体育道德或有不正当的行为，将在正式成绩中注明被取消参赛资格的原因。

3. 对运动员的参赛资格提出抗议，必须在运动会开始前向技术代表提出。技术代表作出裁定后，相关人员有权向仲裁组提出上诉。所有抗议均应由运动员本人、运动员代表或运动队代表向有关裁判长口头提出。在田赛项目中，如果运动员对试跳（掷）失败的判罚立即作出口头抗议，则该项目的裁判长可以在其权限内下令测量并记录该次试跳（掷）的成绩，以便保留所有有关的权利。只有当裁判长作出裁决认为成绩有效或仲裁组裁决申诉成立时，该运动员有争议的成绩和其在抗议下取得的成绩才将成为有效成绩。

二、径赛规则简介

1. 400 米及以下（包括 4×200 米、异程接力和 4×400 米接力的第一棒）各项目，运动员必须使用起跑器进行蹲踞式起跑。400 米以上的各个径赛项目（除了 4×200 米、异程接力和 4×400 米），所有的起跑都应为站立式。在"各就位"或"预备"口令发出后，所有运动员均应立即做好最后的预备起跑姿势，不得延误。除了全能项目之外，任何起跑犯规的运动员将被取消该项目的比赛资格。在全能比赛中，对第一次起跑犯规的运动员应给予警告。每项比赛只允许一次起跑犯规而运动员不被取消资格，之后每次起跑犯规的一名或多名运动员均将被取消该项目的比赛资格。

2. 在分道跑的比赛中，运动员应自始至终在自己的分道内跑进。运动员发生下列情况之一，如果未从中获得实际利益且未推挤或阻挡其他运动员以致阻碍了他人进程，不应取消其比赛资格：(1) 运动员被他人推、挤、被迫踏或跑出自己的分道，或踏在实际分道线和突沿上或其内侧；(2) 在直道上、在障碍赛水池的变更道的直道上的任何部位踏在分道线上或跑出分道，或者在弯道上踏在或跑出自己分道的外侧分道线。

3. 跨栏跑：如果运动员直接或间接撞倒或使另一分道的栏架发生明显偏移，将被取消资格。运动员应跨越每一个栏架，如果没有做到将被取消比赛资格。此外，如果出现下列情况的运动员也将被取消比赛资格：(1) 在过栏瞬间其脚或腿在栏架两侧外（任意一边）低于栏顶水平面；(2) 裁判长认为运动员有意撞倒栏架。

4. 障碍赛跑：运动员必须越过或涉过水面，并且跨越每一个栏架。出现下列情况的运动员将被取消比赛资格：此外，出现下列情况也将被取消比赛资格：(1) 踏上水池两边的任意一边；(2) 在过栏瞬间其脚或腿在栏架侧面以外（任意一边），低于栏顶水平面。

5. 接力赛跑：完全在体育场内举行的所有接力赛跑必须使用接力棒，运动员必须手持接力棒跑完全程。不允许运动员带手套或在手上放置某种材料或物质以便更好地抓握接力棒。如发生掉棒，必须由掉棒运动员捡起。允许掉棒运动员离开自己的分道捡棒，但不得因此缩短比赛距离。接力棒必须在接力区内交接接力棒，在接力区外传接棒将被取消比赛资格。运动员在接棒之前和/或传棒之后，应留在各自分道或接力区内，保持自己的位置直到跑道畅通，以免阻挡其他运动员。在比赛过程中，任何运动员手拿或捡拾其他接力队的接力棒时，该接力队将被取消资格。其他接力队将不受到惩罚除非从中获得利益。接力队的每名队员只能跑一棒。

6. 竞走：运动员须用双脚与地面保持接触，在连续向前迈进的过程中，没有（人眼）可见的腾空。前腿从触地瞬间至垂直部位必须伸直（即膝关节不得弯曲）。

三、田赛规则简介

1. 跳高比赛：运动员必须用单脚起跳。如出现下列情况之一者，应判为试跳失败：(1) 试跳后，由于运动员的试跳动作，致使横杆未能留在两边的横杆托上；(2) 在越过横杆之前，运动员身体的任何部位触及横杆后沿（靠近助跑道）垂直面以前的（在两个立柱之间或之外的）地面或落地区。如果运动员在试跳中一只脚触及落地区，而裁判员认为他并未从中获得利益，则不应因此原因判该次试跳失败。(3) 运动员助跑时身体的任何部位触及横杆后沿（靠近助跑道）垂直面以前的（在两个立柱之间或之外的）地面或落地区，但并未起跳。

2. 撑竿跳高：运动员可要求向落地区方向移动撑竿跳高横杆，并可移动至（距运动员最近的横杆边缘）从插斗前壁顶端内沿向落地区方向 80 厘米之内的任一位置。运动员应在比赛开始前将其第一次试跳需采用的立柱或横杆托移动距离通知有关裁判员，移动距离应被记录下来。此后，如果运动员要求改变立柱或横杆托的移动距离，应在按其原要求调整好立柱位置之前及时通知有关裁判员。否则，应开始计算该运动员的试跳时间。出现下列情况之一者，应判为试跳失败：(1) 试跳后，由于运动员的试跳动作，致使横杆未能留在两边的横杆托上；(2) 在越过横杆之前，运动员的身体和所用撑竿的任何部位触及插斗前壁上沿垂直面以前的地面和落地区；(3) 起跳离地后，将原来握在下方的手移握至上方的手以上或原来握在上方的手向上移握；(4) 试跳时，运动员用手稳定横杆或将横杆放回横杆托上。比赛中，允许运动员在双手或撑竿上使用有利于抓握的物质，并允许使用手套。除非撑竿朝向远离横杆或撑竿跳高架的方向倾倒，否则不准有人（包括运动员）接触撑竿。如果有人接触撑竿，而裁判长认为如果撑竿不被接触，将会碰落横杆，则应判此次试跳失败。试跳时撑竿折断，不应判为试跳失败，应给予该运动员一次重新试跳的机会。

3. 跳远：如出现下列情况，应判为试跳失败：(1) 在起跳过程中，无论是助跑后未起跳还是仅做跳跃动作，运动员身体任何部位触及起跳线以前的地面(包括触及橡皮泥显示板的任何部分)；(2) 从起跳板两端之外起跳，无论是否超过起跳线的延长线；(3) 在助跑或跳跃中采用任何空翻姿势；(4) 起跳后，在第一次触及落地区之前，运动员触及了助跑道、助跑道以外地面或落地区以外地面；(5) 在落地过程中触及落地区边沿或落地区以外地面，而落地区外的触地点较落地区内的最近触地点更靠近起跳线；(6) 当运动员离开落地区时，其脚在落地区边线或边线外地面的第一触地点，应比在沙坑内的最近触地点离起跳线更远(该最近触地点可能因为失去平衡而留下的完全在落地区内的痕迹，或运动员向回走时留下的距起跳线较落地点近的痕迹)。注：该第一触地过程，被认为开始离开落地区。以下情况不应判试跳失败：(1) 运动员在任何位置跑出助跑道白色标志线；(2) 运动员在抵达起跳板之前起跳或运动员的脚，或鞋的一部分触及起跳板任何一端以外、起跳线之后的地面，或运动员在落地过程中其身体的任何部分(任何附着于身体上的物品)触及了落地区以外的地面。

4. 三级跳远：三级跳远的三跳顺序是一次单足跳、一次跨步跳和一次跳跃。单足跳时应用起跳腿落地，跨步跳时用另一条腿（摆动腿）落地，然后完成跳跃动作。运动员在跳跃中摆动腿触地不应视为试跳失败。

5. 推铅球：用单手从肩部将铅球推出。当运动员进入投掷圈内开始试掷时，铅球要抵住或贴近颈部或下颚，在推球过程中持球手不得降到此部位以下。不得将铅球置于肩轴线后方。

6. 掷链球：运动员在准备进行预摆或旋转前的开始姿势，允许将链球球体放在投掷圈内或圈外的地面。链球球体触及投掷圈内或投掷圈外的地面，或投掷圈上沿不应判为犯规；运动员在未有触犯其他规则前，可停止动作及再次开始投掷。如链球在试掷时或在空中断脱，只要试掷符合规则，不应判为一次试掷失败，如果运动员因此失去平衡而违反本规则的任何规定，也不应判为一次试掷失败。以上两种情况，应允许运动员重新进行一次试掷。

7. 掷标枪：(1) 掷标枪时应用单手握在把手处，从肩部或投掷臂上臂的上方掷出，不得抛甩。不得采用非传统姿势进行投掷。(2) 只有标枪的金属枪头先于标枪的其他部位触地，试掷方为有效。(3) 运动员试掷时，在标枪出手以前，身体不得完全转向背对投掷弧。如果标枪在试掷时或在空中飞行时折断，只要该次试掷符合规则，不应判为试掷失败。如果运动员因此失去平衡而违反本规则的任何规定，也不应判作一次试掷失败。以上两种情况应允许运动员重新进行一次试掷。

？思考题

1. 简述田径运动的起源与发展。
2. 短跑与中长跑的动作要领是什么？
3. 简述跳远与跳高的技术动作要领。

第七章
足球运动

第一节　足球运动概述

一、足球运动的起源

众所周知，足球起源于中国。1985 年国际足联在北京举行首届 16 岁以下世界少年足球锦标赛开幕式上，国际足球主席阿维兰热先生的致词说："我们这项体育运动起源于中国，它在贵国已有千年的历史。"据目前可靠文字记载，它起源于战国时代。《战国策·齐策》载："临淄之民七万户……临菑甚富而实，其民无不吹竽、鼓瑟、击筑、斗鸡、走犬、六博、蹴鞠者。"其中"蹴鞠"又称"蹴鞠"，"蹋"或"蹴"都是用脚踢物的意思。而"鞠"是用革做外皮，里面充填毛发做成的球。

欧洲各国古时亦有类似足球的游戏，名称虽然各异，方法也不尽相同，但均晚于中国。

二、足球运动的发展

19 世纪中期，足球在欧洲较为广泛地传播开来，但当时对参赛人数、比赛场地、比赛方法等方面还没有很具体的规定。到 1857 年，英国成立了世界上第一个足球俱乐部，为以后足球发展起到了铺垫作用。

1863 年，世界上第一个足球组织在英国伦敦成立，名称为英格兰足球协会，并正式称这项运动为足球。所以人们一般都把 1863 年作为现代足球的开端，同时也认为现代足球起源于英国。此后一些欧洲国家也纷纷相继成立了足球协会，到 1885 年英国又首创建立了职业足球俱乐部。由于欧洲各国足球俱乐部的不断成立，相互之间的比赛也不断增多，形势的发展迫切需要有一个国际性的足球组织领导和推动足球的开展。于是 1904 年 5 月 21 日，法国、瑞士、瑞典、丹麦、荷兰、西班牙、比

利时等国聚集巴黎，倡议发起成立了世界性的足球组织——国际足球联合会（英文缩写为"FIFA"）。1927 年国际足联决定将总部设立在瑞士苏黎世。

中国足球协会成立于 1955 年 1 月 3 日，总部设立在北京。1979 年 10 月 13 日国际足联执委会通过决议重新接纳中华人民共和国足球协会为会员，要求台湾的足球组织改名为"中国台北足球协会"并不得使用"中华民国"的任何标志。这一决议于 1980 年 7 月 7 日在国际足联第 42 次代表大会上得到批准。从此，中国足球又回到了国际足球大家庭。

第二节　足球基本技术

足球运动是一项技术动作相当复杂的运动。足球技术是指运动员在比赛中所采用的合理动作的总称，包括有球情况下的踢球、顶球、运球、抢截球和利用假动作带球过人等技术。

一、颠　球

颠球是指运动员用身体的各个有效部位连续地触击球，并加以控制，尽量使球不落地的技术动作。颠球是运动员熟悉球性的一种练习手段，以增强对球的弹性、重量、旋转及触球部位、击球时用力轻重的感觉。

颠球包括双脚脚背颠球、双脚内侧、外侧颠球、大腿颠球、头部颠球、各个部位连续颠球。

（一）双脚脚背颠球

脚向前上方摆动，用脚背击球，击球时踝关节固定，击球的下部两脚可交替击球，也可一只脚支撑，另一只脚连续击球。击球时用力均匀，使球始终控制在身体周围（图 7-2-1）。

（二）双脚内侧、外侧颠球

抬腿屈膝，用脚的内侧、外侧向上摆动，击球的下部，两脚内侧或外侧交替击球（图 7-2-2）。

（三）大腿颠球

抬腿屈膝，用大腿的中前部位向上击球的下部，两腿交替击球（图 7-2-3）。

双脚脚背
颠球

双脚内侧、
外侧颠球

大腿颠球

（四）头部颠球

两脚开立，膝盖微屈，用前额部位连续顶球的下部。顶球时，两眼注视球，两臂自然张开，以维持身体平衡（图7-2-4）。

图 7-2-1　　　　　　图 7-2-2　　　　　　图 7-2-3　　　　图 7-2-4

（五）各个部位连续颠球

根据上述单一颠球技术动作要领，用各部位配合连续颠球，配合的部位越多，难度越大。

二、踢　球

踢球是指运动员有目的的用脚的某一部位将球击向预定的目标。

踢球包括脚内侧踢球（脚弓踢球）、脚背正面踢球（正脚背踢球）、脚背内侧踢球（里脚背踢球）、脚背外侧踢球（外脚背踢球）、脚尖踢球和脚跟踢球等。

踢球的方法很多，动作的要领也有所不同，但从技术动作结构上分析主要由：助跑、支撑脚的位置、踢球腿的摆动、脚与球接触的部位、踢球后的随前动作这五个部分组成。

（一）脚内侧踢球

踢球时，助跑路线为直线，支撑脚踏在球的侧方15厘米左右处，脚尖与球的前沿平行，膝关节微屈。在支撑脚落地的同时摆动腿由后向前摆动，在前摆过程中髋关节外展，小腿加速前摆，脚掌平行于地面，脚尖稍翘起，踝关节紧张，用脚内侧部位击球的后中部。触击球后，身体跟随移动，髋关节向前送（图7-2-5）。

（二）脚背正面踢球

踢球时，直线助跑最后一步稍大并积极着地，支撑脚踏在球的侧方10~15厘米处，脚尖与球前沿平行并指向出球方向。膝关节微屈，摆动腿与髋关节为轴，大腿带动小腿迅速前摆。脚面绷直，膝关节紧张，脚趾扣紧，用脚背正门击球的中后部，踢球腿随之前摆（图7-2-6）。

（三）脚背内侧踢球

踢球时斜线助跑，助跑方向与出球的方向基本成45°，支撑脚在球的侧后方20～25厘米处，膝关节微屈，在支撑的同时踢球腿已完成后摆，脚尖指向出球方向，身体向支撑腿一侧倾斜。在支撑腿着地的同时踢球腿以髋关节为轴，大腿带动小腿由后向前迅速摆动，触球一瞬间脚面迅速绷直，踝关节紧张，脚尖外转插向球的斜下方，用脚背内侧击球的后下部，踢球腿随球向斜上方前摆（图7-2-7）。

（四）脚背外侧踢球

助跑、支撑脚站位及踢球腿摆动均与脚背正面踢球技术的三个环节相同，脚触球时用脚背外侧部位。此时要求膝关节和脚尖内转，脚背绷紧，脚趾紧屈并提膝，击球后身体随踢球腿的摆动前移（图7-2-8）。

（五）脚尖踢球

脚尖踢球是一种用脚尖部位接触球的方法。由于脚尖踢球时出球异常迅速，雨天场地泥泞时多使用这种方法踢球。具体方法是用支撑腿跳跃上步，踢球腿屈膝前跨，髋关节尽量前送，两臂上摆协助身体向前，小腿前伸，在踢球脚落地前用脚尖捅球的后中部（图7-2-9）。

（六）脚跟踢球

脚跟踢球是用脚跟接触球的一种踢球方法。球在支撑脚外侧时，踢球脚在支撑脚前面交叉，摆到支撑脚外侧用脚跟击球。球在支撑脚内侧时，踢球脚后摆用脚跟踢球。

图 7-2-5　　图 7-2-6　　　图 7-2-7　　　图 7-2-8　　图 7-2-9

三、停 球

停球是指足球运动员用身体的合理部位将球停挡在自己的控制范围内。停球包括脚内侧停球、脚背外侧停球、胸部停球、脚背正面停球、大腿停球和脚底停球等。

脚背内侧踢球

脚背外侧踢

脚尖踢球

脚跟踢球

脚内侧
停滚球

脚内侧
停反弹球

脚内侧
停空中球

脚背外侧
停地滚球

脚背外侧
停反弹球

缩胸停球

挺胸停球

脚背正面
停球

（一）脚内侧停球

1. 停地滚球

脚接触球的面积大，停球稳，能准确停在自己控制范围内。

身体对正来球方向，支撑脚膝关节微屈，停球脚稍提起，脚尖翘起，膝关节外转，脚内侧正对来球。脚与球接触的一刹那，停球腿稍有后撤以缓冲来球的力量，将球停在自己的体前（图7-2-10）。

图 7-2-10

2. 停反弹球

先判断好球的落点，支撑脚要在球落地的侧前方，膝关节弯曲。上体稍前倾对准球的反弹路线，停球腿放松，用脚内侧对准球的反弹角度，推压球的中上部，缓冲球的力量，将球控制好。

3. 停空中球

准确判断好来球方向、力量和高度，迎球前上。提腿用内侧对准来球，触球的一刹那，小腿放松、微撤，缓冲球的力量，将球停在自己的控制范围内。

（二）脚背外侧停球

1. 脚背外侧停地滚球

将接球点放在接球腿一侧，支撑腿膝关节微屈。接球腿提起屈膝，脚内翻使小腿脚背外侧与地面成锐角，并对着接球后球运行的方向。脚离地面的高度应略等于球的半径，然后大腿向接球后球运行的方向推送，同时身体随球移动。

2. 脚背外侧停反弹球

根据来球的落点及时移动到位，支撑脚站在来球落点的侧后方，除触球部位外，其他环节均与脚背外侧接地滚球相同。

（三）胸部停球

胸部既能停高球又能停空中直平球，是足球运动中较常见的技术之一。

1. 缩胸停球

缩胸停球主要停齐胸高的平直球。面对来球，两脚前后开立，两臂自然张开，挺胸迎球收胸，当与球接触的一刹那，上体后移，迅速收胸，腹挡压球，缓冲来球力量，将球准确停在体前。

2. 挺胸停球

挺胸停球主要停高于胸以上高空球。面向来球，两臂自然屈肘上举，当球与胸接触时，两腿蹬地，上体稍后仰，胸部向上挺出，将球弹起落在体前（图7-2-11）。

（四）脚背正面停球

脚背正面停球主要用于空中下落的球。面对来球，停球脚提起，用脚背正面迎空中下落的球的底部，踝关节及膝关节放松，接球一刹那脚背后下撤，缓冲球的力量，将球准确停在体前（图7-2-12）。

（五）大腿停球

大腿停球主要用于高空下落的球及平行于大腿高度的球。停球时，面对来球，停球腿抬起，以大腿中部对准下落的球，肌肉放松，当大腿与球接触时，大腿迅速后撤，将球准确停在体前（图7-2-13）。

大腿停球

（六）脚底停球

由于脚底停球技术便于掌握，易于将球停到位置，故常被用来接各种地滚球。

1. 脚底停地滚球

身体正对来球方向，移动前迎，支撑脚站在球的侧面，脚尖正对来球方向，膝关节微屈，同时接球腿提起，膝关节微屈，脚略背屈，使脚底与地面约小于45°角，以前脚掌触球的上部为宜（图7-2-14）。

脚底停球

图7-2-11　　　图7-2-12　　　图7-2-13　　　图7-2-14

2. 脚底停反弹球

根据来球落点，及时前移迎球，支撑脚站在落点侧后方，脚尖正对来球方向，球落地瞬间，用前脚掌去触球的中上部，微伸膝，用脚掌将球停在体前。

四、运　球

运球是指运动员在助跑中，用脚间断触球的技术，它是控制球能力的集中体现。运球技术包括脚背正面运球、脚内侧运球、脚背外侧运球以及其他运球方式。

（一）脚背正面运球

脚背正面运球是利于向前跑动时快速运球。运球时，身体放松，上体前倾，两臂自然摆动，步幅不要太大，运球脚提起时，踝关节弯曲，脚尖下指，在向前迈步着地前，用脚背正面向前推拨球（图7-2-15）。

脚背正面运球

（二）脚内侧运球

要求在运球前进时支撑脚始终领先于球，位于球的侧前方，肩部指向运球方向，支撑腿膝关节微屈，重心放在支撑腿上，另一条腿提起屈膝，用脚内侧推球前进（图7-2-16）。

（三）脚背外侧运球

脚背外侧
运球

运球时身体持正常跑动姿势，上体稍前倾，步幅不宜过大，运球腿提起，膝关节稍屈，髋关节前送，提踵，使脚背外侧正对运球方向，在运球脚落地前用脚背外侧推拨球的后中部（图7-2-17）。

图 7-2-15　　　　　图 7-2-16　　　　　图 7-2-17

（四）其　他

拨　球

1. 拨　球

利用踝关节向侧转动，以达到用脚背内侧或外侧触球，将球拨向身体的侧前方、侧方、侧后方。

拉　球

2. 拉　球

将前脚掌放在球的上部或侧上部，另一脚在球的侧后方支撑，然后触球脚向后下方用力将球拉回。

扣　球

3. 扣　球

这种方法与拨球相同，不同的是它的用力是突然的并伴随着突然转身或急停，使对手在来不及调整重心的瞬间，突然从反方向推送球突破对手的防守。

挑　球

4. 挑　球

用脚背触球的下部并突然向上方挑起，运球者迅速随球跟进。

5. 颠　球

运球过程中，有时球在空中或地面上跳动，根据对手抢截时所处位置或实施抢截的时间，用恰当的部位将球颠起，越过对手以达到过人的目的。

五、运球过人

运球过人

运球过人的方法多种多样，前面所述仅是运球的基本方法。掌握这些方法后，但若遇对手阻挡时要想超过，必须恰当地综合使用这些方法，抓住对手瞬间出现的漏洞，达到过人的目的（在运球过人时要把握好时机、距离、速度和方向的变化）。

运球过人的方法有：拨球、拉球、扣球、挑球、推球、捅球和利用速度和方向等。

恰当地组合推、拨、挑、扣、拉等动作过人：以单脚或双脚轮流选用上述动作，使组合起来的动作适时地变化运球的方向与速度，使对手难以判断过人的方向与时机，或造成对手重心出现错误的移动，运球者抓住其漏洞而超越对手。

运用速度过人：持球者以突然的快速推拨球并以快速的奔跑相结合越过对手的阻拦。

六、头顶球

头顶球是指运动员有目的的用前额将球击向预定的目标的动作。

（一）头顶球的主要方法

头顶球是由移动选位、身体的摆动、头触球和触球后的身体平衡四个环节组成。

1. 移动选位

由于头顶球技术都是用来处理运行的空中球的一种技术，因此要想处理好来球，首要条件是对来球的速度、运行轨迹作出正确判断，选好击球点，并及时到达顶球位置或起跳位置，同时还应考虑到自己的弹跳能力和比赛当时双方的情况。只有充分地估计了这些情况后的选位，才能保证完成顶球动作。

2. 身体的摆动

身体的摆动是由身体许多部位的肌肉协调用力来完成，其摆动顺序是由下而上，这样才可以使击球部位获得最大的速度。

3. 头触球

这一环节的主要任务是保证顶出球的准确性。它有两层含义，一是用头的哪一部位接触球，二是用头的一定部位接触球的哪一部位。比赛中大多数情况不是将球顶回，而是与来球方向成一定角度，并将球顶到一定距离的预定目标，因此要主动用力。在头触球时，必须使身体摆动所获得的速度与由接触部位造成的反射方向一致并指向预定目标。

4. 触球后的身体平衡

顶球者在触球后维持身体平衡的主要因素：一是两臂合理摆动；二是脚步的移动；三是落地时屈膝、踝；四是来球的冲力。顶球者应根据不同来球和顶球方法，恰当协调四者关系，维持身体平衡。

（二）头顶球技术

1. 原地顶球

正对来球，两脚前后开立，膝关节稍屈，上体后仰，身体重心放在后脚上，两臂自然张开，判断球的速度和力量；两脚用力蹬地，上体前摆，收腹，颈部紧张，

原地头顶球

原地跳起
头顶球

快速向前甩头，用前额正面顶球的后中部，触球后上体继续随球前摆（图7-2-18）。

2. 跳起顶球

屈膝，重心下降，判断来球方向、速度、力量。两脚向上跳起的同时，收胸收腹，两臂自然张开。当跳到最高点时，身体成背弓，快速收腹前摆甩头，用前额将球顶出，缓冲落地。

3. 后蹭顶球

后蹭顶球分原地蹭顶与跳起蹭顶。第一环节分别与原地前额正面和跳起前额正面头顶球相同，当球运行到身体上空时，利用挺胸、展腹、仰下颌，身体向后上方伸展，用前额正面靠上的部位用力击球的下部，将球向后上方顶出。

图 7-2-18

七、抢截球

抢截球是凭借争夺、堵截、破坏的办法，以延缓和阻拦对方的进攻。

（一）正面跨步抢截球

正面跨步
抢截球

两脚前后开立，两膝稍微屈，身体重心下降，重心平均落在两脚上，面向对手。对手运球前进，当脚触球即将着地或刚着地时，一脚立即用力蹬地，抢球脚以脚内侧对正球并向球跨出一步，膝关节弯屈。如双方的脚同时触球时，则要顺势向上提拉，使球从对方脚背滚过，身体要迅速跟上把球控制住（图7-2-19）。

（二）正面铲球

正面铲球

两脚前后开立，两膝微屈，身体重心下降，重心平均落在两脚上，面向对手。对手运球前进，当脚触球即将着地或刚着地时，一脚立即用力蹬地，另一只脚前伸，然后蹬地腿迅速跟上，并以脚跟着地，沿地面前滑铲球。上体要后仰，两臂屈肘，两手指向前撑地（图7-2-20）。

（三）侧面合理冲撞抢球

侧面合理
冲撞抢球

当与对手并肩跑动时，身体重心稍下降，同对方接触一侧的臂要紧贴身体。当对方靠近自己一侧的脚离地时，用肘关节以上部位冲撞对方的相应部位，使对方失去平衡而离开球，然后趁机将球控制过来（图7-2-21）。

图 7-2-19   图 7-2-20   图 7-2-21

八、假动作

假动作是为了隐蔽自己动作的意图，运用各种动作的假象，迷惑和调动对方，使其产生错误的判断或失去身体的平衡，从而取得时间、位置、距离等有利条件，更好地实现自己的真正意图。

（一）传球假动作

队员正要传球，如对方迎面跑来抢球时，可先摆动右腿向右假踢，使对方向左方堵截，再突然改用其他脚法将球从左前方传出或运球。

（二）停球假动作

在对方紧逼下停球时，可先假装向左方停球，然后突然改变方向。

（三）过人假动作

背靠对方停球时，先向左侧做虚晃动作，使对方向左移动，然后用右脚外脚背把球向右轻拨并转身过人。

（四）抢球假动作

作为防守者，当对手运球向自己跑来时，如果防守者能调动进攻者，就可以变被动为主动，而抢截假动作就是达到此目的的一种手段。比如，先使用假动作去堵截某一方向，使进攻者不敢从这一方向出球或运球，而从另一方向出球或运球，却正是抢截真动作实施的方向，就可将球截获。

由于高速运球较难抢截，稍一错移重心就会被运球者越过，因而防守者对于高速向自己运球而来的进攻者可采取假动作前扑，当对手看到防守者猛扑时会一拨而过，但防守者假扑后立即转身将运球者拨出之球夺下来。使用这种假动作时应注意距离，离进攻者太远时对方不易上当；离进攻者太近易弄巧成拙，反被进攻者突破。

九、掷界外球

由于掷界外球时接球人不受越位规则的约束。因此，不仅用于恢复比赛，而且可以为进攻创造有利条件，尤其是在前场 30 米内掷界外球，将球直接掷入门前，可以给对方造成很大威胁。

（一）技术动作结构分析

1. 掷界外球的动作是一个下端固定的爆发式的平摆运动，需要稳固的支撑。

2. 根据身高和臂长掌握合理的掷出角（不超过 45°），它是影响远度的重要因素，一般球出手早掷出角大，反之则小。

3. 球出手速度快则掷得远，这需要力量基础和协调用力能力。

4. 充分利用助跑的初速度有助于将球掷远。

（二）掷界外球的方法

1. 原地掷界外球

面对出球方向，两脚前后或左右开立，膝关节弯曲，上体后仰成弓形，重心移到后脚上（左右开立时，重心在两脚间），两手自然张开，拇指相对，持球的侧后部，屈肘将球置于头后。

掷球时，后脚用力蹬地，两腿迅速伸直，身体重心由后脚移到前脚，屈体收腹，同时两臂急速前摆，当球摆到头上时用力甩腕将球掷入场内。掷球时后脚可沿地面向前滑动，两脚均不得离地或踏入场地（但允许踏在线上）（图 7-2-22）。

2. 助跑掷界外球

双手持球于胸前，在助跑迈出最后一步时，上体后仰成背弓，同时将球上举至头后。掷球时的动作与原地掷界外球动作相同（图 7-2-23）。

原地掷界外球

助跑掷界外球

图 7-2-22   图 7-2-23

十、守门员技术

守门员技术有位置选择、准备姿势、移动、接球、扑球、拳击球、运球、掷球和踢球等。

（一）位置选择

位置根据对方射门地点和射门角度来决定，通常站在两门柱与射门时球所处的位置所形成的分角线上。

（二）准备姿势

两脚左右开立，与肩同宽，两脚跟稍提起，身体重心落在前脚掌上，两腿屈膝，并稍内扣，上体稍前倾，两臂自然屈肘于体前，手指自然张开目视来球。

（三）移　动

向左右调整位置的移动一般采用侧滑和交叉步两种办法。

1. 侧移步

侧移步常用于扑接两侧低平球。向左侧滑步时，先用右脚用力蹬地，左脚稍离地面并向左滑步，右脚快速跟上。向右侧滑步时，动作相同，方向相反。

2. 交叉步

交叉步多用于扑接两侧高球。向左侧交叉步移动时，身体先向左侧倾斜，同时右脚用力蹬地，并及时向左前方跨出一步成交叉步，然后左脚向左侧移动，右脚和左脚依次快速移动并蹬地跃出。向右侧交叉步移动时，动作相同，方向相反。

（四）接　球

1. 地面球

直腿式：对来球，弯腰时两膝伸直，两腿分开，距离不得超过球的直径，两手掌心向上，前迎触球后将球抱于怀中。

跪撑式：用于向侧移步接球。接左侧球时，左腿屈，右腿跪撑于左脚附近，距离不得超过球的直径，其余动作与直腿式接球相同。接右边球时，动作相同，方向相反。

2. 平空球

平空球是指膝以上、胸以下的空中球。接球时面对来球，两手掌心向上，两手小指相靠，前迎接球。上体前屈，当手触球时微后撤以缓冲来球力量，将球抱于胸前。

3. 高空球

面对来球，两臂上伸，两手拇指相对成"八"字形，其余四指微屈，手掌对球。在最高点手触球瞬间，手指、手腕适当用力，缓冲来球并将球接住，顺势转腕屈肘、下引将球抱于胸前。

守门员接地面球直腿式

守门员接地面球跪撑式

守门员接平空球

守门员接高空球

守门员扑
两侧的低球

守门员扑两
侧平高球

拳击球

托　球

（五）扑　球

1. 扑两侧的低球

异侧脚用力蹬地，双手快速向侧伸出，一手置于球后，另一侧手置于球的侧上方，同时身体向同侧脚方向倒地，落地时以小腿、大腿、臀、肘外侧依次着地，落地后既团身。

2. 扑两侧平高球

完成这一动作时应注意空中展体，手指用力抓住球，接球后以球、肘、肩、上体、臀、腿外侧依次着地并迅速团身。

（六）拳击球和托球

1. 拳击球

在守门员没有把握接住球或对方猛烈冲门的情况下，为了避免接球脱手，可采用拳击球。

准确判断来球运行路线，及时移动到位，握紧拳，在接近球的刹那迅速出拳击球。拳击球有单、双拳击球，单拳击球动作灵活，摆动幅度大，击球力量大；双拳击球接触球面积大，准确性高。

2. 托　球

托球主要是在来球弧度较大，其落点又在球门横梁附近，守门员起跳接球把握性不大时运用。

（七）掷　球

充分利用后腿蹬地，持球手臂后引，转体、挥臂和甩腕力量将球掷出。

第三节　足球基本战术

足球战术是指在比赛攻守过程中，为了战胜对手，根据本队和对方的实际情况所采取的个人行动和集体配合的综合体现。

一、现代足球战术特征

（一）机械分工消失

现代足球比赛，由于全攻全守战术打法的运用与发展，锋卫职责机械分工已经消失。比赛中队员上下、左右大范围机动跑位十分频繁，后卫插上助攻直至射门得分，前锋退居门前积极防守的现象已屡见不止。

全攻全守需要全面化的运动员，单凭技术或靠体力的运动员在绿茵场上消失。全攻全守的先驱者荷兰队教练米赫尔斯说："全面化的运动员必须具备敏锐的机智，根据场上攻守情况，需要他到哪里起什么作用他都能承担，这样把所有的力量加起来才是总体战术。"因此，运动员在技术和战术意识、身体素质及心理品质等诸方面获得全面的发展，是实现现代战术打法的基础。

当然，队员位置机械分工的消失并不等于比赛场上队员没有位置职责分工。实践证明，全面化的队员仍然首先是本位置的"专家"，其次才是其他位置的"能手"。根据比赛主客观实际，出色地、创造地完成本队总体战术赋予他的各项任务。

（二）快速争夺时空主动权

足球是争夺时间与空间的运动项目。快速争夺时空主动权是足球比赛取胜的关键。时间是指进攻或防守队员在完成技、战术过程中在时机、速度、节奏变化方面具有时间性的特征；空间是指攻守双方在距离、方位、角度方面具有空间性的特征，而双方争夺时空主动权的目的是争夺对球的支配权。所以，足球比赛的时间与空间都有其特定的含义，主要体现在运动员高速运动与激烈对抗中对球速与落点、对手与同伴的位移速度和方向的观察与判断，完成技术动作时对时间与空间掌握的程序，以及充分利用场地发挥本队技、战术水平，争取射门得分等方面。

争夺时空主动权，敏锐观察和准确判断是前提，足球意识和经验是基础，快速行动、高超的技术和同伴支援是保证。优秀选手最突出的特点就是视野开阔、时空判断能力强，能更早地预测将会出现的局面，快速争夺控球的主动权，以达到本队的战术目的。

（三）阵型与队形合理组合

比赛队形是指比赛时队员的位置分布，是球队攻守力量搭配和职责分工的形式，是战术的一个组成部分。其目的是使每场上队员在明确基本位置和主要职责的前提下，充分发挥个人的智慧和全队的攻守特点，以克敌制胜。

队形是阵型在不同比赛场合下更具体、更严谨、更灵活的运用，需要周密组织、随机变化的人员组合。队形是一个队攻守战术效应的重要基础，凡不能保持良好队形的队，攻必乏力，守必漏洞。队形分为整体与局部两大类，如优秀队在比赛中整体队形压扁，一般在40米左右，三条线脉络清晰，间距合理。局部地区队形往往是三角形。合理的队形进攻中利于支援，防守中利于保护补位。阵型与队形完美结合的核心要有利于创造和利用时空，或控制和封锁时空。

（四）集体与球星完美结合

足球是集体运动项目，取胜需要发挥整体力量，即使是球星离开了同伴的支援，单枪匹马也难现光彩。但球队又是由若干队员组成，每名队员的竞技水平直接影响整体成绩。球星是球队的核心，拥有特长或绝招比同伴高出一筹，在比赛中起到了别人无法代替的积极作用，教练员往往围绕球星制订攻防战术打法。实践证明，只有训练有素的整体和出类拔萃的球星完美地组合，才能夺取比赛的胜利。

二、基本战术

队员个人的摆脱与跑位、运球过人、选位与盯人、传球以及二过一配合都是构成复杂战术的基本因素，称为基本战术。

（一）个人战术

1. 无球的摆脱和跑位

当本方队员得球时，同队其他队员的任务就是摆脱对方的防守，从而创造传球的机会，以便把进攻推向对方球门，争取射门得分。

2. 运球过人

运球过人是进攻战术中一种极为重要的个人战术，是突破密集防守的有效手段，是冲破紧逼盯人、刹那间在局部地区造成以多打少、打乱对方防守部署的锐利武器。

（二）局部战术

局部战术是指在一定的区域里进行的小范围战术配合。

1. 斜传直插二过一

斜传直插和直传斜插二过一都是只通过一次传球和穿插就越过一名防守队员，配合十分简捷和实用。在进行配合时，两名进攻队员要保持适当的距离，控球队员可采用运球或其他动作，诱使防守者上前阻截，插入的队员必须突然、快速起动，但应避免越位。

2. 直传斜插二过一

同斜传直插二过一。

3. 踢墙式二过一

踢墙式二过一是两名进攻队员通过两次传球越过一名防守队员的配合方法。

4. 回传反切二过一

回传反切二过一是通过三次传球组成的配合方法。

5. 交叉掩护二过一

交叉掩护二过一是两名进攻队员通过运球与身体的掩护越过一名防守队员的配合方法。

第四节 足球比赛规则简介

一、比赛场地（图 7-4-1）

（一）场地面积

足球比赛是在比较平坦的长方形场地进行。标准国际比赛的场地长 100～110 米，宽 64～75 米；世界杯比赛的场地长 105 米，宽 68 米。

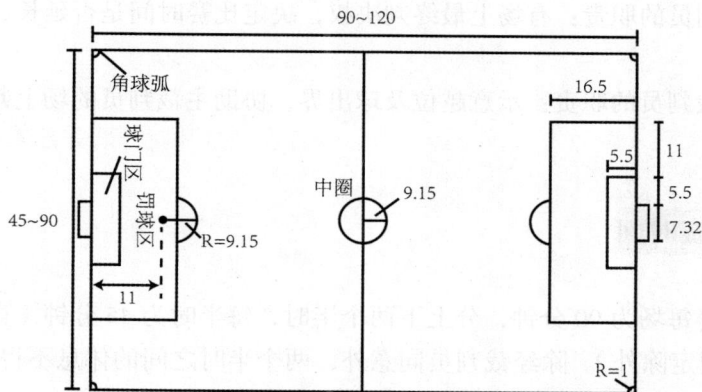

图 7-4-1

（二）球场构成

足球场由边线、端线、球门线、中线、球门区、罚球区、角球区、罚球点、中点、中圈构成。

（三）球场设备

1. 球门：由长 7.32 米的横木和高 2.44 米的立柱构成，立柱和横木的厚度不超过 12 厘米。

2. 球网：是为了判断球是否入门而设置的，其网孔的大小不超过球的大小。

3. 角旗：是竖在球场四角的四面旗，用来判断球是否出边线或端线，其高度不低于 1.5 米。

二、队员人数

一场比赛每队上场队员不得多于 11 名。裁判员发现该队有 12 名队员在场上踢球时，应立即停止比赛，令其不正当进入球场的替补队员出场并予以警告，然后以坠球恢复比赛，赛后向主办机构作出书面报告。主办机构的处理原则是不得作出对犯规队有利的决定。

三、裁判员

一场正式的足球比赛由 4 名裁判员担任裁判工作：1 名主裁判员、2 名助理裁判员和 1 名替补裁判员（第四官员）。

1. 主裁判员的职责：有场上最终判决权，决定比赛时间是否延长、比赛是否推迟和中止。

2. 助理裁判员的职责：示意越位及球出界，协助主裁判员的场上判罚，但没有最终判决权。

四、比赛时间

正式比赛每场为 90 分钟，分上下两个半时，每半时为 45 分钟（竞赛规程对比赛时间另有规定除外）。除经裁判员同意外，两个半时之间的休息不得超过 15 分钟（上半时结束至下半时开始）。

每半场中因故损失的时间应补足，补多少时间由裁判员决定。一般对下列几种情况所损失的时间应补足：替补队员；处理受伤队员，或将受伤队员抬出场地接受治疗；故意延误比赛时间；因观众进入场地而暂停比赛；受天气影响而暂停比赛；球破裂或漏气需要更换新球等。

五、越　位

1. 越位位置
（1）队员处于越位位置本身并不构成犯规。
（2）队员处于越位位置：头、躯干或脚的任何部分在对方半场（不含中线）；头、躯干或脚的任何部分较球和最后第二名对方队员更接近于对方球门线。
（3）队员不处于越位位置：队员齐平于最后第二名对方队员；队员齐平于最后两名对方队员。

2. 越位犯规
处于越位位置的队员，在队友处理或触及球的一瞬间，以下列方式参与到现实比赛时才被判为越位犯规：

（1）干扰比赛——处理或者触及队友传来或触到的球。

（2）干扰对方：通过明显阻挡对方视线来阻止对方触球或可能的触球；与对方争抢球；明显试图去处理距离自己很近的球且此行为影响到对方；做出明显的动作来明确地影响对方处理球的能力。

（3）通过触球或者干扰对方来获得利益：当球从球门柱或横梁弹回，或从对方队员身上弹回或变向；球经对方队员有意识救球而弹回或变向。

六、犯规与不正当行为

在比赛进行中发生犯规或违例行为，可判罚直接任意球、间接任意球和球点球。

如果队员草率地、鲁莽地或使用过分的力量冲撞、跳向、踢或企图踢、推、打或企图打（包括用头撞人）、抢截或争抢、绊摔或企图绊摔对方，将判给对方踢直接任意球。发生身体接触的犯规都将被判罚直接任意球或球点球。

如果队员违反下列 4 种犯规中的一种，也判给对方踢直接任意球：故意手球（守门员在本方罚球区内除外）；拉扯对方队员；通过身体接触阻挡对方队员；向对方队员吐唾沫。

如果一名队员在本方罚球区内犯有可判为直接任意球的犯规，应判罚球点球。

队员在出现如下情况时，判给对方踢间接任意球：以危险方式比赛，即试图争抢球时，其行为对其他队员（包括对自己）构成伤害威胁；无身体接触前提下阻碍对方队员行进；阻挡对方守门员踢球或从其手中发球，当守门员从手中发球时踢或者企图踢球。

思考题

1. 简述足球运动的起源与发展。
2. 简述足球的基本技战术。
3. 试述足球越位的比赛规则。

第八章

篮球运动

第一节　篮球运动概述

一、篮球运动的起源与发展

现代篮球运动是 1891 年由美国马萨诸塞州斯普林菲尔德市基督教青年会体育教师詹姆斯·奈史密斯（James Naismith）博士为了解决学生们在寒冷的冬季上体育课的难题而发明的室内集体游戏活动项目。它源于儿童游戏的启示，借鉴当时已有的足球、长柄曲棍球和玛雅人古老的场地球等运动。后来逐渐发展完善成为世界上影响最大的运动项目之一，深受人们的喜爱。由于主要设备是挂在墙上 10 英尺（约 3.05 米）高的篮子（Basket）和需要投中篮子的球（Ball），所以命名为"篮球"（Basketball）。

1904 年，美国青年男子篮球队在第 3 届奥林匹克运动会上进行了篮球表演赛。1908 年美国制定了全国统一的篮球规则，并用多种文字出版，在全世界推广发行。这样，篮球运动逐渐传遍美洲、欧洲和亚洲，成为世界性运动项目。1936 年第 11 届奥运会将男子篮球列为正式比赛项目，并统一了世界篮球竞赛规则。到 1976 年，第 21 届奥运会将女子篮球也列为了正式比赛项目。

篮球运动于 1895 年由美国国际基督教协会派往中国的天津基督教青年会介绍传入中国，至今已有一百多年。新中国刚刚成立时，中国就组成了大学生篮球队参加了国际比赛。以后，国家又采取了一系列措施，极大地促进了篮球运动在中国的普及和提高。但在十年动荡的"文化大革命"冲击下，中国篮球运动的发展出现了停滞和倒退，拉大了与世界强队之间的差距。1994 年底，中国开始篮球赛制改革，尝试将以前联赛的赛会制改为主客场制，并在 1995 年初试举办了八强主客场赛，取得了巨大的成功。于是从 1995 年底开始，中国篮球联赛的赛制改为了跨年度的主客场联赛，即 CBA 联赛。这一改革举措促使中国的篮球运动又进入了一个新的发展阶段。

2001年底，中国女篮也开始效仿男篮，举办了主客场联赛，即WCBA联赛。随着CUBA和大学生篮球超级联赛的开展，群众性篮球活动再度蓬勃发展，这无疑给中国篮球事业带来了新的生机和活力，展现了广阔的前景，中国篮球运动即将进入一个崭新的时代。

二、篮球运动的价值

（一）强身健体

篮球运动促进力量、速度、耐力、弹跳、灵敏等运动素质的发展，能使心脏、血管、呼吸、消化等器官的功能增强，促进机体内部系统的工作能力提高。篮球比赛错综复杂，要求运动员具有良好的分配与集中注意力，以及对时间、空间的掌控和定向能力，要有高度精细的本体感觉能力。由于参与者在比赛中经常变换动作，对提高神经中枢的灵活性和中枢协调支配各器官的能力都有良好的作用。

（二）启发智力

篮球运动是一项把变换、结合、转移、持续融为一体的集体攻守对抗项目，要求运动员反应快速、判断正确、随机应变、有勇有谋、机智善断，从而促进大脑功能水平的提高和智力的发展。

（三）教育功能

通过参与篮球运动，使人的个性、自信心、情绪控制、意志力、进取心、自我约束等能力都可以得到良好的发展，并培养人的拼搏精神、团队精神、尊重裁判、尊重对手、尊重观众等高尚的体育道德。

（四）促进心理健康

篮球运动使参加或参观者都能从心理上得到享受和满足，给人一种美的享受，促进人格的培养和个性的完善。篮球运动使参与者自我意识增强，有助于自我改进和自我发展。激励人们不断战胜自我，接受新的挑战，跃上新的高峰。

第二节 篮球基本技术

一、移 动

移动是篮球运动的基础。队员在比赛中为了争取时间和空间上的优势，经常要采取改变位置、方向、速度的移动方法。对球的支配和控制、篮板球的争夺、投篮等技术也都需要配合移动才能完成。在篮球运动中基本的移动方法有以下几种。

（一）跑

跑是运动员在球场上改变位置、发挥速度的重要方法，也是比赛中运用最多的一种移动动作。篮球运动中的跑，具有快速、多变的特点。在比赛中最为常用的跑有以下几种。

1. 变向跑

变向跑

变向跑是队员在跑动中突然改变方向来摆脱防守或堵截进攻队员的一种方法。顺步变向跑时，左脚落地制动，屈膝降低身体重心，用前脚掌内侧用力蹬地，同时扭腰转胯，快速移动重心，右脚迅速向右跨步加速。交叉不变向跑时，左脚落地制动，腰胯向右转动。同时，左脚前脚掌内侧蹬地向右跨步，继续加速跑动前进。

2. 侧身跑

侧身跑

侧身跑是队员在向前跑动的过程中为了观察场上的情况，侧转上体，进行攻守行动的一种跑动方法。进行侧身跑时，头部与上体要侧转向球的方向，而脚尖要朝向前进的方向。

3. 变速跑

变速跑

变速跑是队员在跑动过程中运用速度的变换来争取主动的一种跑动方法。在跑动过程中突然加速时，上体前倾，两脚短促而有力的积极蹬地，手臂加速摆动加以配合，加快跑的频率；减速时，用前脚掌用力抵地来减缓前冲力，上体直起，身体重心后移，降低跑速。

4. 后退跑

后退跑

后退跑是队员在球场上背对前进方向跑动的一种跑动方法。后退跑时，用脚前掌交替蹬地提膝向后跑动，上体放松直起，双臂屈肘配合摆动，保持身体平衡，两眼平视，观察场上情况。

（二）跳

跳是队员在球场上争取高度及远度，从而获得更多的空间优势的一种动作方法。

1. 双脚起跳

起跳前，两脚开立，屈膝下蹲，两臂后摆，上体前倾。起跳时，两脚用力蹬地，伸膝、提腰，两臂前摆使身体向上腾起，上体在空中保持伸展，收腰，下肢放松。落地时，用前脚掌先着地，屈膝缓冲，保持身体平衡，以便衔接下一个动作。

双脚起跳

2. 单脚起跳

起跳之前的最后一步步幅要小，起跳时起跳腿微屈前送，脚跟先着地，然后迅速过渡到前脚掌用力蹬地，提腰摆臂。另一腿同时积极提膝上台帮助起跳。落地时屈膝缓冲，保持平衡。

单脚起跳

（三）急 停

急停是队员在跑动过程中突然制动的一种方法，也是各种脚步动作衔接和变化的过渡动作。急停的动作可分为两种。

1. 跨步急停（两步急停）

急停时，先向前跨出一大步，脚后跟先着地过渡到全脚掌抵住地面，并迅速屈膝，上体稍微后仰；第二步着地时，身体侧转，脚尖内旋，用前脚掌内侧蹬撑地面保持身体平衡。

跨步急停

2. 跳步急停（一步急停）

队员在移动速度不是很快时，单脚或双脚起跳后，上体稍微后仰，两脚同时落地，全脚掌着地，前脚掌内侧蹬地制动。着地后两膝微屈，降低重心，控制身体平衡。

（四）转 身

转身是以一脚蹬地向前或向后跨出的同时，另一脚做中枢脚进行旋转而改变身体方向的一种动作方法。转身可分为前转身和后转身两种。

后转身是在行进间突破防守队员的一种常用技术。行进间运用后转身，是在靠近对手时以前脚为中枢脚旋转，后脚蹬地完成转身，由于跑动中存在惯性的原因，要适当减速，同时加大中枢脚碾地的力量，加快旋转速度。在转身过程中，要注意控制重心，保持身体平衡。

后转身

（五）滑 步

滑步是防守的一种主要步法，它易于保持身体平衡，可向任何方向移动。滑步可向侧、向前、向后进行滑动来阻截对方的移动路线。

1. 侧滑步

两脚平行站立，两膝较深弯曲，上体略前倾，伸展两臂。向左滑步时，右脚前脚掌内侧蹬地，左脚向左跨步，左脚落地的同时，右脚紧随滑动，向左脚靠近，两脚之间保持适当的距离；向右侧滑步时脚步动作相反。滑步时，要屈膝降低重心，身体重心不要上下起伏，重心保持在两脚之间。

侧滑步

2. 前滑步

两脚前后开立，向前滑步时，后脚前脚掌内侧蹬地，前脚先前跨步，前脚着地后，后脚紧随着向前滑动，保持前后开立姿势。

3. 后滑步

后滑步动作方法与前滑步相同，只是向后方移动。

二、传接球

（一）传球技术动作要点和运用

1. 持 球

两手手指自然分开，拇指相对成"八"字形，用指根以上部位握住球的两侧后下方，手心空出，两臂弯曲，肘关节下垂，持球于胸前。

2. 双手胸前传球

动作要点：持球后两肘自然弯曲于体侧，将球置于胸腹之间，身体成基本站立姿势，传球时后脚蹬地，身体重心前移，手臂伸向传球方向，拇指用力下压，手腕前屈，用食指和中指用力将球传出（图8-2-1）。

运用：常用于快速传球推进、阵地进攻时外围队员转移球以及不同距离的传球。

3. 双手头上传球

动作要点：两手握球于头上，前臂稍前摆，用手腕和手指短促快速地抖动将球传出（图8-2-2）。

运用：多用于高大队员转移球给内线队员或传给切入篮下的队员。在抢到后场篮板球后，为避免对方封堵，可跳起用双手头上传球。

4. 双手反弹传球

动作要点：与双手胸前传球基本相同，两臂向前下方用力，腕、指快速抖动将球传出。球击地点的远近和传球力量的大小要以球反弹后接球队员能顺利接到球为宜（图8-2-3）。

5. 单手肩上传球

单手肩上传球是单手传球中一种最基本的方法。这种传球的特点是力量大、速度快，常用于中、远距离的传球。

动作要点：传球时，右脚蹬地，上体向左转动并带动肩、肘，右前臂迅速向前挥摆，手腕前屈，食指、中指用力拨球将球传出（图8-2-4）。

6. 单手胸前传球

动作要点：持球方法与双手胸前传球相同。传球时，传球的手的前臂快速将球送出，手腕用力前扣，手指拨球将球传出。（图8-2-5）

双手胸前传球

双手头上传球

双手反弹传球

图 8-2-1　　　　　　　图 8-2-2　　　　　　　图 8-2-3

图 8-2-4　　　　　　　　　图 8-2-5

7. 单手反弹传球

动作要点：单手反弹向前传球的手法与单手胸前传球基本相同，只是手臂向前下方用力，球击地后，反弹给同伴。

运用：在小个子队员面对高大队员时，通常采用单手反弹传球。向内线队员和空切篮下队员传球时，也多采用这种传球方法。

（二）接球技术动作要点

1. 双手接球

动作要点：接球时，两眼注视来球，双臂伸出迎球，手指自然分开，两拇指成"八"字形。手指触球后，双臂后引，缓冲来球力量，两手持球于胸腹之间，同时保持身体平衡（图 8-2-6）。

2. 单手接球

动作要点：如果来球离身体较远，移动后不便于双手接球时，可运用单手接球（以右手接球为例），右脚向来球方向迈出一步，两眼注视来球，手掌成勺形，手指自然分开，右臂伸向来球方向迎球。手指触球后，手臂顺势将球引至体前或体侧，左手立即扶球，保持身体平衡。（图 8-2-7）

单手接球

图 8-2-6　　　　　　　　　图 8-2-7

三、运　球

（一）高运球

动作要点：以肘关节为轴，小臂自然弯曲，手腕和手指柔和地按拍球的右侧上方，高度在腰部左右，将球拍至脚的侧前方，运球时目视前方（图 8-2-8）。

（二）低运球

动作要点：降低身体重心，弯腰屈腿，伸腕，用手指指根部位向前短促的按拍球，将球反弹地面后达到的最高高度控制在膝关节部位（图 8-2-9）。

图 8-2-8　　　　　　　　　　　图 8-2-9

（三）运球急停急起

动作要点：快速运球过程中运用两步急停，同时按拍球的前上方，迅速制动。急起时，后脚突然用力蹬地，上体迅速前倾，手按拍球的后上方，快速起动，整个过程中始终保持目视前方（图 8-2-10）。

图 8-2-10

（四）体前变向运球

动作要点：在行进中运球过程中，右手按拍球的右上方，使球弹向身体左侧，右腿迅速向左侧前方跨步，上体左转，侧肩贴近防守者，左手拍球的后侧上方，突破防守者（图 8-2-11）。

运用：当防守队员堵截运球队员进攻路线时，或运球队员运球接近防守队员时，为了摆脱、突破对手，可运用体前变向运球。

图 8-2-11

（五）运球后转身

动作要点：（以右手运球为例）转身时左脚向右前方跨出一步，重心移至左脚，屈膝。此时，运球手随球上弹的同时，右脚掌向后蹬地并积极向后转跨，肘关节贴身，身体后转的同时将球后拉，身体后转到位后继续运球前进。

四、投　篮

（一）原地双手胸前投篮

动作要点：持球时，两手五指自然分开，持球的两侧稍后部将球置于胸前，肘关节自然下垂，上体稍前倾，两膝微屈，双脚前后或左右开立。投篮时，两脚蹬地，两臂向前上方伸展，手腕同时外翻，最后拇指、食指、中指用力将球投出。

（二）原地单手肩上投篮

动作要点：右手五指自然分开，持球的后半部，向后屈腕、屈肘，持球于肩上；左手扶球，右脚在前，两腿微微屈。投篮时两脚蹬地，自下而上发力，同时提肘并且手臂向前上方充分伸展，最后通过食指、中指发力将球投出。球出手后，手腕前屈，手指向下（图 8-2-12）。

图 8-2-12

（三）行进间单手肩上投篮

动作要点：接球和运球上篮时，在右脚跨出一大步的同时，双手持球；左脚紧接着跨出一小步，用力蹬地起跳。当身体接近最高点时右臂向前上方伸直，手臂弯曲，食指、中指用力将球投出（图 8-2-13）。

运球后转身

原地双手
胸前投篮

原地单手
肩上投篮

行进间单手
肩上投篮

图 8-2-13

（四）行进间单手低手投篮

动作要点：动作方法同行进间单手肩上投篮。当身体接近最高点时，左手离球，右手托球，并充分向球篮方向伸直，屈腕使球由食指、中指、无名指上拨球投出（图 8-2-14）。

图 8-2-14

（五）急停跳起投篮

动作要点：接球急停跳起投篮。移动中跳起腾空接球后，两脚同时或先后落地，脚尖朝向球篮方向，两膝弯曲，迅速跳起投篮，投篮出手动作同原地跳起单手肩上投篮的出手动作（图 8-2-15）。

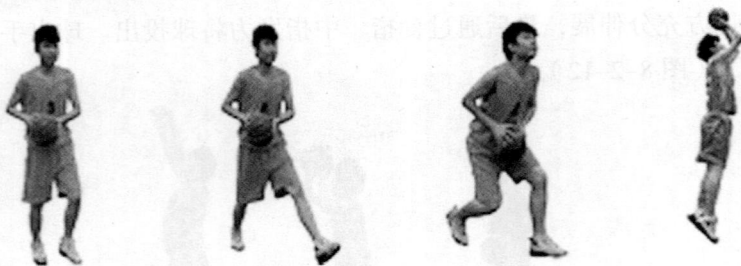

图 8-2-15

五、持球突破

（一）原地持球交叉步突破技术

动作要点：突破时，左脚内侧蹬地，并向右前方迈出一大步，同时上体右转，左肩向前下压，将球引至右侧，在右脚离地前用右手推拍球于身体的右前方。同时，右脚用力蹬地，加速迅速超越对手（图 8-2-16）。

行进间单手
低手投篮

急停跳起
投篮

交叉步突破

图 8-2-16

（二）原地持球同侧步突破技术

动作要点：突破时，右脚向内侧蹬地，左脚迅速向左前方跨出，上体稍微左转，同时右肩向前下压，重心前移；在右脚离开地面时，用左手推拍球于左脚的侧前方，同时右脚用力蹬地，加速超越对手（图 8-2-17）。

图 8-2-17

（三）跳步急停持球突破技术

动作要点：跳步接球前应根据自己与防守队员的位置、同伴的传球方向调整好准备姿势。在腾空过程中接球，然后两脚前后或平行落地，两腿微屈，重心落在前脚掌上。根据防守队员的防守情况，用交叉步突破或同侧步突破超越对手。

第三节　篮球基本战术

一、进攻战术

（一）传切配合

传切配合是进攻队员之间利用传球和切入技术所组成的简单配合，它包括一传一切配合和空切配合。配合的要点是切入队员要把握好切入时机，持球队员要及时准确的将球传出。

1. 一传一切配合

⑤传球给④后，迅速摆脱对手的防守，向篮下切入，接④的回传球投篮（图8-3-1）。

2. 空切配合

④传球给⑤后，⑥立即摆脱对手的防守向篮下切入，接⑤传来的球投篮（图8-3-2）。

（二）突分配合

突分配合是持球队员运用突破打乱对方防守部署或吸引防守，并及时将球传给获得空位的同伴，使同伴获得进攻机会的配合方法。

⑤从防守者左侧突破，吸引对方两名防守队员同时封堵⑤的突破路线，此时④及时跑到有利的进攻位置，接⑤的传球投篮，或接球后做其他配合（图8-3-3）。

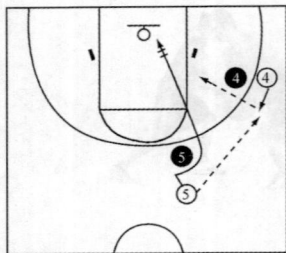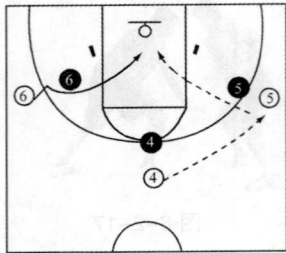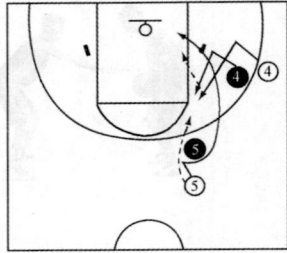

图 8-3-1　　　　　　　　图 8-3-2　　　　　　　　图 8-3-3

（三）策应配合

策应配合是指进攻队员背对或侧对球篮接球后，以持球队员为枢纽，与同伴相互配合而形成的一种里应外合的配合方法。

④摆脱防守后插到罚球线作策应，⑤将球传给④，摆脱防守空切篮下，接④的策应传球投篮（图8-3-4）。

（四）掩护配合

掩护配合是进攻队员有目的地去选择适当的位置，运用合理的技术动作，用自己的身体挡住同伴的防守者的移动路线，使同伴借以摆脱防守的一种配合方法。

1. 给持球队员做掩护

⑤传球给④后跑到④的防守队员的侧面做掩护，④接球后做投篮或突破动作，吸引防守，当⑤达到掩护位置后，④在⑤的掩护下持球从左侧突破投篮，⑤完成掩护后迅速移动到有利位置去接球或抢篮板球（图8-3-5）。

2. 给无球队员做掩护

⑤传球给④后跑去给同伴⑥做掩护，当⑤到达掩护位置后，⑥利用⑤的掩护切入篮下接④传来的球投篮。④接到⑤的传球后要做投篮、突破的假动作吸引防守，

⑥切入篮下时，④要及时将球传给⑥（图8-3-6）。

图8-3-4

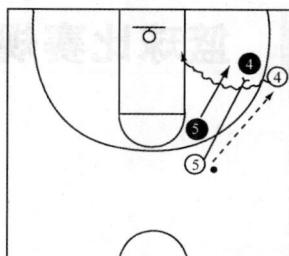
图8-3-5

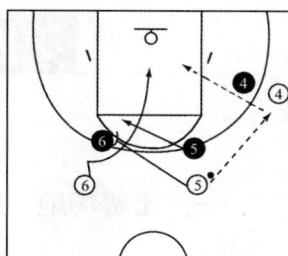
图8-3-6

二、防守战术

（一）半场人盯人防守

半场人盯人防守是由攻转守时，全队有组织的退回后半场。它的特点是防守任务明确机动灵活，能有效的控制对方的进攻重点，但它容易被对方局部击破。

防守的基本要求是根据对手、球和球篮来选择防守位置，以人盯人为主，近球紧，远球松，积极移动，抢占有利位置，破坏对方进攻配合，加强防守的协同性。

（二）区域联防

区域联防是一种半场的全队防守战术，是指由攻转守时，防守队员退回半场，每人分工负责防守一个区域，并与同伴协同防守的集体防守战术。它的基本要求是在防守分工负责区域的基础上，5个队员必须协同一致，积极随球移动，以防球为主，人、球兼顾。

联防是区域联防的基本形式。5个队员的位置分布均匀，移动距离短，便于相互协作。联防适用于防守外围运球突破和夹击中锋，同时也便于控制后场篮板球发动快攻。（图8-3-7①，图8-3-7②）防守的薄弱环节是防区的衔接处，即图8-3-7②中的阴影部分。

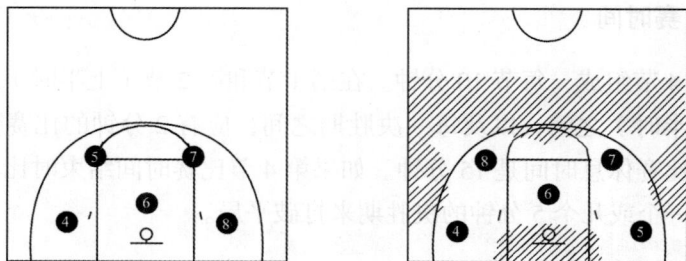
图8-3-7

第四节 篮球比赛规则简介

一、比赛场地

篮球比赛场地为长 28 米、宽 15 米的长方形。禁区为长方形,宽 14.9 米,长即罚球线距端线为 5.80 米。禁区内小半圆即合法冲撞区半径为 1.25 米,中圈半径为 1.80 米,篮筐离地高度为 3.05 米,篮板宽为 1.80 米,高为 1.05 米,所有线宽 5 厘米,颜色相同(图 8-4-1)。

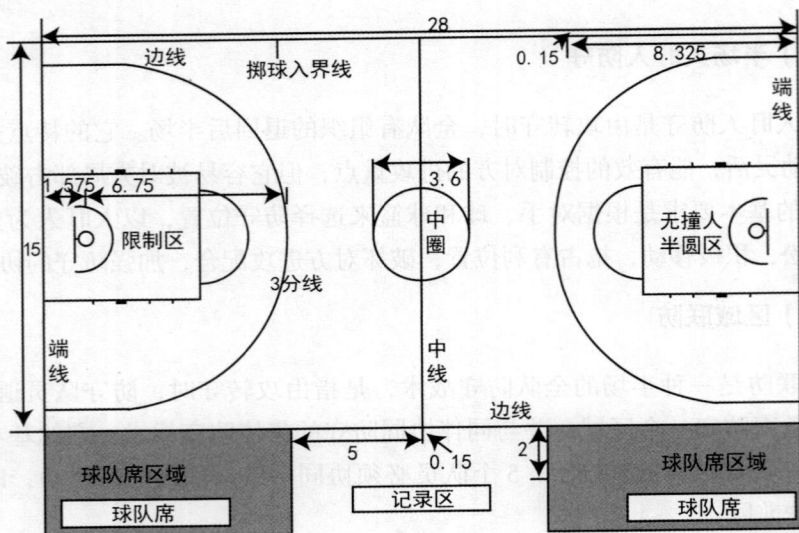

图 8-4-1

二、比赛通则

(一)比赛时间

比赛应由 4 节组成,每节 10 分钟。在第 1 节和第 2 节(上半时)之间,第 3 节和第 4 节(下半时)之间,以及每一决胜期之间,应有 2 分钟的比赛休息时间。两个半时之间的比赛休息时间是 15 分钟。如果第 4 节比赛时间结束时比分相等,比赛有必要再继续一个或几个 5 分钟的决胜期来打破平局。

(二)如何打球

在比赛中,球只能用手来打,并可在规则许可的情况下向任何方向传、投、拍、滚或运球。

队员不能带球跑、故意踢球、用腿的任何部分阻挡球或用拳击球。然而，球意外接触到腿的任何部分，或腿的任何部分意外地触及球，不是违例。

（三）得　分

一次罚球出手中篮计 1 分，从 2 分投篮区域出手中篮计 2 分，从 3 分投篮区域出手中篮计 3 分。在最后一次或仅有一次的罚球中，球触及篮圈后，在进入球篮之前被一名进攻队员或防守队员合法触及，中篮计 2 分。

（四）暂　停

教练员或助理教练员请求中断比赛是暂停。每次暂停应持续 1 分钟。每队上半时可准予 2 次暂停，下半时可准予 3 次暂停，但最后 2 分钟最多 2 次暂停；每一决胜期可准予 1 次暂停。未用过的暂停不得遗留给下半时或决胜期。

（五）替　换

替补队员请求中断比赛成为队员是一次替换。只有替补队员有权请求替换。替换应尽可能快地完成。已经发生第 5 次犯规或已经被取消比赛资格的队员必须立即被替换（约 30 秒）。如有不必要的延误，裁判员可登记违犯队一次暂停；如该队无剩余暂停，可登记教练员一次技术犯规。

三、违　例

违例就是违犯规则。发生违例应将球判给对方队员在最靠近发生违例的地点掷球入界。

（一）球出界

当球触及了在界外的队员或任何其他人员，界线上方、界线上或界线外的地面或任何物体，篮板支撑架、篮板背面或比赛场地上方的任何物体时，是球出界。

（二）两次运球

队员第一次运球结束后不得再次运球，除非在 2 次运球之间由于以下原因已经不再控制活球：投篮；球被对方触及；传球或漏接，然后球触及了另一队员或被另一队员触及。

（三）带球走

当队员在场上持着一个活球，其一脚或双脚超出规则限制，向任一方向非法移动是带球走。持活球队员用同一脚向任一方向踏出一次或多次，而另一脚（中枢脚）不离开与地面的接触点时是旋转（合法移动）。

在场上接住活球的队员，如双脚站在地面上，一脚抬起的瞬间，另一脚成为中枢脚。确立中枢脚后，如开始运球，在球离手之前中枢脚不得抬起；如传球或投篮，中枢脚可跳起，但球出手之前任一脚不得落回地面。

（四）3 秒钟

当某队在前场控制活球并且比赛计时钟正在运行时，该队的队员不得停留在对方队的限制区内超过持续的 3 秒钟。

（五）被严密防守的队员

一名队员在场上正持着活球，这时对方队员采用积极的、合法的防守姿势，距离不超过 1 米，该队员是被严密防守。被严密防守的队员必须在 5 秒钟内传、投或运球。

（六）8 秒钟

当一名在后场的队员获得控制活球，或在掷球入界中，球触及后场的任何队员或者被后场任何队员合法触及，掷球入界队员所在队仍拥有在后场的球权时，该队必须在 8 秒钟内使球进入该队的前场。

（七）24 秒钟

当一名队员在场上获得控制活球，或在一次掷球入界中，球触及任何一名场上队员或者被他合法触及，掷球入界队员所在球队仍然控制着球时，该队必须在 24 秒钟内尝试投篮。

在球触及对方球篮篮圈之后，如果对方获得控制球，计时钟应恢复到 24 秒；如果球触及篮圈前的同一控制球队再次获得控制球，计时钟应恢复到 14 秒。

（八）球回后场

前场控制球队一名队员在前场最后触及球，并且随后球被该队一名队员首先触及，此时如果该队员有部分身体触及后场，或球已经触及该队后场，则为球回后场。

四、犯　规

犯规是对规则的违犯，包括与对方队员的非法身体接触和／或违反体育道德的举止。

（一）侵人犯规

侵人犯规是无论在活球或死球的情况下攻守双方队员发生的非法身体接触犯规。

罚则：登记犯规队员一次侵人犯规。如果对没有做投篮动作的队员发生犯规，由非犯规的队在最靠近违犯的地点掷球入界重新开始比赛。如果犯规球队处于全队

犯规处罚状态，则应运用全队犯规处罚的规定。如果对正在做投篮动作的队员发生犯规，投篮成功应计得分并追加 1 次罚球；如果从 2 分投篮区域的投篮不成功判 2 次罚球；如果从 3 分投篮区域的投篮不成功判 3 次罚球。

（二）双方犯规

双方犯规是 2 名互为对方的队员在大约同时相互发生侵人犯规的情况。

罚则：登记每一名犯规队员一次侵人犯规。不判给罚球。在发生双方犯规的大约同一时间，如果投篮得分，或最后一次或仅有一次的罚球得分，应将球判给非得分队在端线的任一地点掷球入界；如某队已控制球或拥有球权，应将球判给该队在最靠近违犯的地点掷球入界；如任一队都没有控制球也没拥有球权，一次跳球情况发生。

（三）技术犯规

技术犯规是队员没有身体接触的犯规，行为种类包括但不限于：无视裁判员的警告；无礼地触碰裁判员、技术代表、记录台人员或球队席人员；与裁判员、技术代表、记录台人员或对方队员的交流中没有礼貌；使用可能冒犯或煽动观众的粗话或手势；戏弄对方队员或将手靠近对方队员的眼睛摇动以妨碍他的视线；过分挥肘；当球穿过球篮后故意触及球或阻止迅速掷球入界以延误比赛；跌倒以伪造一起犯规；悬吊在篮圈上，致使篮圈支撑了队员的全部重量，除非该队员在扣篮后瞬间抓住了篮圈，或据裁判员判定，他正试图防止自己受伤或使另一名队员受伤；在最后一次或仅有一次的罚球中防守队员干涉得分，此时应判给进攻队得 1 分，随后执行登记在该防守队员名下的技术犯规的罚则。

罚则：判罚队员技术犯规，应作为队员的犯规登记在该队员名下，并计入全队犯规次数中。判罚球队席人员，应登记在教练员名下，不计入全队犯规次数。应判给对方队员 1 次罚球，并随后在记录台对侧的中线的延长线掷球入界，或在中圈跳球开始第 1 节。

（四）违反体育道德的犯规

违反体育道德的犯规是身体接触犯规，并且根据裁判员的判断，包含：不在规则的精神和意图的范围内合法地试图去直接抢球；在努力抢球中一名队员造成过分的、严重的身体接触；在攻防转换中，防守队员为了阻止对方进攻，对进攻队员造成不必要的接触；防守队员试图阻止一次快攻，从对方队员的身后或者侧面造成身体接触，并且在进攻队员和对方球篮之间没有防守队员；在第四节和每一决胜期的最后 2 分钟，当掷球入界的球在界外并且仍在裁判员手中或掷球入界队员可处理时，防守队员对进攻队员造成身体接触。

罚则：应给犯规队员登记一次违反体育道德的犯规，判给被犯规的队员执行罚球，以及随后在记录台对侧的中线延长线掷球入界，或在中圈跳球开始第 1 节。对

技术犯规

没有做投篮动作的队员发生犯规，应判 2 次罚球。对正在做投篮动作的队员发生犯规，如果球中篮，应计得分并追加 1 次罚球；球未中篮，判 2 次或 3 次罚球。

当队员被登记 2 次违反体育道德的犯规，或者被登记 1 次技术犯规以及 1 次违反体育道德犯规时，剩下的比赛他应被取消比赛资格。在此情况下，应只处罚违反体育道德的犯规的罚则，不追加取消比赛资格的罚则。

（五）取消比赛资格的犯规

队员或球队席人员任何恶劣的违反体育道德的行为是取消比赛资格的犯规。

罚则：应给犯规队员登记一次取消比赛资格的犯规。犯规者被取消比赛资格，他应去该队休息室，并在比赛期间留在那里，或者也可以选择离开体育馆。如果是一起非接触犯规，罚球应判给由对方教练员指定的任一本队队员；如果是一起接触犯规，罚球应判给被犯规的队员。被犯规方罚球 2 次，并获得球权。

五、其他一般规定

（一）队员 5 次犯规

一名队员已经发生了 5 次侵人犯规和 / 或技术犯规时，裁判员应通知其本人，他必须立即离开比赛，并且在 30 秒钟内被替换。

（二）全队犯规：处罚

某队在一节中的全队犯规已经发生了 4 次时，该队是处于全队犯规处罚状态。所有发生在决胜期内的全队犯规应被认为是发生在第 4 节比赛中的犯规。

当球队处于全队犯规处罚状态时，所有随后对未做投篮动作的队员发生的侵人犯规应判给 2 次罚球，替代掷球入界。

篮球技术测评

思考题

1. 简述篮球运动的起源与发展。
2. 简述篮球的基本技战术。
3. 简述篮球身体素质的练习方法。
4. 简述篮球比赛规则与裁判法。
5. 试述篮球技术测评的方法。

第九章

排球运动

一、排球运动的起源与发展

排球运动是由 1895 年美国马萨诸塞州的霍利沃克城基督教青年会干事威廉·莫根发明的。开始是用篮球胆在室内的网球网两边拍来拍去，使球不落地的一种游戏。后来在哈尔斯戴博士的建议下，取名为 Volleyball，并沿用至今。

排球运动在美国问世后，由美国的传教士和参加战争的军官士兵们带到世界各地。由于排球运动传入的时间及采用的规则不同，世界各地排球运动形式也不同。美国是排球的故乡，因此 6 人制排 t 球传入美洲的时间比较早。1900 年首先传入加拿大，1905 年传入古巴，1912 年传入乌拉圭，1914 年传入墨西哥。在亚洲，1900 年传入印度，1905 年传入中国，1910 年传入菲律宾，经过了 16 人制—12 人制—9 人制—6 人制的演变过程。欧洲的排球是第一次世界大战时由美国土兵带去的，1917 年最早出现在法国，1922 年传入前苏联。亚洲最早的排球比赛是于 1913 年在菲律宾马尼拉举行的。1947 年，排球运动世界性组织——国际排球联合会成立。随着技术水平的不断提高，排球规则也逐步完善。1964 年，排球被列为奥运会正式比赛项目。

二、排球运动的特点

（一）广泛的群众性

排球场地设备较简单，既可在球场上比赛和训练，也可在一般空地上活动。运动强度可大可小，适合于不同年龄、不同性别、不同职业和不同训练程度的人。

（二）高度的技巧性

规则规定，比赛中球不能落地，每方击球三次必须将球击过球网。击球时间的短暂、击球空间的多变，决定了排球技术的高度技巧性。

（三）技术的全面性

规则规定，每个队员都要进行位置轮转，既要到前排扣球和拦网，又要到后排防守和接应。因此每个队员必须全面地掌握各项技术，能在各个位置上比赛。

（四）严密的集体性

排球比赛是集体项目，除发球外，都是在集体配合中进行的。没有严密的集体配合，再好的个人技术也难以发挥；没有严密的集体配合，就无法发挥战术的作用。

（五）激烈的对抗性

每项技术都有攻防两重性，攻中有防，防中有攻，互相转换，互相制约。网上争夺是双方攻防转换对抗的焦点，扣拦之间争夺激烈，一分球的争夺往往要经过七八个回合。水平越高的比赛，对抗争夺越激烈。

三、排球运动比赛的基本方法

排球运动比赛是两队各 6 名队员在长 18 米、宽 9 米的场地上，从中间隔开的球网（男子网高 2.43 米、女子网高 2.24 米）上方，根据规则的规定，以身体任何部位将球击入对方场区，而不使其落入本方场区集体的，攻防对抗的体育项目。

比赛是以后排右边的队员在发球区内用手将球击过球网开始，每方最多击三次（拦网触球除外）使球过网，一名队员不得连续击球两次（拦网除外），球在空中不能落地。

场上 6 名队员分前后排站位，前排 3 人，后排 3 人，接发球队胜一球后，6 名队员必须按顺时针方向轮转一个位置。由轮转到后排右边的队员发球。接发球队胜一球得发球权同时也得 1 分。发球队胜一球后，该队发球队员继续发球并得 1 分。

正式比赛采用 5 局 3 胜制，1～4 局采用 25 分制，即先得 25 分，并超出对方 2 分为胜；决胜局采用 15 分制，即先得 15 分，并超对方 2 分为胜。五局均无最高分限制。

第二节　排球基本技术

排球技术分为无球技术和有球技术两大类。其中，准备姿势、各种移动步法和起跳等技术被称为无球技术；传球、垫球、发球、扣球和拦网被称为有球技术。

一、准备姿势和移动

准备姿势和移动是排球基本技术之一，属于无球技术，是完成发球、垫球、传球、扣球和拦网等各项有球技术的前提和基础，并对各项有球技术的运用起串联和纽带作用。准备姿势和移动是相辅相成的，准备姿势主要是为了移动，而要快速移动，又必须做好准备姿势。

（一）准备姿势

准备姿势根据身体重心的高低可分为稍蹲准备姿势、半蹲准备姿势和低蹲准备姿势三种。在此着重介绍一下半蹲准备姿势。

半蹲准备姿势：两脚左右开立，稍比肩宽，一脚稍前，两脚尖稍内收，脚跟稍提起，膝关节保持一定的弯曲，膝关节的投影在脚尖前面，上体前倾，重心靠前。两臂放松自然弯曲，双手置于腹前。全身肌肉放松，两眼注视来球，两腿始终保持微动（图9-2-1）。

图9-2-1

准备姿势

（二）移　动

在排球比赛中，多采用两三步短距离的移动。其中，包括并步、滑步、交叉步、跨步、冲刺步等。

1. 并步与滑步

当球距身体一步左右时采用并步移动。移动时，如向前，则前脚向来球方向跨出一步，后脚蹬地跟上（图9-2-2）。当来球稍远，并步不能接近球时，可用快速的连续并步，即为滑步。

移　动

图9-2-2

2. 交叉步

当来球在体侧 3 米左右时，可采用交叉步移动。采用向右侧交叉步时，上体稍右倾，左脚从右角前面交叉迈出一步，然后右脚向右跨出一步，同时身体转向来球方向，保持击球前的姿势（图 9-2-3）。

图 9-2-3

3. 跨　步

当来球较低时，常运用跨步迎球。跨步可以向前、向侧前或侧方跨出（图 9-2-4）。

图 9-2-4

传　球

二、传　球

传球是在额前上方用双手（或单手）借助伸臂、蹬腿的动作，通过手指、手腕的弹击力量将球传至一定目标的击球动作。

双手传球的技术动作通常分为正传、背传和侧传三类，可以在原地传或跳传。

（一）正面上手传球

准备姿势：正对来球，两脚开立，两膝稍屈，上体挺起稍前倾，两眼注视来球，两臂屈肘抬起，两手成传球手型。

击球：传球时利用蹬地、伸膝和伸臂的动作，通过球压在手指上的反弹力，以拇指、食指、中指和手腕的协调力量将球传出，用力一定要协调一致。传球距离近时，用手指、手腕的弹力较多，传球距离较远时，必须要加强蹬地展体的力量，才能控制好球（图 9-2-5）。

图 9-2-5

手型：两手自然张开微屈成半球形，手腕后仰，小指在前，拇指相对成八字形置于额前（图9-2-6）。

图 9-2-6

（二）背　传

背传球是传球的基本方法之一，也是难度较大的一种传球。传球时，上体保持正直或稍后仰，击球点比正面传球要高。迎球时，微仰头挺胸，在下肢蹬地的同时，上体向后上方伸展，击球时手腕适当后仰，掌心向后上方击球的底部，利用抬臂、送肘的动作和手指、手腕主动将球向后上方传出（图9-2-7）。无论是向前传还是向后传，都应该尽量保持一种姿势，从而提高传球的隐蔽性，迷惑对手，为队友创造更好的扣球机会。

图 9-2-7

（三）侧　传

侧传的准备姿势、手型与正面传球相同。迎球时，通过下肢蹬地使身体重心向上伸展，但上体和手臂应向侧上方用力，触球下方，传球方向异侧手臂的动作幅度和用力的距离要大于同侧手臂。

由于侧传具有隐蔽性的特点，可以传各种快球以增强进攻的力量。

三、垫　球

垫球是用双手前臂的前部击球，利用来球的反弹力将球击出的技术动作。垫球主要用于接发球、接扣球、接拦回球，有时也用来组织进攻。

（一）正面双手垫球

正面双手垫球技术按连贯动作的顺序一般可概括为"一插、二夹、三抬臂"。"插"：要求判断来球，快速移动到位，保持好球与人的关系，双手插入球下；"夹"：要求两臂夹紧，手腕下压，保持良好的手型，触球部位要正确（图9-2-8）；"抬"：

垫　球

抬臂时要求击球点要正确，根据来球的力量大小采用正确的用力方法，全身协调用力（图 9-2-9）。

图 9-2-8　　　　　　　　　　　　　图 9-2-9

（二）侧面双手垫球

在身体两侧用双臂垫球的动作称为侧面垫球。来球飞向体侧，队员来不及移动对正球时，可用双臂在体侧垫球。

（三）背　垫

从身前向背后垫球，称背垫。在不能进攻将球处理过网时可采用。

四、发　球

发球是后排右边队员在发球区由自己抛球，用一只手将球从网上空两标志杆内击入对方场区的一种击球方法，击球的一瞬间即完成发球。发球时可运用正面、侧面、上手、下手、助跑或起跳发球。击球手法可用全手掌、掌根、半掌根、半握拳、虎口和腕部。

下手发球

（一）下手发球

这种发球动作简单易学，失误较少，方向较准确，但球飞行速度慢，力量小，攻击性小（图 9-2-10）。

动作方法：以右手击球为例，发球前侧对球网，两脚前后开立，左脚在前，两膝微屈上体稍前倾，重心偏后脚。左手持球置于腹前，右臂自然下垂，两眼注视球。发球时，左手将球轻轻抛起在体前右侧，离手高约 20 厘米；在抛球之前，右臂伸直，以肩为轴由后向前摆动，借右脚蹬地力量，身体重心随着右手向前摆动击球移至前脚上。在腹前以虎口、掌根或手掌击球的后下部。接触球时，手指手腕紧张，手成勺形吻合球，随着击球动作，重心前移，迅速进场比赛。正面下手发球时将球抛在右肩前下方，右臂伸直，以肩为轴，由后向前摆动击球。

图 9-2-10

（二）正面上手发球

这种发球准确性大，易控制球的力量和落点，对对方有很强的攻击性和威胁性（图 9-2-11）。

图 9-2-11

动作方法：面对球网，两脚自然开立，左脚在前，左手拖球于身前。用抬臂和手掌的平拖上送，稳稳地将球垂直向自己右肩前上方抛起，高度要适中。在抛球的同时，右臂抬起，并屈肘后引，肘与肩平，上体稍向右侧转动，利用蹬地、转体、收腹带动手臂迅速而有力的向前上方挥动。在右肩膀前上方伸直手臂的最高点，用手掌击球的后中下部。击球时，手指自然张开吻合球。正面上手发时，可利用不同的击球手法和击球的不同部位，使其产生不同旋转方向。

（三）正面上手大力跳发球

这种发球攻击性强，直接得分和破坏对方一传的几率比较大，但是难度较高，在国际大赛上这种发球已经占领了主流，世界强队几乎都是采用此种发球。

动作方法：面对球网，把球向斜上方抛高（尽量把球抛在固定的高度与位置上有利于发挥最大的攻击效果），利用已经熟练掌握的技术扣球上步、起跳、腾空、展腹、展臂、看准球的最高点、收腹、挥臂、全手掌包满球、屈膝、缓冲落地即完成整套动作。

五、扣 球

扣球在比赛中占有重要地位。扣球可利用助跑方法不同、手击球部位不同、挥臂路线和节奏不同、击球点高低不同、与二传配合时间不同等特点，扣出不同性能、时间、空间、位置和角度的球。在此，主要介绍正面扣球。

正面扣球时，因扣球者身体面对球网，便于观察，所以扣球准确性较高。同时，扣球者可根据对方防守布局，随时改变扣球路线和力量，有利于控制击球落点。

（一）准备姿势

站在离网 3 米左右处，两脚自然开立，两膝微屈，上体稍前倾，两臂自然下垂，观察二传来球，随时准备向各个方向助跑起跳。

正面上手
发球

扣 球

（二）助　跑

助跑的目的是为了获得一定的水平速度，增加弹跳高度，并且选择适当的起跳点。助跑的时机、方向、步法、速度、节奏是根据来球的方向、速度和弧线来决定的。因此，要全面熟练掌握一步、两步、三步及多步助跑的步法。

以两步助跑为例，助跑时，左脚先向前迈出一步，接着右脚再迅速跨出一大步，左脚及时并上，落在右脚侧前方，两脚尖稍内收准备起跳。

助跑的第一步要小，目的是对正上步的方向，使身体获得向前的水平速度；第二步要大，目的是接近球和提高助跑的速度，右脚落地支撑点在身体重心之前，有利于制动。

（三）起　跳

在助跑跨出最后一步的同时，两臂绕体侧向后引，左脚在落地制动的过程中，两臂自后积极向前摆动，随着双腿蹬地向上起跳，两臂配合起跳用力上摆。

（四）空中击球

起跳后，挺胸展腹，上体稍向右转，右臂向后上方抬起，身体成反弓形。挥臂时，以迅速转体、收腹动作发力，集资带动肩、肘、腕各部位关节成鞭甩动作向前上方挥动。击球时，五指微张成勺形并保持紧张，用全手掌包满球，以掌心为击球中心，击球的后中部，同时主动用力屈腕屈指向前推压，使扣出的球加速上旋。击球点在起跳和手臂伸直最高点的前上方。

（五）落　地

空中完成击球动作后，身体自然下落，为了避免腿部负担过重，应采用双脚的前脚掌先着地，同时顺势屈膝，缓冲身体下落的力量。（图 9-2-12）

图 9-2-12

六、拦 网

队员用腰部以上身体任何部位，在球网附近高于球网上沿，试图阻拦击过来的球，并触击球，称为拦网。拦网分为单人拦网、双人拦网和三人拦网。下面仅介绍单人拦网。

队员面对球网，两脚左右开立约与肩宽，距网 30～40 厘米，两膝微屈，两臂在胸前自然屈肘。移动可采用并步、交叉步、跑步，向前或斜前移动。原地起跳后，重心降低，两膝弯曲，用力蹬地，使身体垂直起跳。如果是移动后起跳，制动时，双脚尖要转向网，同时利用手臂摆动帮助起跳。拦网时两手从额前平行球网向网上沿前上方伸出，两臂平行，两肩尽量上提，两臂尽力过网伸向对方上空，两手接近球，自然张开，手触球时两手要突然紧张，用力屈腕，主动盖帽捂住球（图9-2-13）。

图 9-2-13

七、防守技术

防守技术包括倒地、前扑和鱼跃等配合完成有球技术的技术动作。下面主要介绍倒地滚翻动作及鱼跃动作。

（一）滚翻救球

当球离身体远而低时，可采取此动作。起球后的滚翻动作起到自我保护及快速衔接下一个动作的作用。

低重心移动：准备接球时，向球的方向移动，前脚为重心，身体幅度由高到低迅速下降，伸前臂救球。

击球：两腿用力蹬地向前用力，使身体向球的方向伸展，手臂直插球的底部，双手或者单手触球，把球向中场高高打起后，顺势侧身，用背部、臀部、大腿外侧、依次着地，然后顺势低头、收腹、团身，击球的手臂不动，向另一侧肩膀做后滚翻动作，利用向前的惯性使身体与地面柔和接触，迅速起身做下一动作的准备（图9-2-14）。

图 9-2-14

（二）鱼跃救球

当球低而远时，可用控制范围大的鱼跃动作去救球。

低姿移动：以半蹲准备姿势防守，当来球落点低而远时，上身前倾，向前做一到两步助跑，前脚掌用力蹬地，使身体向远处腾空跃出。

击球：手臂向前伸展，以单手虎口或手背从下向上击球的后下部。击球后双手在体前着地支撑。两肘缓慢弯曲，以缓冲身体下落力量，同时抬头、挺胸、展腹，向后自然屈腿，身体成反弓形，胸、腹、大腿依次着地产生滑行（图 9-2-15）。

图 9-2-15

第三节　排球基本战术

一、阵容配备

排球阵容配合是排球战术运用的基础，阵容配备应最大限度地符合本方队员的特点，使队员特点合理搭配，同时还要考虑对手的情况。

排球基本
战术

（一）"四二"配备

"四二"配备是2个二传手，4个进攻队员。4个进攻队员为2个主攻，2个副攻。"四二"配备在中等水平球队采用较多，2个二传手前后排始终保持1个，便于接应传球。

（二）"五一"配备

"五一"配备是1个二传手，5个进攻队员。5个进攻队员为2个主攻，2个副攻，二传对角是接应二传。由于目前比赛中引入了自由人，"五一"配备更加灵活。这种战术配备对二传手要求较高，一般在中高水平的球队运用较多。

（三）"三三"配备

"三三"配备是由3名传球队员和3名进攻队员间隔站立，使每一轮都有传有扣。这种配备是初学者采用的战术配备。

二、排球进攻战术

（一）"中一二"进攻

前排3个人中一人在3号位做二传，将球传给2、4号位的进攻形势。二传在2、4号位时，在球发出后可以置换到3号位，这种情况称为"边一二"换"中一二"，反"边一二"换"中一二"。这种进攻简单，便于组织。

（二）"边一二"进攻

前排3个人中2号位做二传，将球传给3、4号位进攻，二传在3、4号位时，在发球后换到2号位。这种方式对右手扣球比较顺手，而左手扣球比较别扭。但是一传如果传偏到4号位，则很难接应。

三、排球防守战术

（一）接发球的站位阵型

接发球的阵型，要利于接球，也有利于本方进攻战术，同时要注意对方发球特点来布阵。

1.5人接发球

除1名二传在网前站立或后排插上外，其余5名队员均担负起一传任务，通常为一三一或三三站位。这种方式便于队员分布，但二传插上距离较远或者进攻变化较少。

2. 4 人接发球

二传和上快球队员站在网前不接发球，后场 4 人一字或弧线站立。这种方式便于二传传球和进攻跑动，但容易造成空心，对接发球判断和移动要求高。一般用来针对发球较差对手采用。

（二）防守阵型

1. 不拦网的防守阵型

在没有拦网必要时，二传在网前，既可接网前球，又可以组织进攻，前排队员后撤，准备防守和进攻。

2. 单人拦网防守阵型

该阵型用于对方进攻力量较弱、扣球以中线为主、吊球较多的情况。单人拦网应以中线为主，阻止球吊入中场，前排不拦网队员后撤防前区。

3. 接拦回球的保护阵型

拦回球的保护，一般应掌握在后排留一个人准备接反弹较远的球，其他队员尽量多参加前排保护。在只有一点进攻时，应采用 4 人保护。在有战术变化时，进攻队员跑动或跳起后，如未扣球应争取保护，但二传和后排队员应尽量组成 2 ~ 3 人的保护阵型。

第四节　排球比赛规则简介

一、排球得失分简介

排球比赛开始，每队上场 6 人，站两排（每排 3 人）。从左到右，前排为 4、3、2 号位，后排为 5、6、1 号位。每次均由轮转到 1 号位的队员发球。在发球击球时，双方队员都必须按规定位置站好，前后排和左右侧都不能站错，否则将被判失发球权或对方得 1 分（球发出后其位置不受此限制）。由后排右边的队员在发球区内发球进入比赛。然后每队可触球 3 次（接网触球不计算在内）。如果球落地，触墙、触天花板、触其他场外任何物体或某一队员犯规，则成死球，造成死球的一方失球。

排球比赛采用每球得分制，即任何一队只要赢球就得分。每队赢 25 分并同时超过对方 2 分时才胜一局。正式比赛采用 5 局 3 胜制。前 4 局打成 2 比 2 平局时，第 5 局为决胜局。在决胜局比赛中，是 15 分制，任一队赢 15 分并同时超过对方 2 分时即赢得了整场比赛。决胜局中不论是哪一队发球，胜一球即得 1 分，一队先得 8 分后，两队交换场区，按原位置顺序，继续比赛到结束。

规则规定 1 个队最多有 12 名队员（队长在内）。比赛成死球时，教练员和场上队长可向裁判员请求暂停换人。每队在一局比赛中，可要求两次暂停。队员站在发球区里，在裁判员鸣哨后5秒钟内将球击出。球必须抛出明显离手。如触及发球队场上队员、球网、标志杆、其他障碍物或从网区以外越过，或发球不过网均为发球失误。当球在运动员身体任何部分停留时间较长，或未将球清晰地击出，或捞球、捧球、推球和携带球时，均判"持球"。如果1个队员连续触球多于1次（拦网除外），则判为连击。队员的脚过中线触及对方场区地面即判过中线犯规。后排队员在进攻线前或踏在进攻线上，将高于球网上沿的球直接击入对方场内，以及后排队员参加拦网，均为"后排犯规"。

二、排球比赛中的几种主要犯规

1.发球犯规：发球次序错误；发球队员在击球时或击球起跳时，踏及场区（包括端线）或发球区以外地面；发球队员在第一裁判员鸣哨允许发球后8秒钟内未将球击出；球未被抛起或持球手未清楚撤离就击球；双手击球或单手将球抛出、推出；将球抛起准备发球却未击球；球发出后触及发球队其他队员；界外球；球越过发球掩护的个人或集体。

2.位置错误是指当发球队员击球时，如果场上队员不在其正确位置上，则构成位置错误犯规。

3.击球时的犯规：排球比赛中，运动员身体任何部分均可触球，但一名队员（拦网队员除外）连续击球两次则为连击犯规；如果将球接住或抛出为持球犯规；一个队连续触球四次（拦网除外）为四次击球犯规；队员在比赛场地内借助同伴或任何物体的支持进行击球，皆为借助击球犯规。

4.队员在球网附近的犯规包括过网击球、过中线和触及球网上沿7厘米部分。

5.网下穿越：队员除脚以外任何部分只要不影响对方都可以进入对方场区，否则犯规。

6.拦网犯规：队员不得过网拦网，后排队员或者自由防守队员不得参与拦网；不得拦对方发过来的球，否则犯规。

气排球运动

？ 思考题

1.简述排球运动的起源与发展。

2.简述排球运动的基本技术。

3.简述排球比赛中常见的几种犯规形式。

4.简述气排球队员上场位置。

第十章

乒乓球运动

第一节 乒乓球运动概述

乒乓球运动起源于英国，由网球运动派生而来。19世纪后期，英国一些大学生在室内以桌为台，书为网，酒瓶软木塞为球，在桌上推来挡去，形成"桌上网球"游戏。1890年左右，英格兰著名越野跑运动员吉布从美国带回空心赛璐珞球，代替软木塞。因赛璐珞球击在木板拍上发出乒乓声响，故称"乒乓球"。1891年，英国的巴克斯特申请乒乓球商业专利。1904年，上海一家文具店的老板王道平，从日本买回10套乒乓球器材，把乒乓球引入了中国。

目前，世界乒乓球重大赛事有世界乒乓球锦标赛、世界杯乒乓球赛（埃文斯杯赛）、奥运会乒乓球赛、世界明星巡回赛。除此之外，在亚洲范围内还有亚洲运动会乒乓球赛、亚洲乒乓球锦标赛。国内赛事主要是全国运动会乒乓球赛，它代表了我国乒乓球最高水平的角逐。

根据乒乓球运动的发展规律可以预见，各种打法还会进行不断充实和完善，技术将更加精益求精，运动员们会在积极主动、加快速度、加强旋转和加大力量方面下功夫，也会出现一些新的技术和新的打法。技术打法向快速方向发展是总趋势中的一个重要方面，要求速度和旋转互相渗透，更好地结合；弧圈球技术和反弧圈球技术将在相互牵制、相互斗争的矛盾中发展提高；力争主动，先发制人，争取前三板发挥出个人技术特长，是各种类型打法发展的另一个趋势。削攻打法在比赛中增多进攻成分，利用两面不同性能球拍搞旋转变化，伺机抢攻等，都要在"变、转、攻"上下功夫争主动；推攻和两面攻打法的运动员，除加快进攻速度外，还要进一步提高反手攻球的威力，力争更加全面地掌握技术。

总括起来，世界乒乓球技术将朝着"更加积极主动，特长突出，技术全面，战术变化多样"的方向发展。世界男队的打法是在技术全面的基础上，把速度和旋转结合得更好，向着更快、更新、更猛的方向发展。

第二节 乒乓球基本技术

一、握拍方法

握拍方法有两种：一种是直握球拍，另一种是横球拍握。

（一）直握球拍法

直拍握法击球出手快，手腕灵活，发球变化多，台内球容易处理，利于以速度和球路变化取得主动；但反手攻球时受身体所限不易发力，防守时照顾面积较小。

用拇指和食指握住球拍拍柄与拍面的结合部位。拍前，以食指第二指关节和拇指第一指关节扣拍；拍后，三指弯曲贴于拍的 1/3 上端。这种握法简称中钳式（图 10-2-1）。

图 10-2-1

（二）横握球拍法

横拍握法照顾范围大，击球时便于发力，利于攻削结合；但手腕不太灵活，摆速较慢，台内球较难处理。

虎口贴拍，拇指在球拍的正面，食指自然伸直放于球拍的反手面，其他三手指自然地握住拍柄，这种握法又称为"八"字式。正手攻球时，食指稍向上移动；反手攻球时，拇指稍向上移动（图 10-2-2）。

图 10-2-2

二、身体姿势和站位

（一）身体姿势

特点：动作自然、协调、放松，重心较低并稳定。

动作方法：两脚开立，稍宽于肩，前脚掌着地，脚跟稍提起，两膝微屈，上体略前倾，重心在两脚中间；下颌略内收，两眼注视来球；两臂自然弯曲置于身体略前两侧，执拍手手腕适当放松（图10-2-3）。

图 10-2-3

（二）站　位

特点：不同技术打法有不同站位方法。但总体动作要协调，位置要合理。

动作方法：

1. 快攻打法和弧圈球打法基本站在近台中间偏左处。
2. 两面攻打法基本站在近台中间。
3. 攻削结合打法基本站在中远台中间。

三、基本步法

在基本技术中，没有灵活的步法，就不可能及时抢占击球位置，有效地还击来球。步法的训练必须与技术训练紧密结合。

（一）单　步

特点：动作简单，在来球离身体较近时用。

动作方法：以一脚为轴，另一只脚向前后、左右不同方向移动，身体重心也随之落到移动脚上（图10-2-4）。

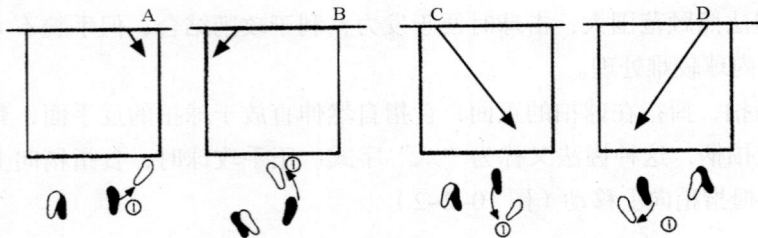

图 10-2-4

（二）跨　步

特点：移动幅度大（常会因此降低身体重心，不易连续使用），移动速度快。跨步多在借力击球和来球离身体较远时运用。

动作方法：以一脚蹬地，另一脚向左右的来球方向跨出一大步，身体重心随即移至该脚上，另一脚迅速跟上（图10-2-5）。

（三）并 步

特点：一般在来球速度不算太快时使用，如削球的左右移动、快攻和弧圈球打法在攻削球时做小范围移动时，也常运用它。

动作方法：移动时，先以与来球异方向的脚向另一脚并一步，与来球同方向的脚再向来球的方向迈一步迎击来球。由于并步移动范围大，有利于保持重心稳定（图10-2-6）。

（四）跳 步

特点：移动动作灵活，便于选择位置，适合来球离身体较远时使用。

动作方法：来球异方向的脚先蹬地，两脚几乎同时离地向左或向右移动，先离地的脚先落地，另一脚再跟着落地、跳步，若来球落点较远或较近，其移动方向可偏后或偏前（图10-2-7）。

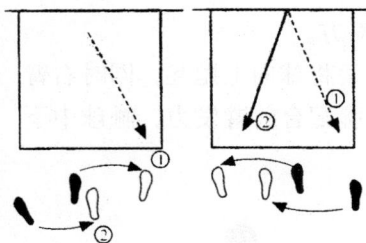
图 10-2-5

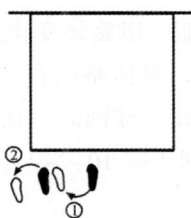
图 10-2-6

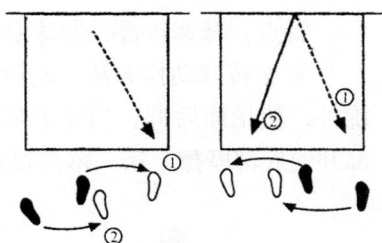
图 10-2-7

四、发球技术

乒乓球比赛，每一分球的开始就是发球。发球可在不受对方任何影响的情况下进行，易于取得比赛的主动权。

发球的作用：造成对方接发球失误而直接得分，使对方接发球出机会球，进行抢攻或抢位；通过发球实现自己的战术意图，最低要求能压制对方接发球抢攻或抢位。

（一）正反手平击发球

特点：不带旋转；是初学者最基本的发球方法。

动作方法：左脚稍前，身体略向右转，左手掌心托球，置于身体右前方；将球向上抛起，当球下降到稍高于球网时击球中上部，向左前方发力，第一落点在球台中央（图10-2-8）。

正手平击
发球

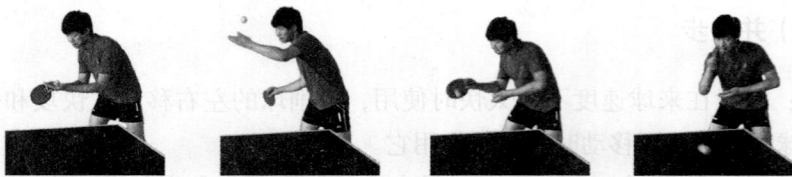

图 10-2-8

（二）正手发右侧上旋急球（奔球）

特点：球速快，冲力大，落点远。

动作方法：左脚稍前，身体略向右转，左手将球向上抛起，同时右臂内旋，使拍面稍前倾；当球下降到近于网高时，擦击球的右侧部，手腕向左上方发力，第一落点接近端线。

（三）正手发下旋加转球与不转球

特点：球速较慢，发球手法近似，以旋转变化迷惑对方。

发加转球动作方法：左脚稍前，身体略向右转，左手将球向上抛起，同时右臂旋外，使拍面后仰；当球下降至稍高于球网时，快屈手腕配合前臂发力，触球中下部并向底部摩擦。第一落点接近球网（图 10-2-9）。

图 10-2-9

发不转球动作方法：发不转球的动作方法与发加转球方法大致相同，主要区别是手臂外旋幅度小，减少拍面后仰角度，击球中部或中下部，减少向下摩擦球的力量，稍加向前推送的力量，使其作用力接近球心。

（四）正手发左侧上、下旋球

特点：两种发球手法近似，以旋转变化迷惑对方。

动作方法：站位左半台，左脚稍前，身体略向右转，左手将球向上抛起；当球下降至接近网高时，前臂加速向左前方挥摆。若发左侧下旋球，触球时向左侧上方摩擦；若发左侧下旋球，触球时向左侧下方摩擦。

（五）反手发右侧上、下旋球

特点：两种发球手法近似，以旋转变化迷惑对方。

动作方法：站位左半台，右脚稍前，身体略向左转；左手掌心托球置于身体

正手发左侧
下旋球

左前方，将球向上抛起；当球下降至接近球网高时，前臂加速向前方挥摆。若发右侧上旋球，触球时向右侧上方摩擦；若发右侧下旋球，触球时向右侧下方摩擦（图10-2-10）。

图10-2-10

（六）反手发轻球（短球）

特点：力量轻，落点近网。

动作方法：发球时，左手将球轻轻上抛，右手将球拍位置向后上方略提高。当球下降时，前臂迅速向前下方迎球。球拍将触球时，前臂突然内旋，不再往前发力，使球拍后仰，顺着前臂往前的余力，在球约与网同高时，摩擦球的中下部。轻球的第一落点在本方球台中段，第二落点在对方近网处。

五、接发球

接发球技术通常由点、拨、带、拉、攻、推、搓、削等各种技术综合组成。

（一）接急球

发过来的球速快，带上旋。左方急球一般用反手推挡回接，右方急球一般用正手快攻借力回接。如果用反手攻或弧圈球，削球回击，则必须移步后退，等来球力量减弱时回接。

（二）接下旋球

发过来的球速度较慢，触拍后向下反弹。用搓球回接时，注意拍面后仰，增加向前发力。用快攻或弧圈球回接时，一定要增加向上提拉的力量。

（三）接侧上旋球

这种发球是侧旋与上旋相结合的旋转球。一般采用推、攻回接为主，击球时拍面要稍前倾，并朝左方或右方偏斜，以抵消来球的上旋力和侧旋力。用弧圈球回接时，要加大拍面前倾角度，多向前发力，少向上提拉。

（四）接侧下旋球

这种发球是侧旋与下旋相结合的旋转球。一般采用搓、削回接为主。回接时，拍面要稍后仰，并朝左方或右方偏斜，以抵消来球的下旋力和侧旋力。用推、攻回接，除注意拍面角度外，还要加大向上摩擦球的力量；用弧圈球回接时，拍面不要过于前倾，要多向上提拉，少向前发力。

（五）接短球

由于对方发的是近网短球，回击时要注意及时上前，以取得最合适的击球位置，同时要控制好身体的前冲力。接发球后，要迅速还原准备下一板击球。回接短球时，受台面阻碍而影响引拍，这时要靠前臂和手腕发力为主，根据来球的旋转性能，注意调节拍面角度、击球部位、击球时间和用力方向。

六、攻球技术

攻球力量大，速度快，攻击性强，是争取主动、克敌制胜的重要手段。

（一）正手攻球

1. 正手近台攻球

特点：站位近，动作小，速度快，可为扣杀创造条件。

动作方法：左脚稍前，身体离球台40厘米左右。击球前，持拍手臂要右前伸迎球，前臂自然放松，球拍呈半横状。当球从台面弹起时，前臂和手腕向前上方挥动，并配合内旋转腕的动作，使拍形前倾，在上升期击球中上部。拍触球刹那，拇指压迫，同时加快手腕内旋速度，使拍面沿球体作弧形挥动。击球后，挥拍至头部高度（图10-2-11）。

横拍击球时，手臂要自然弯屈，手腕与前臂近乎成直线并约与地面平行，前臂和手腕稍向前上方用力。击球时间、部位和拍形与直拍基本相同（图10-2-12）。

图 10-2-11

图 10-2-12

正手攻球

2. 正手中远台攻球

特点：站位远，动作大，力量重，主动发力击球，并在来球前进力减弱时回击。

动作方法：左脚稍前，身体离球台 1 米左右。击球前，持拍手臂向右后方引拍，球拍呈半横状，拍形稍后仰。击球时，手臂由后向前挥动。球拍触球前，前臂在上臂带动下向前上方用力，手腕边挥边转使拍形逐渐前倾；在球下降前期，击球中部并向上摩擦，上臂带动前臂继续向左前上方挥动，腰髋转动配合发力，同时上体左转，重心移至左脚（图 10-2-13）。

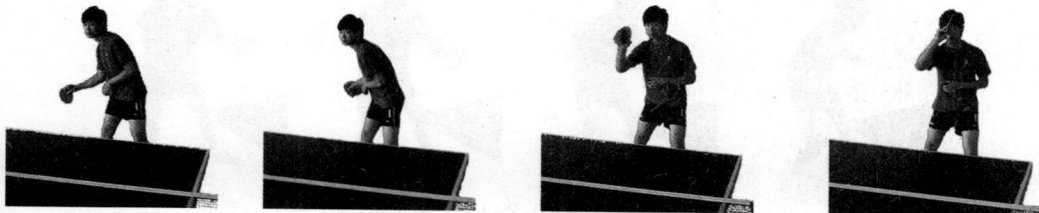

图 10-2-13

横拍正手攻球时，手臂向后引拍，手腕稍下沉，球拍成横状，然后手臂向前上方用力。击球时间、部位和拍形与直拍基本相同。

3. 杀高球

特点：动作大，力量重，是还击高球的有效进攻技术。

动作方法：左脚在前，身体离台略远，手臂内旋使拍面前倾，向身体右后方引拍，增大球拍与来球的距离；当来球下降至头肩高度时，右脚蹬地腰髋向左转动。击球中上部，整个手臂加速向左前下方挥动，腰髋配合发力。

（二）推挡球

推挡是中国直拍快攻打法的基本技术之一，具有站位近、动作小、速度快等特点。

1. 挡　球

特点：球速慢，力量轻，动作简单容易掌握，是初学者的入门技术。

动作方法：两脚平行站立，身体离球台约 50 厘米。击球前，前臂与台面平行伸向来球。拍触球时，前臂和手腕稍向前移动，主要是借助对方来球的反弹力将球挡回。在上升期，击球的中部，拍形与台面接近垂直。击球后，迅速收回球拍，还原成击球前的准备姿势（图 10-2-14）。

推挡球

图 10-2-14

2. 直拍快推

特点：借力还击，回球速度快，力量较轻。

动作方法：右脚稍前或两脚平行，自然开立，身体离球台约50厘米。持拍手上臂和肘关节内收，前臂略向外旋。击球时，前臂开始向前推击，同时手腕外旋。食指压拍，拇指放松使拍形前倾。在上升期，击球中上部，将球快推回去。击球后，手臂继续前送，手腕配合外旋使球拍下压（图10-2-15）。

图 10-2-15

3. 加力推

特点：回球力量重，球速快，击球点较高。

动作方法：右脚稍前，身体离球台约50厘米。手臂自然弯屈并作外旋，使拍面角度稍前倾，前臂提起。当来球跳至上升后期或高点期，击球中上部，上臂、前臂、手腕加速向前下方推压，击球后迅速还原成击球前准备姿势。

4. 横拍快拨

特点：回球速度快，落点远，力量大，击球点较低。

动作方法：两脚平行开立或左脚稍前，正对来球方向，身体离球台约40厘米。前臂回收，手腕略下垂，肘关节略抬起，将球拍引至腹部。当球从台面反弹时，前臂带动手腕向前方挥动，在球上升期击球的中上部位，以击打为主结合摩擦球。击球后迅速还原成击球前准备姿势（图10-2-16）。

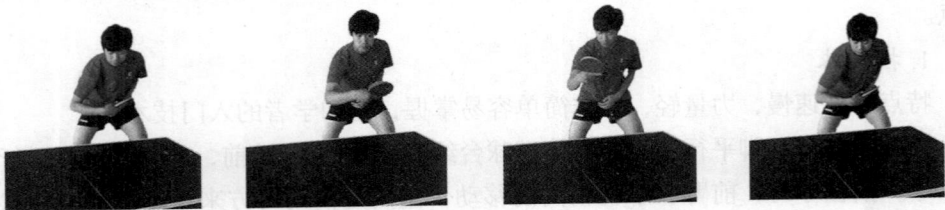

图 10-2-16

七、搓球技术

搓球是近台还击下旋球的一种基本技术。比赛中用该技术不给对方攻球机会及为自己攻球和弧圈球创造条件，形成搓攻战术。搓球还可用于接发球，必要时用它作为过渡。

搓球技术

（一）反手快搓

特点：动作幅度较小，速度较快，旋转强度一般，借助对方来球冲力进行回击。

动作方法：右脚稍前，身体离球台约50厘米，手臂身然弯曲，拍面稍后仰，前臂向左上方提起，在来球上升期时击球的中下部，前臂手腕向右前平方用力（图10-2-17）。

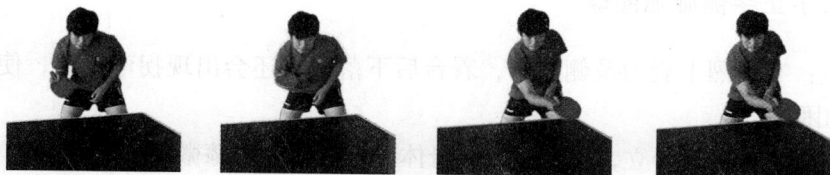

图 10-2-17

（二）反手慢搓

特点：动作幅度较大，回球速度稍慢，旋转变化较多。

动作方法：右脚稍前，身体离球台约50厘米，持拍手臂向左上引拍。击球时，前臂和手腕向前下方用力，拍形后仰，在球下降后期击球的中下部。击球后，前臂随势前送。

横拍搓球时，拍形略竖一些，击球后前臂向右下方挥摆。击球时间、部位和拍形，与直拍基本相同（图10-2-18）。

图 10-2-18

八、弧圈球技术

弧圈球是一种上旋力很强的进攻技术。它能产生适宜的弧线，比攻球有更多的发力击球时机。

（一）正手前冲弧圈球

特点：弧线长，上旋力强，球速快，着台后前冲力大，向下滑落。

动作方法：左脚稍前，根据来球选择站位远近，手臂内旋，使拍面前倾角度大些，腰髋右转，手臂接近伸直，将球拍引至身体右后下方。在来球高点期或下降前期，摩擦击球中上部，上臂带动前臂向前上方挥动，同时手腕伸展配合发力（图10-2-19）。

图 10-2-19

（二）正手侧旋弧圈球

特点：有强烈上旋力及侧旋力，着台后下落快，还会出现拐弯现象，使对方增加回击的困难。

动作方法：两脚开立，右脚稍后，身体略向右转，两膝微屈，重心放在右脚上。击球时，拍面成半横立状并略向右侧，上臂带动前臂和手腕，结合腰部向左转动的力量，在球下降期用拍摩擦球的右中部或右中上部，使球带有强烈右侧上旋。击球后，重心移至左脚。

九、削球技术

削球是一种积极性的防御技术。它以旋转、落点的变化制约和控制对方。

（一）中远台正手削球

特点：站位离球台比较远，击球时间晚，击球前有充分的动作准备时间，控制球的稳定性相对较好。

动作方法：左脚稍前，双膝微屈。向后上引拍至右肩上方并横立，身体向后转动。挥拍击球时，球拍向前下方挥动，在身体腰侧方摩擦下降前期球的中下部。触球时要用腰臂一同发力，身体重心同时向前下移动。击球完后，球拍向前送出并还原（图 10-2-20）。

图 10-2-20

（二）中远台反手削球

特点：站位离球台较远，击球时间晚，有充分的击球准备时间，控制球的稳定性相对比较好。

动作方法：选择好站位，右脚稍前，双膝微屈。向后上引拍至左肩上方并横立，身体向左后转动。挥拍击球时，球拍向右前下方挥动，在身体腰左侧方摩擦下降前期球的中下部。触球时要用腰臂一同发力，身体重心同时向前下移动，击球完后，球拍向前送出并还原（图10-2-21）。

图10-2-21

第三节　乒乓球基本战术

一、快攻型打法的基本战术

（一）发球抢攻

1. 反手发右侧上、下旋球，发至对方中路靠右近网处，伺机攻对方左方。

2. 发追身急球（球速越快越好），使对方不能发挥其正反手攻球的威力，然后侧身进攻对方中路或两角。这种战术对付两面攻比较有效。

3. 发急下旋长球至对方左角，配合近网短球，然后侧身抢攻，主要是针对对方弱点进行攻击。这种战术对付弧圈和快攻较为有效。

4. 正手中高抛球发左（右）侧上、下旋至对方左角（角度越大越好），配合发右方急球进行抢攻。这种战术对付善于采用搓球接发球的选手最为有效。

（二）推挡侧身抢攻

1. 在对推中，以力量、速度、落点控制对方，伺机侧身抢攻。

2. 在对推中，用反手攻球作配合寻找机会，伺机侧身抢攻。

3. 在对推中突然加力推或推下旋球，迫使对方回球较高，然后立即侧身抢攻。

4. 如推挡技术强于对方，可推压对方反手，伺机侧身抢攻。

（三）推挡变线

1. 先用推挡连压对方左角取得主动时，突然变推直线袭击其右角空当。

2. 遇连续打侧身抢攻的选手，以推变直线来加以牵制。

3. 当对方用反手进攻或侧身进攻时，用变直线来反击其空当。

4. 变线前，要用加力推压住对手，或者推出大角度球，使对方身体向左移动或采用侧身时突然变线。切忌乱变，否则容易被对方反击。

（四）左推右攻

1. 当推挡略占上风时，或在侧身抢攻获得成功后，对方往往会主动变线到正手，此时采用有力的正手攻球回击对方。

2. 主动推变直线，引诱对手回斜线，用正手攻击直线，反袭对方空当。

3. 有时可佯作侧身，诱使对方变线，给自己创造正手回击的机会。

二、弧圈球型打法的基本战术

（一）发球抢位

1. 正手（或侧身）发强烈下旋球至对方左侧近网短球，迫使对方以搓回击，然后拉加转弧圈球至对方反手或中路。

2. 反手发右侧上、下旋球至对方中路或偏右及偏左的地方，然后拉前冲弧圈球至对方两大角。

3. 反手发急下旋球至对方中路偏右或左方大角，当对方以搓球回击时，拉前冲弧圈至对方正手。

4. 对削球手一般用速度快、落点长的球，使对方退守，然后根据对方的站位和适应弧圈球的能力，决定用哪种弧圈球攻击对方。

（二）接发球抢拉

对方发侧上旋球和不太转的球时，用前冲弧圈球回击，对方发侧下旋或强烈下旋球时，用加转弧圈球回击。

（三）搓中拉弧圈球

1. 在对搓中看准时机，主动抢拉弧圈球。

2. 在对搓短球时，突然加力搓左角长球，然后侧身主动抢拉加转弧圈球。

3. 多搓对方正手，使其不能逼左大角，伺机抢拉弧圈球至对方反手或中路，再冲两角。

（四）弧圈球结合扣杀

1. 拉加转弧圈球结合扣杀。

2. 拉前冲弧圈球迫使对方远台回击，然后放短球，再扣杀。

3. 拉加转弧圈球与不转弧圈球相结合，伺机扣杀。

第四节 乒乓球比赛规则简介

一、器材与场地

1. 球台：长 2.74 米，宽 1.525 米，高 0.76 米。
2. 球网：包括球网、悬网绳、网柱和夹钳部分，球网高 15.25 厘米。
3. 球：直径不小于 40 毫米，重约 2.7 克，颜色为白色或橙色，无光泽。
4. 球拍：大小、形状和重量不限。但底板应由 85% 的天然木料制成。球拍两面无论是否有覆盖物，必须无光泽，且一面为鲜红色，另一面为黑色。用来击球的拍面应用一层颗粒向外的普通颗粒胶覆盖，连同黏合剂，厚度不超过 2 毫米；或用颗粒向内或向外的海绵胶覆盖，连同黏合剂，厚度不超过 4 毫米。
5. 比赛场地：为 0.75 米高的挡板围成。赛区空间应不少于 14 米长、7 米宽、5 米高。

二、合法发球与合法还击

（一）合法发球

① 发球开始时，球自然地放置于不执拍手的手掌上，手掌张开，保持静止。② 发球员须用手将球几乎垂直地向上抛起，不得使球旋转，并使球在离开不执拍手的手掌之后上升不少于 16 厘米的距离，球下降至被击出前不能碰到任何物体。③ 当球从抛起的最高点下降时，发球员方可击球，使球首先触及本方台区，然后越过或绕过球网装置，再触及接发球员的台区。在双打中，球应先后触及发球员和接发球员的右半区。④ 从发球开始到球被击出，球要始终在台面的水平面以上和发球员的端线以外，而且不能被发球员和其双打同伴的身体或衣服的任何部分挡住。⑤ 运动员发球时，应让裁判员或副裁判员看清他是否按照合法发球的规定发球。⑥ 运动员因身体伤病而不能严格遵守合法发球的某些规定时，可由裁判员做出决定免于执行。

（二）合法还击

对方发球或还击后，本方运动员必须击球，使球直接越过或绕过球网装置，或触及球网装置后，再触及对方台区。

三、胜负判定

1. 除被判重发球的回合，下列情况运动员可得 1 分：① 对方运动员未能合法发球；② 对方运动员未能合法还击；③ 运动员在合法发球或合法还击后，对方运动员在击球前，球触及了除球网装置以外的任何东西；④ 对方击球后，该球没有触及本方台区而越过本方端线；⑤ 对方阻挡；⑥ 对方连击；⑦ 对方用不符合规定的拍面击球；⑧ 对方运动员或其穿戴的任何东西使球台移动；⑨ 对方运动员或他穿戴的任何东西触及球网装置；⑩ 对方运动员不执拍手触及比赛台面；双打时，对方运动员击球次序错误；执行轮换发球法时，接发球方连续还击 13 板，将判接发球方得 1 分。

2. 一局比赛：在一局比赛中，先得 11 分的一方为胜方，10 平后，先多得 2 分的一方为胜方。

3. 一场比赛：① 一场比赛应采用单数局，如 3 局 2 胜制、5 局 3 胜制、7 局 4 胜制等；② 一场比赛应连续进行，除非是经许可的间歇。

四、比赛次序和方位

1. 在单打中，首先由发球员合法发球，再由接发球员合法还击，然后两者交替合法还击；双打中，首先由发球员合法发球，再由接发球员合法还击，然后由发球员的同伴合法还击，再由接发球员的同伴合法还击，此后运动员按此次序轮流合法还击。

2. 在每获得 2 分后，接发球方变为发球方，依此类推，直到该局比赛结束，或直至双方比分为 10 平，或采用轮换发球法时，发球和接发球次序不变，但每人只轮发 1 分球。

3. 在双打中，每次换发球时，前面的接发球员应成为发球员，前面的发球员的同伴应成为接发球员。

4. 在一局比赛中首先发球的一方，在该场比赛的下一局中应首先接发球，在双打比赛的决胜局中，当一方先得 5 分后，接发球一方必须交换接发球次序。

5. 一局中，在某一方位比赛的一方，在该场比赛的下一局应换到另一方位。在决胜局中，一方先得 5 分时，双方应交换方位。

五、重发球

1. 回合出现下列情况应判重发球：① 如果发球员发出的球，在越过或绕过球网装置时，触及球网装置，此后成为合法发球、被接发球员或其同伴阻挡；② 如果接发球员或接发球方未准备好时，球已发出，而且接发球员或接发球方没有企图击球；

③ 由于发生了运动员无法控制的干扰，而使运动员未能合法发球、合法还击或遵守规则；④ 裁判员或副裁判员暂停比赛。

2. 裁判员或副裁判员可以在下列情况下暂停比赛：① 由于要纠正发球、接发球次序或方位错误；② 由于要实行轮换发球法；③ 由于警告或处罚运动员；④ 由于比赛环境受到干扰，以致该回合结果有可能受到影响。

乒乓球技术
测评

思考题

1. 简述乒乓球运动的基本技术。
2. 简述乒乓球运动的技评标准。

第十一章

羽毛球运动

第一节 羽毛球运动概述

一、羽毛球运动的起源与发展

羽毛球运动的雏形出现在 19 世纪中叶。当时印度有一种类似羽毛球的游戏开展得十分普遍。它用圆形硬纸板或以绒线编织成球形插上羽毛，练习者手持木拍，将球在空中轮流击出。这项活动在英国驻印度军队里开展得尤为活跃。现代羽毛球运动起源于 1873 年。1873 年在英国伯明顿镇，有一位鲍费特公爵在他的庄园里组织了一次游艺活动，由于天公不作美，户外活动只能改在室内进行。应邀来宾中有好几位是英国驻印度的退役军人，他们建议进行"浦那"游戏。当时室内场地呈葫芦状，他们在场地中间拉了一根绳子代替球网，每局比赛只能有两人参加，有一定的分数限制，大家打得非常热闹。于是，羽毛球作为一种高雅的娱乐性活动迅速传遍英国。为了纪念此项运动的诞生地，伯明顿（Badminton）骄傲地成为羽毛球的英文名字而流传于世。

1875 年，世界上第一部羽毛球比赛规则出现于印度的普那。1893 年，世界上最早的羽毛球协会——英国羽毛球协会成立，并于 1899 年举办了全英羽毛球锦标赛。1934 年，加拿大、丹麦、英国、法国、爱尔兰、荷兰、新西兰、苏格兰和威士等国发起了国际羽毛球联合会，总部设在伦敦。从此，羽毛球国际比赛日渐增多。1978 年 2 月，世界羽毛球联合会于香港成立。1981 年 5 月，国际羽毛球联合会和世界羽毛球联合会正式合并。

二、羽毛球运动的锻炼价值

羽毛球运动是一项为广大群众喜爱的体育运动项目，它具有球小、速度快、变化

多，运动器材设备比较简单，在室内外都可以进行等特点。羽毛球运动量可大可小，不同年龄、性别和身体条件的人都可以参加。因此，这项运动易于开展和普及。经常参加羽毛球运动不仅可以发展人的灵敏性和协调性，提高动作的速度和上下肢活动的能力，改善心血管系统机能，而且有助于培养人的勇敢顽强、机智果断等品质。

第二节 羽毛球基本技术

一、握拍方法

（一）正手握拍法（图 11-2-1）

图 11-2-1

正手握拍法

【动作方法】正确的握拍方式与握手姿势非常相似。虎口对着拍柄内侧的小棱边，拇指和食指贴在拍柄的两个宽面上，中指、无名指和小指并拢握住拍柄，掌心不要紧贴，拍柄末端与小鱼际肌相平，拍面与地面基本垂直。

【易犯错误】（1）拇指紧贴在拍柄的内侧宽面上。（2）握拍太靠上，不利于高球、杀球等技术动作的发力。（3）"苍蝇拍式"握拍，即握拍像拿苍蝇拍。

（二）反手握拍法（图 11-2-2）

图 11-2-2

反手握拍法

【动作方法】在正手握拍的基础上，拇指和食指将拍柄稍向外转，食指稍向中指收拢，拇指第二指节顶贴在拍柄内侧的宽面上，中指、无名指和小指并拢握住拍柄，柄端靠紧小指根部，使手心留有空隙。

【易犯错误】（1）拇指用力顶在拍柄的内侧宽面上。（2）拇指贴在拍柄的内侧斜棱上。（3）整个拇指都紧贴拍柄。（4）食指紧张僵直。

【握拍技术练习方法】

（1）跟随教师讲解，学习握拍。

（2）原地握拍练习，正反手握拍自由转换。

（3）根据不同情况，练习正手或反手握拍。

二、发球与接发球技术

（一）发球技术

1. 正手发高远球（图 11-2-3）

【动作方法】高远球站位应靠近中线一侧，离前发球线约 1 米的位置处。左脚在前，右脚在后，身体稍侧对网，两脚与肩同宽，身体重心放在右脚上。发球时，右臂后引，由上而下向右前方挥拍，同时左手放球。挥拍过程中，重心由右脚转到左脚。当球拍挥至右侧稍前下方时（击球点），右前臂加速，握紧球拍，手腕由后伸经前臂稍内旋到屈收，急速向前上方闪动击球。击球后，球拍随势向左上方减速收回至胸前。

【技术重难点】球的落点要接近底线（界内），飞行弧度要高。

正手发
高远球

图 11-2-3

2. 正手发网前球（图 11-2-4）

【动作方法】发网前球的基本动作与发高远球相仿，但站位稍靠前。由于网前发球飞行距离短、弧线低、用力轻，前臂挥动的幅度和手腕后伸的程度要比发高球小；球拍触球时，拍面从右向左推送击球，使球刚好越网而过，落在对方前发球线附近。

【技术重难点】手腕发力击球力量的控制，球要擦网而过并落在前发球区。

图 11-2-4

3. 反手发网前球（图 11-2-5）

【动作方法】站位靠近前发球线，左脚或右脚在前均可，身体重心在前脚，上体前倾，后脚跟提起。右手反握在拍柄稍前部位，肘关节提起，手腕稍前屈，球拍置

反手发
网前球

于低于腰部和肘关节的位置，斜放在小腹前；左手持球在球拍面前方。发球时，球拍由后向前推送击球，使球的最高弧线略高于网顶，球过网而下落在对方前发球线附近。

【技术重难点】小臂的摆动和手腕的闪动击球，球要擦网而过并落在前发球线附近。

【发球技术练习方法】

（1）徒手做发球前的准备姿势，模仿发球的动作练习。

（2）在场上两人对练发球或在空地上用多球做发球练习。

（3）先练习发直线球，后练习斜线球；先练发定点球，后练发不定点球。

（4）综合练习各种发球方式。

图 11-2-5

（二）接发球技术

1. 单打站位（图 11-2-6）

【站位方法】通常单打站位是在离前发球线约 1.5 米、靠近中线的位置。左脚在前，右脚在后，双膝微屈，身体重心放在前脚上。后脚跟稍抬起，身体半侧向球网，球拍举在身前，两眼注视对方。

2. 双打站位（图 11-2-7）

【站位方法】由于双打发球区较单打发球区短，发高远球易出界和被对方扣杀。所以，双打发球多以发网前球为主，接发球时应站在靠近前发球线的地方。双打接发球的准备姿势同单打基本相同，略有区别之处是身体前倾较大，球拍高举，当球在网上的最高点时击球。

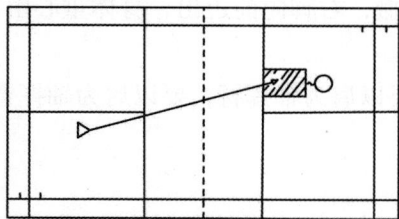

图 11-2-6

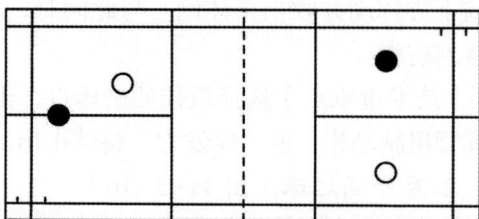

图 11-2-7

3. 接发各种球（图 11-2-8）

【接发各种球方法】对方发来高远球或平高球时，可用平高球、吊球或杀球还击。一般来说，接发高远球是一次进攻的机会，还击得好，就掌握了主动。一些初学者常因后场技术没掌握好，还击的质量较差，以致遭到对方的攻击。

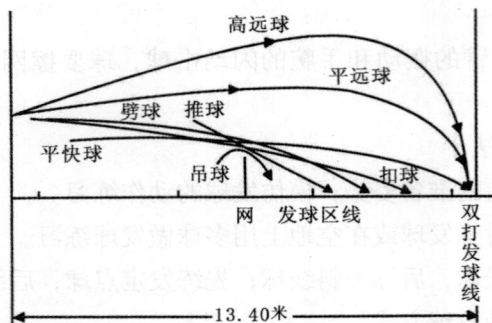

图 11-2-8

【接发球技术练习方法】

（1）开始练习接发球时，最好采用固定的一种基本技术去接对方的单一发球。

（2）练习接球时应在对方球拍触球的瞬间观察球的飞行方向以提高判断能力。

（3）在上述基础上，进一步研究如何控制回球落点，以避免在接球后给对方较多的攻击机会。

三、击球技术

（一）高远球

1. 正手高远球（图 11-2-9）

【动作方法】首先判断来球方向和落点，侧身后退使球在自己右肩稍前上方的位置，左肩对网，左脚在前，右脚在后，重心在右脚上左臂屈肘，左手自然高举，右手持拍，大小臂自然弯曲，将球拍举在右肩上方，两眼注视来球。击球时，由准备动作开始，大臂后引，随之肘关节上提明显高于肩部，将球拍后引至头后，自然伸腕（拳心朝上），然后在后脚蹬地、转体和腰腹的协调用力下，以肩为轴，大臂带动小臂快速向前上方甩动手腕，在手臂伸直的最高点击球。击球后，持拍手臂顺惯性往前下方挥动并收拍至体侧。与此同时，左脚后撤，右脚向前迈出，身体重心由后脚移到前脚。

【技术重难点】选择最佳的击球点，击球时要以肩为轴挥臂，要以肩为轴挥臂，用挥臂甩腕动作，靠"爆发力"将球击出。

2. 反手高远球（图 11-2-10）

【动作方法】首先判断准对方来球的方向和落点，迅速将身体转向左后方，步法到位后，右脚前交叉跨到左侧底线，背对网，身体重心在右脚上，使球在身体的右肩上方。击球前，由正手握拍迅速换为反手握拍，并持拍于胸前，拍面朝上。击球时，以大臂带动小臂，通过手腕的闪动、自上而下的甩臂将球击出。在最后用力

正手高远球

反手高远球

时，要注意拇指的侧压力与甩腕的配合，同时还要利用两腿的蹬地、转体等协调全身用力。

【技术重难点】转身要快，击球点要准确，正手握拍换为反手握拍要迅速，拇指的侧压力与甩腕配合要协调。

图 11-2-9

图 11-2-10

【高远球技术练习方法】

（1）徒手练习击高球的模仿动作，体会动作要领。

（2）"一点打一点"，即固定直线或斜线对打。

（3）"一点打两点"。

（二）吊　球

1. 正手吊球（图 11-2-11）

【动作方法】击球前期动作同正手击高远球，只是击球时拍面稍向内倾斜，手腕作快速切削下压动作，击球托的后部和侧后部。若吊斜线球，则球拍切削球托的右侧，并向左下方发力；若吊直线球，则拍面正对前方，向前下方切削。

【技术重难点】假动作要逼真，击球时突然减速，用力方向要控制好。

2. 反手吊球（图 11-2-12）

【动作方法】反手吊球其击球前的动作同反手击高远球，不同处也在于触球时拍面的掌握和力量运用。吊直线球时，用球拍反面切削球托的后中部，向对方右网前发力；吊斜线球时，用球拍反面切削球托的左侧，朝对方左网前发力。

图 11-2-11

图 11-2-12

正手吊球

反手吊球

【技术重难点】动作要隐蔽，甩腕闪动击球，击球后落点要准确。

【吊球技术练习方法】

（1）按动作要领进行模仿练习，体会动作要领。

（2）通过击定点球练习，体会"切击"动作，即"挑一点、吊一点"。

（3）做变方向的吊球练习，即"挑一点、吊两点"。

（三）杀球（扣杀）

1. 正手杀球（图 11-2-13）

【动作方法】其击球前的准备姿势和击球动作与正手击高远球基本一样，不同之处在于最后的用力方向朝下。身体后仰成反弓后收腹用力，靠腰腹带动胸、胸带动大臂、大臂带动前臂、前臂带动手腕，形成向下鞭打的用力，球拍正面击球托的后部，无切击，使球沿直线向前下方快速飞行。击球后立即成还原准备姿势。击球的一刹那要紧握球拍。

【技术重难点】击球时的蹬地、转体、收腹以及手臂和手腕的鞭打等动作的连贯性，最后用力的方向要朝下。

正手杀球

图 11-2-13

2. 反手杀球（图 11-2-14）

【动作方法】其准备姿势和击球动作与反手击高远球一样，只是在最后发力时，握紧拍柄快速闪腕（外旋和后伸）挥拍杀球击球托后部。击球点应尽可能高些、前些，这样便于力量的发挥。

【技术重难点】要闪腕挥拍击球，击球点要选择准确。

【杀球技术练习方法】

（1）按动作要领进行模仿挥拍练习，体会动作要领。

（2）通过向前下方用力投掷羽毛球（或垒球），体会鞭打动作。

（3）做定位扣杀练习，即"杀一点或两点"的固定练习（或用多球进行固定杀球练习），并注意准确性。

图 11-2-14

（四）放网前球

1. 正手放网前球（图 11-2-15）

【动作方法】侧身对右边网前，右脚跨前成弓箭步，重心在右脚上。右手持拍于右侧体前约与肩高，拍面右边稍高斜对网。左臂自然后伸，起平衡作用。击球前前臂稍外旋，手腕外展引拍至身体右侧前方。击球时手腕稍内收，食指和拇指控制拍面和用力大小，轻切球托把球轻送过网。击球后，在身体重心复原的同时，收拍至胸前。

【技术重难点】击球前的手臂内旋，准确控制切球的力量和回球的落点。

图 11-2-15

2. 反手放网前球（图 11-2-16）

【动作方法】侧身对左边网前，右脚跨前成弓箭步，重心在右脚上。右手反手握拍，持拍于体侧前约同肩高，拍面左边稍高斜对网，左臂自然后伸。击球前前臂稍内旋，手腕外展引拍。击球时手腕内收，拇指和食指分别贴在拍柄内、外侧的小棱边上，用拇指的推力轻托球，把球送过网。击球后，随重心复原收拍至胸前。

【技术重难点】击球前的手臂外旋，准确控制托球的力量和回球的落点。

图 11-2-16

正手放
网前球

反手放
网前球

【放网前球的练习方法】

（1）徒手挥拍模仿放网动作，体会动作要点。

（2）利用多球进行正、反手两个部位的放网练习。

（3）在本场区的中心位置进行上网放网练习。

（五）搓　球

1. 正手网前搓球（图 11-2-17）

【动作方法】正手网前搓球的准备姿势同正手放网前球。击球前，前臂外旋，手腕外展引拍至右侧。击球时在正手放网动作的基础上，加快挥拍速度，切搓球托底部或侧部，使球旋转翻滚过网。

【技术重难点】挥拍击球速度要快，击球部位要准确。

图 11-2-17

2. 反手网前搓球（图 11-2-18）

【动作方法】反手网前搓球的准备姿势同反手放网。击球前，前臂稍往上举，手腕前屈，手背约与网同高，拍面低于网顶。击球时，手腕和手指控制拍面角度，用肘关节和腕关节前伸下降及前臂稍外旋的合力，搓切球托的侧底部。另外也可在反手放网前球动作的基础上，前臂稍伸直，手腕由外展到内收，带动球拍向前切送，击球托的后底部。

【技术重难点】最佳击球点的选择，准确控制击球的力量。

【网前搓球的练习方法】

（1）徒手挥拍模仿搓球动作，体会动作要领。

（2）利用多球进行正、反手两个部位的搓球练习。

（3）一对一站在网前，做送球、搓球或对搓练习。

（4）在本场区中心位置进行不定点的上网搓球练习。

图 11-2-18

正手网前
搓球

反手网前
搓球

（六）挑　球

1. 正手网前挑球（图 11-2-19）

【动作方法】正手网前挑球准备姿势同正手放网前球。击球前，前臂充分外旋，手腕尽量后伸。击球时，从右下向右前方至左上方挥拍击球。在此基础上，若拍向右前上方挥动，挑出的是直线高球；若球拍向左前方挥动，挑出的则是对角高球。

【技术重难点】击球时的用力方向和回球落点的控制。

图 11-2-19

2. 反手网前挑球（图 11-2-20）

【动作方法】反手网前挑球的准备姿势同反手放网前球。击球前，右臂往左后拉抬后引拍。击球时，前臂充分内旋，手腕由屈至后伸闪动挥拍击球。若球拍由左下向左前上方挥动，则球向直线方向飞行；若球拍由左下向右前上方挥动，则球向对角线方向飞行。

【技术重难点】闪动挥拍击球，击球线路的选择和回球落点的控制。

【网前挑球练习方法】

（1）徒手挥拍模仿挑球动作，体会动作要领。

（2）利用多球进行正、反手挑球练习。

（3）进行固定线路的吊、挑球练习。

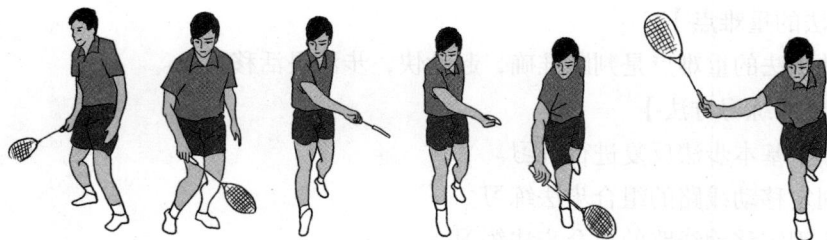

图 11-2-20

正手网前挑球

反手网前挑球

交叉步

蹬跨步

垫 步

四、基本步法

【动作方法】

1. 交叉步前进：左脚迈进距离略小，重心迅速移至左脚，用左脚掌内侧蹬起，右脚向前跨一大步。（图 11-2--21）

2. 交叉步后退：右脚后撤步略小，左脚交叉步后撤，随后右脚在后撤（重心落在右脚）。（图 11-2--22）

3. 蹬跨步：左脚用力后蹬，右脚向来球方向跨一大步。（图 11-2--23）

4. 前交叉跨步：右脚向来球方向垫步，左脚向前迈步后后蹬，右脚交叉步向来球方向跨一大步。（图 11-2--24）

5. 垫步：上网时采用的一种步法，它能在被动时调整重心迅速接应来球。（图 11-2--25）

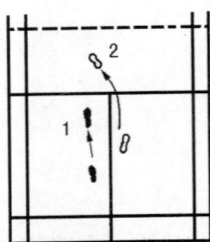

图 11-2-21　交叉步前进

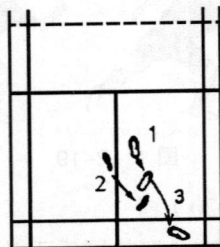

图 11-2-22　交叉步后退

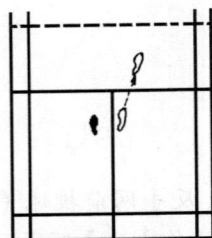

图 11-2-23　蹬跨步

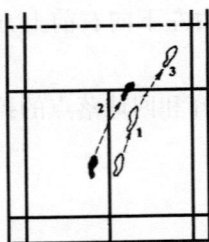

图 11-2-24　前交叉跨步

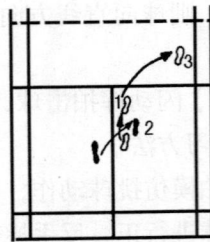

图 11-2-25　垫 步

【步法的重难点】

移动步法的重难点是判断准确，起动快，步法灵活移重心。

【步法的练习方法】

1. 单个基本步法反复进行练习。

2. 固定移动线路的组合步法练习。

3. 不固定移动线路的组合步法练习。

第三节 羽毛球基本战术

羽毛球战术是指运动员在比赛中为表现出高超的竞技水平和战胜对手，而采取的计谋和行动。在羽毛球比赛中，运动员要控制对手，力争主动，以己之长，克彼之短，抑彼之长，避己之短，根据不同对手的特点，采取相应变化的技术手段战而胜之，这便是战术的意义。

中国羽毛球运动战术的指导思想是"以我为主""以快为主""以攻为主"，同时也确定了中国运动员"快、狠、准、活"的技术风格。

一、羽毛球战术的目的

（一）调动对方位置

对方一般站在场地中心位置，全面照顾各个角落，以便回击各种来球。如果把他调离中心位置，他的场区就会出现空当，这空当就成了我们下一拍进攻的目标。

（二）迫使对方击出中后场高球

以平高球、劈杀、劈吊或网前搓球等技术造成对方还击的困难，迫使对方击来的高球不能到达自己场区的底线，这样来增加自己大力扣杀和网前扑杀的威力，给对方以致命的一击。

（三）使对手重心失控

利用重复球或假动作打乱对方的步法，使对方重心失去控制，来不及还击或延误击球时间导致回球质量差，造成被动。

（四）消耗对手体力

控制球的落点，最大限度地利用整个场地，把球击到场地的四个角上或离对手最远的地方，使对手在每一次回球时尽量消耗体力。在争夺一球的得失时，也应以多拍调动对手，让对手多跑动，多做无效的杀球，以此消耗对手体力，为后程比赛奠定体能基础。

二、单打基本战术

（一）发球抢攻战术

发球不受对方干扰，发球者可以根据规则，随心所欲地以任何方式将球发到对方接球区的任意位置；善于利用多变的发球术，先发制人，取得主动；以发平快球和网前球配合，争取创造第三拍的主动进攻机会，这就是发球抢攻战术。

（二）攻后场战术

采用重复打高远球或平高球的技术，压对方后场两点，迫使对方处于被动状态，一旦其回球质量不高，便伺机杀球、吊球一击制敌。

（三）逼反手战术

一般说来，后场反手击球的进攻性不强，球路也较简单。对于后场反手较差的对手要毫不放松地加以攻击。先拉开对方位置，使对方反手区露出空当，然后把球打到反手区，迫使对方使用反拍击球。例如，先吊对方正手网前，对方挑高球，我便以平高球攻击对方反手区。在重复攻击对方反手区迫使其远离中心位置时，突然吊对角网前。

（四）四方球突击战术

以快速的平高球，吊球准确地打到对方场区的四个角落，迫使对方前后左右奔跑，当对方来不及回中心位置或失去重心时，抓住空当和弱点进行突击。

（五）吊、杀上网战术

先在后场以轻杀配合吊球把球下压，落点要选择在场地两边，使对方被动回球。若对方还击网前球时，便迅速上网搓球或勾对角快速平推球；若对方在网前挑高球，可在其后退途中把球直接杀到他身上。

三、双打基本战术

（一）攻人（二打一）战术

这是一种经常运用的行之有效的战术。当发现对方有一个人的防守能力或心理素质较差，失误率比较高或防守时球路单调，就可采用这种战术，把球攻到较弱者的一边。这种战术可集中优势兵力以多打少，以优势打劣势，造成主动或得分；有利于打乱对方防守站位；有利于我方突击另一线而成功；有利于造成对方思想上的矛盾而互相埋怨，影响其士气。

（二）攻中路战术

不论对方把球打到什么位置，但攻球的落点都应集中在对方两人之间的结合部，并靠近防守能力较差者一侧或在中线上。攻中路战术可以造成对方抢球或漏球，也可以限制对方挑出大角度的球路，有利于我方网前的封网。

（三）攻直线战术

攻直线战术即杀球路线和落点均为直线，没有固定的目标和对象，只依靠杀球的力量和落点来取得得分效果。当对方的来球靠边线时，攻球的落点在边线上；当对方的来球在中间区时，就朝中路进攻。这个战术在使用上较易记住和贯彻。杀直线球虽然难度高一些，但效果不错，便于网前同伴的封网。

（四）后攻前封战术

当本方取得主动攻势时，后场队员逢高球必杀，前场队员积极移动封网扑打。

（五）防守反击战术

防守时，对方攻直线球，我方挑对角平高球；对方攻对角球，我方挑直线平高球，以达到调动对方移动的目的。然后，可采用挡或勾网前的精巧网前技术迫使对手起球，创造后场进攻机会，达到反守为攻的目的。

第四节　羽毛球比赛规则简介

一、比赛场地和设施

场地应是一个长方形，用宽 40 毫米的线画出（图 11-4-1）。线的颜色应是白色、黄色或其他容易辨别的颜色。所有的线都是它所界定区域的组成部分。

从场地地面起，网柱高 1.55 米。当球被拉紧时，网柱应与地面保持垂直。不论是单打还是双打比赛，网柱都应放置在双打边线上。网柱及其支撑物不得延伸进入除边 线外的场地内。

球网应用深色优质的细绳编织而成。网孔为均匀分布的方形，各边长为 15 ~ 20 毫米，球网上下宽为 760 毫米，全长至少 6.1 米。球网的上沿是用 75 毫米宽的白带对折而成的夹层，用绳索或钢丝从中穿过。夹层的上沿必须紧贴绳索或钢丝。绳索与钢丝应牢固地拉紧，并与网柱顶齐平。球网高度分别是：中央网高 1.524 米，双打边线处网高 1.55 米。球网两端与网柱之间不应有空隙。

羽毛球场地

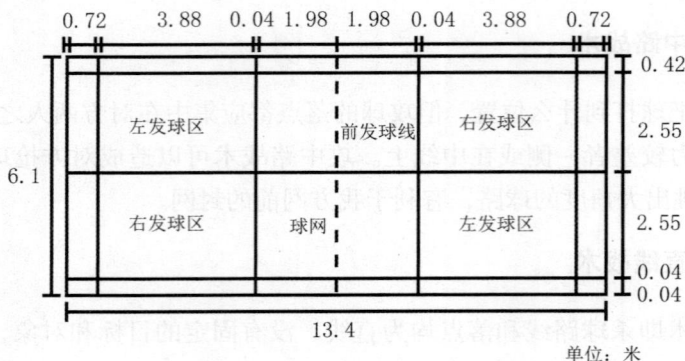

图 11-4-1

二、比赛规则简介

（一）挑 边

赛前，采用挑边的方法（抛硬币）来决定发球方和场区。挑边赢者将优先选择是发球或接发球，还是在一个场区或另一个场区比赛；输者在余下的一项中选择。

（二）计分方法

1. 除非另有规定，一场比赛应以三局两胜定胜负。

2. 除 4、5 的情况外，先得 21 分的一方胜一局。

3. 对方"违例"或触球及对方场区内的地面成死球，则本方胜这一回合并得一分。

4. 20 平后，领先得 2 分的一方胜该局。

5. 29 平后，先到 30 分的一方胜该局。

6. 一局的胜方在下一局首先发球。

（三）站位方式

1. 单 打

（1）发球区和接发球区。当发球员得分数为 0 或双数时，双方运动员均应在各自的右发球区发球或接发球；当发球员的分数为单数时，双方运动员均应在各自的左发球区发球或接发球。

（2）击球顺序和位置。一回合中，球应由由发球员和接球员交替从各自所在场区一边的任何位置击出，直至成死球为止。

（3）得分和发球。发球员胜一回合则得一分。随后，发球员再从另一发球区发球；接发球员胜一回合则得一分。随后，接发球员成为新发球员。

2. 双　打

（1）发球区和接发球区。一局中，发球方的分数为 0 或双数时，发球方均应从右发球区发球；一局中，发球方的分数为单数时，发球方均应从左发球区发球。接发球方上一回合最后一次发球的运动员应在原发球区。其同伴的站位与其相反；接发球员应是站在发球员斜对角发球区的运动员；发球方每得一分，原发球员则变换发球区再发球。

（2）击球顺序和位置。每一回合发球被回击后，由发球方的任何一人和接球方的任何一人，交替在各自场区一边的任何位置击球，如此往返直至死球。

（3）得分和发球。发球方胜一回合则得一分。随后发球员继续发球；接发球方胜一回合则得一分。随后接发球方成为新发球方。

（4）发球顺序。每局比赛的发球权必须如下传递：首先是由首先发球员从右发球区发球；其次足首先接发球员的同伴，从左发球区发球；然后是首先发球员的同伴；接着是首先接发球员；再接着是首先发球员，依此传递。

（5）运动员在比赛中不得有发球、接发球顺序错误或在一局比赛中连续两次接发球。

（6）一局胜方的任一运动员可在下一局先发球；一局负方的任一运动员可在下一局先接发球。

（四）赛中间隙方式

每局比赛，当一方先得 11 分时，允许有不超过 60 秒的间歇；所有比赛中，局与局之间允许有不超过 120 秒的间歇。

（五）比赛中常见的违例

以下情况均属违例。

1. 不合法发球。

2. 球发出后：停在网顶；过网后挂在网上；被接发球员的同伴击中。

3. 比赛进行中，球：落在场地界线外（即未落在界线上或界线内）；未从网上越过；触及天花板或四周墙壁；触及运动员的身体或衣服；触及场地外其他物体或人；被击时停滞在球拍上，紧接着被拖带抛出；被同一运动员两次挥拍连续两次击中，但一次击球动作中球被拍框和拍弦面击中不属违例；被同方两名运动员连续击中；触及运动员球拍，而未飞向对方场区。

4. 比赛进行中，运动员：球拍、身体或衣服，触及球网或球网的支撑物；球拍或身体，从网上侵入对方场区；球拍或身体，从网下侵入对方场区，导致妨碍对方或分散对方的注意力；妨碍对方，即阻挡对方紧靠球网的合法击球；故意分散对方注意力的任何举动，如喊叫、做手势等。

（六）重发球

由裁判员或运动员（未设裁判员时）宣报"重发球"，用以中断比赛。

1. 发球员在接发球员未做好准备时发球，判重发球。

2. 在发球过程中，发球员和接发球员都被判违例，判重发球。

3. 发出的球被回击后，球过网后挂在网上或球停在网顶，判重发球。

4. 比赛进行中，球托与球的其他部分完全分离，判重发球。

5. 裁判员认为比赛被干扰或教练员干扰了对方运动员的比赛，判重发球。

6. 司线员为能看清，裁判员也不能作出判决时，判重发球。

7. 遇到不可遇见的意外情况，判重发球。

（七）交换场区

以下情况，运动员应交换场区。

1. 第一局结束。

2. 第二局结束（如果有第三局）。

3. 在第三局比赛中，一方先得 11 分时。

如果运动员未按规则规定交换场区，一经发现，在死球后立即交换，已得比分有效。

（八）死 球

球撞网或网柱后，开始向击球者网这方的地面落下。球触及地面。宣报了"违例"或"重发球"。

？ 思考题

1. 简述羽毛球运动的起源与发展。

2. 简述羽毛球的基本技术与练习方法。

3. 简述羽毛球基本战术。

第十二章

游泳运动

第一节　游泳运动概述

一、游泳运动的起源与发展

中国历史悠久，水域辽阔。据记载，游泳始于 5000 年前，但游泳作为一个体育项目得以发展却是近 100 多年的事。

现代游泳运动起源于英国。17 世纪 60 年代，英国不少地区的游泳活动就开展得相当活跃。1828 年，英国在利物浦乔治码头修造了第一个室内游泳池，这种泳池到 19 世纪 30 年代，在英国各大城市相继出现。1837 年，在英国伦敦成立了第一个游泳组织，同时举办了英国最早的游泳比赛。1869 年 1 月，在伦敦成立了大城市游泳俱乐部联合会（现英国业余游泳协会前身），把游泳作为一个专门的运动项目正式固定下来，并随之传入各英殖民地，继而传遍全世界。

随着游泳运动的发展，游泳被分为实用游泳和竞技游泳两大类。实用游泳又分为侧泳、潜泳、反蛙泳、踩水、救护、武装泅渡；竞技游泳分为蛙泳、爬泳、仰泳、蝶泳。竞技游泳，从第 1 届奥运会（1896 年）就被列入正式项目，至 2012 年第 30 届奥运会，游泳比赛项目达到 34 项，游泳成为奥达会比赛金牌数仅次于田径的大项。

二、游泳运动的特点及作用

（一）游泳运动的特点

1. 运动环境不同。初学者第一次下水时对水的物理特性缺乏实际的感知和体验，在水中会出现站立不稳、呼吸困难，甚至引起呛水、喝水等情况，因此会出现紧张、怕水心理。

2. 呼吸方式不同。它要求游泳者在水面用口吸气，在水中用口和鼻呼气，由于人们在陆上习惯用鼻吸气，而在游泳时如果用鼻吸气就会呛水，这又进一步增加了紧张和怕水心理。

3. 体运动的动力不同。游泳是在一种没有固定支撑的水中进行的运动，只能利用水对肢体所形成的不固定的支撑反作用力和升力来推动身体前进。

4. 身体姿势不同。人们在陆上运动时习惯身体直立姿势，而游泳时身体是平卧（俯卧、仰卧、侧卧）姿势在水中进行，改变了人体所习惯的直立运动姿势和空间定向的正常感觉，造成身体经常处于不平衡状态。

（二）游泳运动的锻炼价值

1. 保障生命安全

不论是主动地下水还是被动地失足落水或发生意外，如果会游泳，生命就有保障，不但可以自救，还可以救人。

2. 强身健体

长期地坚持游泳锻炼有许多好处，第一，能有效地提高和改善人的心血管系统的机能，可以促进心血管系统的发育，这一点是其他运动项目不可替代的。尤其是长游，能有效地增加心容积，使安静时心率减少。游泳还可以使血管壁的弹性增加，毛细血管数量增加，明显地提高循环系统的机能，使血压状况良好，脉压差明显加大。第二，能增加呼吸系统的机能，改善肺的通气功能，提高呼吸效率，同时可以使呼吸深度增加，肺活量提高。第三，游泳还能有效地消耗体内脂肪，尤其是长时间地游泳，会加速人体热量的散发，加大消耗。同时，游泳还有美容护肤的功效。第四，长期坚持游泳锻炼，能提高肌肉力量、速度、耐力和关节的灵活性，使身体得到协调全面的发展，使体型匀称，肌肉富有弹性。

3. 锻炼意志，培养勇敢顽强的精神

初学游泳时，要克服怕水心理，要长期坚持游泳，就要克服怕苦、怕累、怕冷心理，没有勇敢顽强的精神和坚强的意志是坚持不下去的。因此，长期坚持游泳既可以锻炼意志，又可以培养勇敢顽强、吃苦耐劳、不怕困难等优秀品质。

4. 游泳是调节情绪的好手段

游泳时由于水流和波浪对身体的摩擦和冲击形成了对人体的特殊"按摩"，可使全身肌肉放松，使紧张的神经得到休息，把那些消极的、对身体产生副作用的心理因素排泄散发出去，恢复积极、健康的心理状态。经常游泳对有失眠、健忘、忧郁症、神经衰弱症状的人也有很大的益处。

第二节 常用泳姿

游泳共有四种泳姿，即蛙泳、自由泳、仰泳和蝶泳。初学者只要掌握前三种泳姿即可。

一、蛙 泳

蛙泳在四种泳姿中历史最悠久，早期称"俯泳"或"胸泳"，因它的泳姿像青蛙游水的动作而得名。蛙泳的特点是呼吸方便、省力持久、声响小、易观察、可负重，是一项重要的实用游泳技能。它虽然易学，但技术动作较复杂。

蛙 泳

（一）身体姿势

蛙泳时身体成水平俯卧于水中，两臂向前伸直并拢，两腿自然向后伸直并拢，头略前抬，水齐前额，脸浸水中。因呼吸需要，身体纵轴与前进方向略成仰角，但仍使胸、腹和下肢水平成流线型姿势（图12-2-1）。

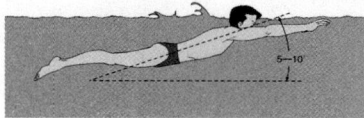

图 12-2-1

（二）腿部动作

蛙泳腿部动作是由滑行、收腿、翻脚和蹬水四个连贯动作组成。

1. 滑 行

身体借助前一个动作的惯性力，向前滑行时，两腿并拢向后伸直，身体成水平姿势；靠腿部肌肉的适当收缩而把脚跟稍提向水面，做好收腿准备。

2. 收 腿

两腿屈膝和屈髋关节的同时，两腿自然分开，脚跟向臀部靠拢，两膝间距约与肩同宽。为减少阻力，收腿力量小且自然。收腿完成时，大腿与躯干之间的夹角为130° ~ 140° （图12-2-2、图12-2-3）。

3. 翻 脚

当两脚跟靠近臀部时，两脚掌开始加快向外翻，两脚间距应大于两膝间距，使脚和小腿内侧处于有利的对水面，以便提高蹬水的效果（图12-2-4）。

4. 蹬　水

由腰腹与大腿协同发力，通过伸髋、伸膝，以大、小腿内侧面和脚掌向后用力而快速地做弧形蹬夹水动作。蹬水前段动作，两腿稍向外、向后；其后段动作，边向后蹬，边向内夹（图12-2-5）。当腿蹬夹并拢的瞬间，两脚掌迅速内转靠拢，完成蹬水；蹬水动作后，身体短暂滑行，两腿必须要自然伸直、并拢，身体保持良好姿势，以利于滑行速度。

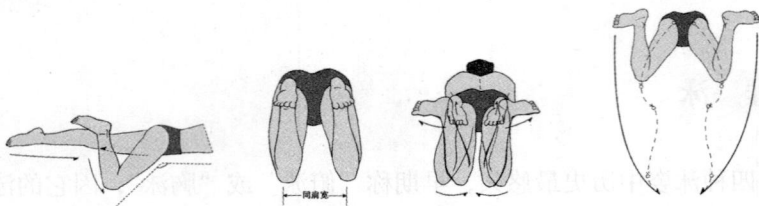

图 12-2-2　　图 12-2-3　　图 12-2-4　　图 12-2-5

（三）臂部动作

蛙泳臂部动作由滑行、抓水、划水、收手、伸臂五个连贯动作所组成（图12-2-6）。

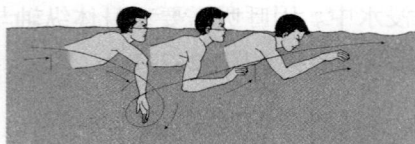

图 12-2-6

1. 滑　行

伸臂结束，身体靠蹬水形成的速度向前滑行。两臂自然放松伸直，手指自然并拢，掌心向下，两手尽量接近水面，以此姿势使身体在较高位置上保持稳定，整个身体成流线型。

2. 抓　水

抓水是在两臂已向前伸直并拢且掌心转向外时开始，小臂、上臂内旋，掌心向外斜并稍屈腕（人体解剖部位是伸腕）成150°～160°，两手分开向斜下方抓水；当手掌小臂有压力时，抓水动作即完成，两臂与水平面和与前进方向都各成150°～200°，肘关节仍然是伸直的（图12-2-7a、b）。

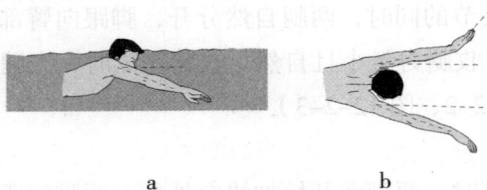

a　　　　　　　b
图 12-2-7

3. 划　水

　　紧接抓水即开始加速划水，两臂开始提肘屈臂，并继续向外斜向后方划水，当两手掌同时划至与前进方向约成 80° 时，上臂和小臂弯曲成 120° ～ 130° 时，即转入收手（图 12-2-8）。

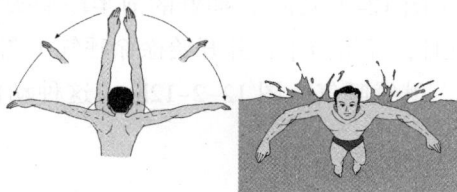

图 12-2-8

4. 收　手

　　收手亦称内划或内收，是划水的继续，能产生较大的升力和推进力。收手时掌心由外转向内（图 12-2-9a），完成转腕动作，小指由上转为向下即可。同时必须与小臂、上臂同时用力向内夹，两肘由上而下直线内夹。收手动作完成时，手提到下颌的下前方，掌心相对，肩放松（图 12-2-9b）。

5. 伸　臂

　　紧接收手，继续推肘伸臂。推肘不是先伸肘关节，而是伸肩关节的同时，推动伸肘来完成的。因此，两手是先向前上再向前伸（图 12-2-10）。伸臂结束时两臂恢复滑行姿势。

a　　　　　　b
图 12-2-9

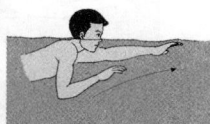

图 12-2-10

（四）呼吸和动作配合

　　蛙泳呼吸方法有"早吸气"或"晚吸气"。"早吸气"是在两臂抓水时抬头用力呼气，在划水过程中吸气，在收手过程中闭气低头，伸臂滑行时徐徐呼气；"晚吸气"是划水几乎结束时才开始抬头用力呼气，在两臂结束划水和收手过程中，身体达到最高点时吸气，结束收手时闭气低头，伸臂的后段直至划水过程中徐徐呼气。优秀运动员多采用"晚吸气"，游泳教学多从"早吸气"开始（图 12-2-11）。

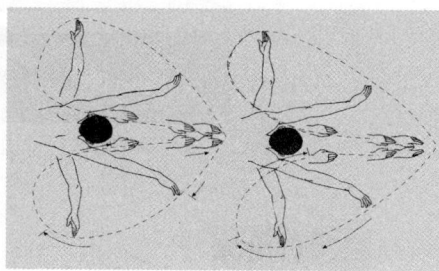

图 12-2-11

（五）完整的"晚吸气"与动作配合

当蹬水结束后成滑行姿势（图 12-2-12a）；抓水（图 12-2-12b）直至结束划水，腿保持滑行姿势，并从徐徐呼气转至开始抬头用力呼气（图 12-2-12c、d）；收手时开始收腿，并吸气（图 12-2-12e）；伸臂的前半段低头闭气，并收腿结束（图 12-2-12f）；伸臂将结束时，开始蹬水，并开始徐徐呼气（图 12-2-12g）；直至恢复滑行姿势时，蹬水结束，继续呼气（图 12-2-12h）。这种动作配合使身体平稳、动作连续、前进速度较均匀。

图 12-2-12

二、自由泳

在游泳的四种泳姿中，自由泳的速度是最快的。身体俯卧水中，依靠两臂轮换划水，两腿上下交替打水向前游进。这种姿势的两臂轮换划水很像爬行，所以又称爬泳。

（一）身体姿势

自由泳时身体几乎水平地俯卧水面成流线型。头部姿势对身体姿势和动作都有一定的影响，因此，在游进中应保持头部平稳，水齐前额，吸气时自然转向一侧（图12-2-13）。

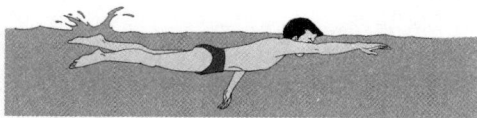

图 12-2-13

（二）腿部动作

自由泳时两腿在水中上下连续打水，两腿上下交替，幅度以两脚尖垂直距离30～40厘米（图12-2-14）；脚稍向内转（成内"八"字脚）（图12-2-15），脚尖自然绷直，踝关节放松，由大腿发力带动小腿和脚鞭状打水。向上提时直腿，向下时大腿先下打，膝关节随之下打；然后小腿和脚依次下打整个下打过程犹如甩鞭（图12-2-16）。

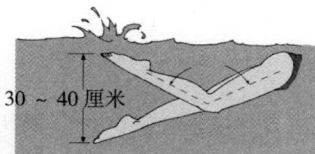

图 12-2-14

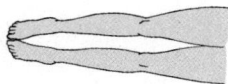

图 12-2-15

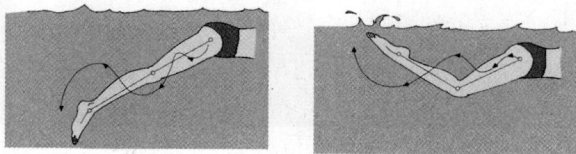

图 12-2-16

（三）臂部动作

臂部动作是由两臂轮流向后划水，由入水、抱水、划水、出水和空中移臂五个连贯动作组成。

1. 入　水

手入水时，手指自然伸直并拢，腕和肘部微屈，肘关节要高于手。指尖对着入水的前方插入水，入水点一般选择在肩与身体纵轴的延长线之间。入水顺序是手、小臂、上臂。入水时，臂应自然且有所控制，肘关节要高于手（图12-2-17）。

2. 抱　水

入水后，臂应积极前伸并屈腕抓水（手指下压，好似划个半圈），此时肘关节应保持高肘姿势。抱水结束时，大臂与水平面约成30°，与小臂约成60°，肘关节屈至150°左右（图12-2-18），整个手臂动作像抱着一个大圆球，肩带肌群充分拉开，为划水做好准备。

图 12-2-17

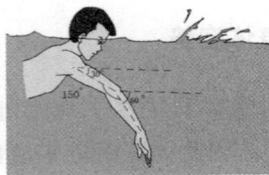

图 12-2-18

3. 划 水

划水是继臂抱水后直至推向大腿旁，整个动作是通过屈臂到伸臂而完成的。这个阶段是划水的最有效部分。它的前半部分屈臂进行，亦称拉水阶段。划水的小臂速度快于上臂，以保持高肘，能使手臂处于更有力、有效的角度向后划水（图 12-2-19）。

当划至肩垂直线手指靠近中线时，屈肘约 100°（图 12-2-20），其后部分亦可称为推水，与前半部分连贯并加速完成，中间没有停顿。推水时小臂与上臂要同时向后推水，直至划水结束（肘关节基本伸直）。在划水过程中，手掌始终要对准划水方向，有一定倾斜度，以保持最佳划水效果。整个划水动作，手的运动轨迹是向前下、向后、向后上，整个划水路线呈稍弯曲的"S"形（图 12-2-21）。

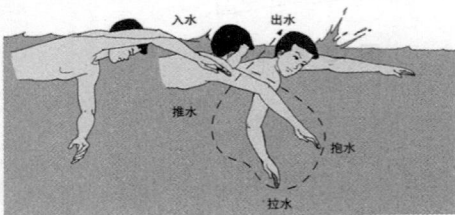

图 12-2-19

图 12-2-20

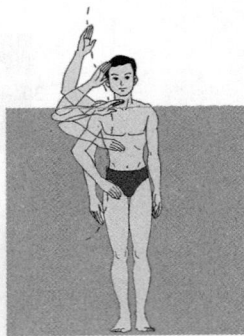

图 12-2-21

4. 出 水

当划水结束，臂借助推水的惯性作用向上提拉出水。出水前，手掌应靠近身体放松。出水顺序一般先肘关节，随后手臂。手臂出水动作必须迅速而不停顿，同时应自然柔和；小臂和手掌处于下垂姿势，且应尽量放松。

5. 空中移臂

移臂是随着出水动作的惯性力向前移动，直至入水位置（图 12-2-22）。空中移臂时，肘部相对比小臂的位置高，且放松自如；尽量不破坏身体的流线型；同时要两臂相配合，使动作更协调连贯。

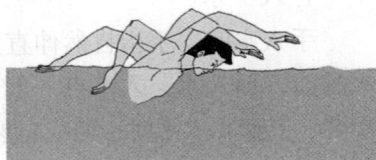

图 12-2-22

（四）两臂的配合

自由泳的两臂交替划水，通常有三种配合方案："前交叉"是一臂入水时，另一臂处在滑下阶段；"中交叉"是一臂入水时，另一臂已经进入划水阶段的中间部分；

"后交叉"是一臂入水时，另一臂已经进入划水阶段的后半部分（图 12-2-23），也可以更详细地划分为"中前交叉""中后交叉"等。交叉配合形式多样，对于初学者一般采用"前交叉"配合形式较易于掌握自由泳动作和呼吸动作。

（五）呼吸和动作配合

自由泳的呼吸是在空中移臂时进行的，一般是两臂各划一次的过程中做一次呼吸动作（即呼气、吸气和短暂的闭气）。以向右边吸气为例：右手入水后，嘴开始徐徐呼气，右臂划水至肩下。开始向右侧转头并增大呼气量（图 12-2-24a、b、c、d）；右臂推水即将结束，则用力呼气（图 12-2-24e、f）。右臂出水时，张嘴吸气（图 12-2-24g），至空中移臂的前半部为止，并开始转头还原（图 12-2-24h）。然后，直至臂入水结束，有一个短暂的闭气过程，脸部转向前下。头部稳定时，右臂入水，再开始下一次徐徐呼气的过程。

图 12-2-23

图 12-2-24

自由泳在腿、臂和呼吸完整动作的配合中，一般手臂各划一次水，呼吸一次，双腿打水有 2 次、4 次、6 次的，也有不规则打水或交叉打水等多种配合形式，这往往是因为个人的特点习惯以及比赛项目或距离长短不一而致。

初学者以学习 6 次打腿、2 次划水、1 次呼吸的配合技术动作为好，这样可有利于学习过程中保持臂、腿动作的协调，以及身体平衡的掌握。

三、仰　泳

顾名思义，仰泳即仰卧在水中游泳的一种姿势。仰泳技术与自由泳较为相似，它是两臂轮流交替向后划水，经空中移臂后入水，两腿上踢下压交替打水。由于脸部露出水面，呼吸方便，如在初步掌握自由泳的基础上学习仰泳，则更为简单易学。

（一）身体姿势

身体平直地仰卧于水中，胸部自然伸展，腹部微收成流线型。头和肩略高于臀，头要稳定，后脑浸入水中，脸露出水面，水位在耳际附近，眼看后上方，这种头肩稍高的姿势为臂、腿部动作创造了良好条件（图 12-2-25）。

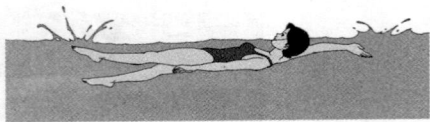

图 12-2-25

（二）腿部动作

仰泳的腿部动作以髋部为支点，大腿发力，带动小腿向后上方踢水。向上踢水时，屈膝上踢（随着水压对腿的影响而自然屈膝，初学者可采用大腿先向上踢），屈膝角度约 135°，脚背向内扣，加大踢水的对水面。向下时，膝关节必须自然伸直下压，打腿幅度大于自由泳，约为 45 厘米，做鞭状打腿（图 12-2-26）。

（三）臂部动作

仰泳的臂部动作周期由入水、抓水、划水、出水和空中移臂等组成。

1. 入　水

仰泳入水时，臂伸直，掌心向外下方，五指自然并拢，小指领先入水；手稍内收，与小臂成 150°～160°（图 12-2-27）。入水点一般在肩的延长线与身体纵轴之间，臂入水应展胸伸肩。

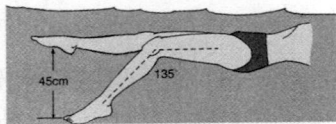

图 12-2-26

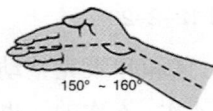

图 12-2-27

2. 抓　水

当臂切入水后，掌心逐渐转向池底，随着肩部转动，直臂向外侧、向下积极抓水，直至离水面 20 厘米左右时，做转腕和肩臂内旋，并逐渐屈肘，掌心转向后方对水。完成抓水动作时，大臂与前进方向构成的角度约40°，手掌离水面30厘米左右（图12-2-28），此时臂已处于有利的划水面。

图 12-2-28

3. 划 水

仰泳的划水是整个臂部动作的最有效阶段，从屈臂开始，以肩为中心，划到大腿旁为止，整个动作过程分为拉水和推水两段。

（1）拉水。紧接抓水，肘关节屈成150°使手掌和小臂都达到良好的"对水"姿势；随着划水力量加强，逐渐屈肘关节。当划至肩部垂直平面时，手掌离水面15厘米左右，小臂与大臂形成的角度为90°～110°（图12-2-29）。

（2）推水。当臂划过肩关节时，充分利用拉水的速度和划水面，使整个臂同时用力向后下方做推压动作，大臂带动小臂和加速内旋推水，并以手的下压结束推水动作，此时手掌在大腿侧下方离水面40～50厘米（图12-2-30）。

整个划水过程应是逐渐加速，并不断调整屈腕、屈肘角度，以形成最佳的对水面，故图12-2-30所示划水路线成横"S"形。

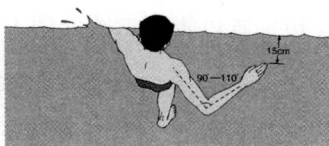
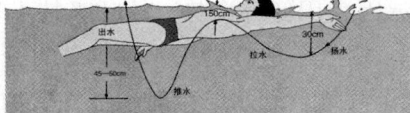

图 12-2-29   图 12-2-30

4. 出水和空中移臂

仰泳的出水动作是先压水后提肩，使肩露出水面后，由肩带动大臂、小臂和手依次出水。为减小水的阻力，出水时掌心向内，大拇指向上领先出水，整个动作是放松的。

臂出水后应轻快地由后向前与水平面垂直地移动，臂要自然、放松地伸直。在空中移臂过程中，从手掌通过头上方时臂外旋、手掌向外方，保持这种姿势至入水。

（四）配合动作

1. 两臂的配合

仰泳两臂的配合动作一般采用当一臂入水时，另一臂划水正处于推水结束段，两臂几乎处于相对的位置上（图12-2-31）。这种有节奏的配合，对保持动作的连贯和速度的均匀，对划水力量的增大都有积极作用。

图 12-2-31

2. 腿、臂、呼吸动作的配合

仰泳因采用仰卧姿势，故呼吸技术较为简单，只要伴随着臂的动作，不用过多去考虑。吸气一般在臂出水和移臂时开始，在臂入水和抓水时结束。然后短暂闭气，再逐渐呼气。划水结束时，呼气要加速。现代仰泳打腿、划臂、呼吸的配合均为 6：2：1，即一个动作周期中打腿 6 次、划臂 2 次、呼吸 1 次。这种配合技术结构，对初学者保持身体的平衡以及臂、腿动作的协调均非常有利。

第三节　水中救护

一、水中救护常识

（一）利用器材救护

发现溺水者时，应尽可能首先使用救护器材如竹竿、浮球、救生圈等，特别是对正在呼救和挣扎的溺水者，使其能快速地脱险。即使直接入水救护，也应尽可能把漂浮器材抛向施救的水域，以备急用。

（二）直接游泳救护

游近溺水者后，首先将溺水者的脸部托出水面，使其有呼吸的机会，并用语言安慰溺水者，互相配合救护上岸。对于过分紧张挣扎的溺水者，避免被其抓、抱住，应迅速采取安全措施，然后拖带溺水者。对于已经沉没在水中的溺水者，应迅速确定寻找方位，并潜入水中尽快发现溺水者。

（三）就地急救

溺水者出水后，立即排除其呼吸道杂物、水，并进行人工呼吸等急救措施，勿因远途运送溺水者或等医生而错过急救时间。

二、水中救护的基本方法

（一）入水和游近溺水者

迅速从后面接触溺水者。如正面接近溺水者时，则应用果断的动作拉住溺水者的手（图 12-3-1a）或扭转其臀部，使其背向救护者（图 12-3-1b）；迅速将溺水者脸部托出水面，并使其身体平卧，以便拖带（图 12-3-2）。

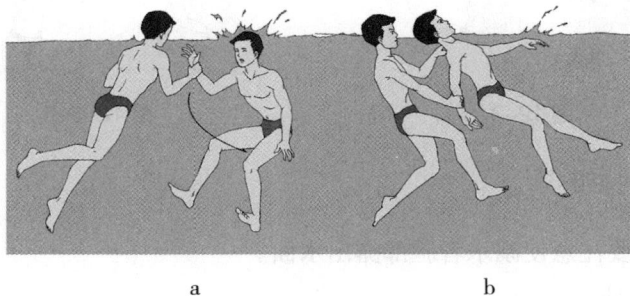

a　　　　　　　　　b

图 12-3-1

图 12-3-2

（二）水中解脱

1. 虎口解脱法

当救护者两臂任何部位被溺水者抓住时，都可采用虎口解脱法（图 12-3-3）。解脱后，立即扭转和上托溺水者。

2. 扳指解脱法

凡是被溺水者从背后抓抱，但两臂未被束缚时，可采用反扳溺水者中指的方法解脱（图12-3-4）。

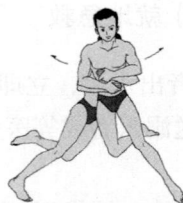

图 12-3-3　　　　　　　　　　　　　图 12-3-4

3. 托肘解脱法

凡是被溺水者从前或后方把身体和两臂都抓、抱住时，可采用把溺水者的肘部上托的方法解脱（图12-3-5、图12-3-6）。

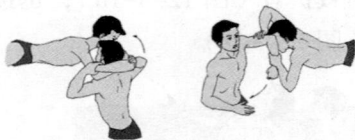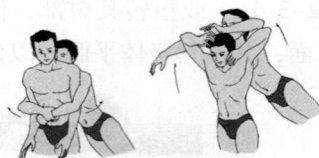

图 12-3-5　　　　　　　　　　　　　图 12-3-6

（三）水中拖带

水中拖带时要注意使溺水者脸部露出水面。

1. 仰式拖带法

可用单手或双手托住溺水者的后脑勺或肩、腋部位（图12-3-7、图12-3-8）。

图 12-3-7　　　　　　　　　　　　　图 12-3-8

2. 侧式拖带法

可托溺水者同侧肩腋部位（图12-3-9），或穿过一腋，扶其下颌、腋下进行拖带（图12-3-10）。

（四）出水和护送

1. 出　水

溺水者处于昏迷状态时全身是松弛的，出水和护送要特别小心。救护者可采用从下往上推溺水者的方法（图 12-3-11）。

2. 护　送

为了及时倒清溺水者胸腹里的积水，护送溺水者时不宜仰抱，而宜用俯卧肩背的方法（图 12-3-12）。

图 12-3-9

图 12-3-10

图 12-3-11

图 12-3-12

（五）人工呼吸

先将溺水者平躺，两膝弯曲，大腿压住腹部，将其喝入的水压出体外。然后抬高溺水者的下颌，用手捏住其鼻子不让气漏出。再张开溺水者的嘴，用嘴对嘴进行人工呼吸（吸气与吐气）。采用口对口人工呼吸的方法，一次吹入大量的空气，使溺水者的肺部得到扩张。

在进行口对口人工呼吸前，应该首先将溺水者的头向后仰，让其颈部的气管伸直，便于空气进入；其次还要让溺水者的嘴张开，检查舌头是否堵住气管。

呼吸的频率以每分钟 10 ~ 12 次为宜。吐完气后嘴适当地离开，让溺水者能够自然地吐气。只要肺部进入足够的空气，就会自然地进行吐气，以恢复呼吸。

（六）心脏按压

心脏如果停止跳动 4 分钟，脑细胞就无法恢复到以前的状态。发现心脏停止跳动后，必须毫不犹豫地立即进行心脏按压。具体做法是：将溺水者平放于木板或水泥地等硬质处进行心脏按压，按压者两手交叉重叠地放在溺水者胸上，施救者肘关节伸直，利用身体重力向下有节奏地反复按压（图 12-3-13）。当溺水者胸腔受到压迫后血液就会流动。

按压频率为每分钟 40～60 次，压与放的时间均等。如果人工呼吸与心脏按压同时进行时，每进行 15 次心脏按压后进行 2 次人工呼吸。

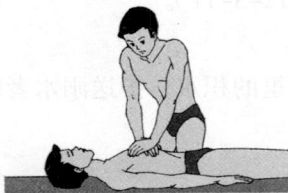

图 12-3-13

思考题

1. 简述游泳运动的起源与发展。
2. 简述蛙泳的基本技术。
3. 简述水中救护的两个基本方法。

第十三章

武术运动

第一节　武术运动概述

一、武术运动的起源与发展

　　武术的起源，最早可追溯到原始社会的生产活动。早在 100 多万年前，原始居民为了生存的需要，必须依靠群体的力量，与自然界搏斗。在狩猎过程中，他们不仅创造了大量的生产工具（同时又是武器），而且在与猛禽野兽搏斗的过程中，学会了奔跑、跳跃、击打、躲闪以及运用石器、木棒等格斗技能，产生了自觉运用这些技巧的观念。因此，武术最早起源于生产劳动。生存竞争萌芽了武术的最根本特征——技击性。

　　氏族公社时代，部落之间为了占有和反占有、掠夺和反掠夺，经常发生争斗。这种经常性的部落战争锻炼并提高了人们的战斗技能。由于原始战争中人与人的格斗，使武术脱离了生产技术，促进了武术的萌生。武器随着战争的需要得到了不断的发展；使用武器的经验经过归纳、总结，在实践中萌生了武术的技击技术；战斗的演习和操练萌生了武舞——武术的原始训练形式；在原始宗教活动中，有的部落以掷剑等比赛方式确定部落首领，从而萌生了武术竞赛。从文化形态上看，原始社会的武术是多位一体的，既是狩猎的训练形式、丰收的庆典形式，又是军事演习和宗教仪式形式。

　　夏、商、西周时期，原始公社解体，私有制产生，进入了奴隶社会。这一时期青铜金属工具的大量使用，促进了生产力的大发展，中国古文化由此发端。中国武术亦由原始状态下的武术雏形，逐渐开始成为人们有目的、有意识、有组织的社会活动，开始成为一种"准武术文化形态"，即文化形态尚不完整，但已经属于一种具有独立特征和质的区别的武术文化。

　　春秋战国开始，由于奴隶制的崩溃，中国社会步入漫长的封建社会。奴隶主阶

级垄断武术的局面被打破，民间武术开始得到发展。这一时期，武术与军事武艺分离，军旅武术和民间武术两大并行的体系相互影响、依存和消长，构成了中国武术的基本格局。从文化形态来看，中国武术的文化体系逐渐完善，武术功能向多面性发展；武术技术（器械与徒手）向多样化发展；武术意识向自觉性、理论性发展。中国武术逐渐成为独具特色的文化体系。

从公元前 221 年至公元 960 年，中国历史上经历了秦、汉、三国、两晋南北朝、隋、唐、五代等朝代。在这个漫长的历史进程中，古代武术得到了进一步完善和发展，出现了套路形式的"剑舞""刀舞""双戟舞"等。对抗性的手搏、角力也有了进一步发展，徒手和器械项目内容进一步丰富。

宋、元时代古代武术初步形成体系，主要表现在拳械技艺进一步丰富，套路武艺有了发展，有了单练和对练等，同时也出现了打擂比武的"露台争交"，武术形式出现了多样化的特点。武术初步形成体系后，就从军事中相对独立出来，沿着自身的规律不断向前发展。

明、清是中国封建社会的后期，社会阶级矛盾尖锐，明末农民的大起义以及清代民间秘密宗教的兴起，对武术的发展产生了一定的影响。这一时期，古代武术得到很大发展，流派林立，呈现出蓬勃发展的繁荣局面。而且随着商业的发展，出现了一些以武术为职业的保镖、镖师等，民间武术表演更为流行。

鸦片战争以后，随着冷兵器的消亡，近代中国武术基本上从军事中脱离出来，逐步成为中国近代体育的有机组成部分。19 世纪 60 年代开始，在近代西方体育传播的冲击下，中国武术也发生了某些变化，武术曾一度以中国式体操的形式出现。20 世纪 20—30 年代，人们对武术的研究更加深入，武术论著日益增多，且武术与气功等结合得更为密切。近代随着各项运动的开展，中国人也开始组织自己的武术团体。如 1910 年在上海成立了"精武体育会"，该会以传习推广武术为主要内容；1912 年在北京成立了"体育研究社"；1918 年在上海成立了"中华武士会"；1927年 6 月，国民党政府在南京成立了中央国术馆等。

二、武术运动的内容与分类

武术按其运动形式可分为套路运动和格斗运动两大类。

（一）套路运动

套路运动是以踢、打、摔、拿等攻防动作，遵照攻守进退、动静疾徐、刚柔虚实等格斗规律组成的整套练习形式。套路有拳术套路、器械套路、对练套路和集体表演套路等。

1. 拳术套路：主要有长拳、太极拳、南拳、形意拳、八卦掌、少林拳等。

2. 器械套路：分长器械、短器械、双器械和软器械四类。

3. 对练套路：一般分为徒手对练、器械对练、徒手与器械对练三种。

4. 集体表演套路：是六人以上的徒手或器械的集体演练，可编排成图案和音乐伴奏，要求队形整齐，动作协调一致。它一般分为徒手集体表演套路、器械集体表演套路、徒手和器械集体表演套路三种。

（二）格斗运动

格斗运动是两人在一定条件下，按规则斗智、斗勇，较技、较力的对抗性练习形式。

1. 散手：是两人按照一定规则使用踢、打、摔等方法制胜对方的竞技项目。

2. 太极推手：是两人按照一定的规则，使用　、捋、挤、按、采、　、肘、靠等方法，双方沾连粘随，通过肌肉的感觉来判断对方的用劲，然后寻机借劲发劲将对方推出，以此决定胜负的竞技项目。

三、武术运动的特点和作用

（一）武术运动的特点

1. 寓技击于体育之中

武术是由中国古代以技击技术为主要内容所形成的技术体系发展而成的民族体育运动项目。在格斗运动中集中体现了武术攻防技击特点，在技术上与实用技击基本上是一致的，但从体育观念出发，它受到竞赛规则的制约，如散手中严格规定了击打部位和保护护具；短兵中使用的器具也作了相应变化。因此，可以说武术的格斗运动具有很强的攻防技击性，但又与实用技击有区别。套路运动是武术特有的一种表现形式，很多动作与技击的原型动作有变化，但动作方法仍保留了技击的特性。所以说，武术作为体育运动，技术上仍不失攻防技击的特性，而是将技击寓于格斗运动与套路运动之中。

2. 内外合一，形神兼备的民族风格

所谓"内"，指的是心、身、意等心志活动和气息的运行；"外"，指的是手、眼、身、步等外在形体活动。中国武术的一大特点是既究形体规范，又求精神传意、内外合一的整体观。内与外、形与意是相互联系统一的整体。"内练精气神，外练筋骨皮"是各家各派练功的准则，如太极拳主张"以心行气、以气运身"，形意拳讲究"内三合、外三合"。

3. 广泛的适应性

武术的练习形式、内容丰富多样，适应不同年龄、性别、体质的人的需求，人们可根据自己的条件和兴趣爱好进行选择练习。同时它对场地、器材的要求较低。一般来说，受时间、季节限制也小。因此具有广泛的适应性。

（二）武术运动的作用

1. 提高素质，健体防身

武术套路运动其动作包含着屈伸、回环、平衡、跳跃、翻腾、跌扑等，人体各部位几乎都要参与运动。实践证明，系统地进行武术训练，对外能利关节、强筋骨、壮体魄；对内能理脏腑、通经脉、调精神。武术运动讲究调息行气和意念活动，对调节内环境的平衡、调养气血、改善人体机能、健体强身十分有益。

2. 锻炼意志，培养品德

练武对意志品质考验是多面的。练习基本功，要不断克服疼痛关，磨炼常年有恒、坚持不懈的意志品质；套路练习，要克服枯燥关，培养刻苦耐劳、砥砺精进、永不自满的品质；遇到强手克服消极逃避关，锻炼勇敢无畏、坚韧不屈的战斗意志。经过长期锻炼，可以培养人们勤奋、刻苦、果敢、顽强、虚心好学、勇于进取的良好习性和意志品德。

3. 竞技观赏，丰富生活

武术具有很高的观赏价值，无论是套路表演，还是散手比赛，历来为人们喜闻乐见。唐代大诗人李白好友崔宗宗赞他"起舞拂长剑，四座皆扬眉"；杜甫在《观公孙大娘弟子舞剑器行》著名诗篇中有"昔有佳人公孙氏，一舞剑器动四方。观者如山色沮丧，天地为之久低昂"的描绘。无论是显现武术功力与技巧的竞赛表演套路，还是斗智较勇的对抗性散手比赛，都会引人入胜，给人以美的享受，都具有很高的观赏价值。通过观赏，给人以启迪教育和乐趣。

4. 交流技艺，增进友谊

武术运动蕴涵丰富，技理相通，入门之后会有"艺无止境"之感。群众性的武术活动，便成为人们切磋技艺、交流思想、增进友谊的良好手段。随着武术在世界广泛传播，还可促进与国外武术爱好者的交流。武术通过体育竞技、文化交流等途径，在与世界各国人民友好交往中发挥着越来越大的作用。

第二节　24 式太极拳

一、太极拳概述

（一）太极拳的起源与发展

太极拳是一种轻灵、柔和、缓慢的拳术。太极拳的起源，据考于明末清初逐渐形成，距今已有将近 400 年的历史，首传人为河南省温县陈家沟的陈王廷。他在研究道家《黄庭经》以及参照戚继光《拳经》的基础上创编了太极拳。太极拳来源主

要包括三个方面：综合吸收了明代各家拳法；结合了古代导引、吐纳之术；运用了中国古代的中医经络学说和阴阳学说。

中华人民共和国成立后，在杨式太极拳的基础上创编了简化 24 式太极拳，对太极拳的传播和普及起到了重要作用。由于其易学、易练、易记，很快就在全国广为流传，并传至海外，成为影响最大的太极拳套路。太极拳是中国宝贵的体育文化遗产之一，作为传统太极拳演化与简化后的二十四式太极拳，是普通高校教学、训练的重要内容。在体育教学中选用有针对性的教学方法，旨在提高大学生对太极拳的学习兴趣，为终身体育奠定基础。

如今，练习太极拳的人遍及全国，仅北京市公园、街头和体育场就设有太极拳辅导站数百处，吸引了大批爱好者。卫生、教育、体育各部门都把太极拳列为重要项目来开展，出版了上百万册的太极拳书籍、挂图。太极拳在国外也受到普遍欢迎。欧美、东南亚、日本等国家和地区，都有太极拳活动。据不完全统计，仅美国就已有 30 多种太极拳书籍出版，许多国家成立了太极拳协会等团体，积极与中国进行交流活动。太极拳作为中国特有的民族体育项目，已经引起很多国际朋友的兴趣和爱好。

（二）太极拳的特点与功用

1. 24 式太极拳将太极拳和气功融为一体，使两者的医疗健身作用都能较好地发挥出来。

2. 动作姿势左右对称，能使身体得到全面均衡的锻炼。

3. 不受场地的限制，在室内、阳台、庭院、走廊、操场等地方都可进行锻炼。既方便省时，又能使学生免受风雨寒暑和蚊虫叮咬之苦。

4. 动作比较简单，易于教师演练，易于学生学习、练习。全套演练一遍只需 5 ~ 6 分钟，它对不同年龄，不同体质的人都适宜。由于这套太极拳是在原地演练，因此适合学校集体演练。

5. 本套拳法的动作姿势基本上都是按呼吸节奏编排的，动作容易与呼吸相结合，可使演练者受益快。

6. 这套拳法的内涵与其他太极拳是相通的，对手、眼、身、法、步及动作技术的要求等与其他太极拳是一样的，因此学会这套拳法既能辅助其他太极拳的演练，又能为学习其他太极拳打好基础。

二、动作图解

第一组

（一）起 势

1. 身体自然直立，两脚开立，与肩同宽，脚尖向前；两臂自然下垂，两手放在大腿外侧；眼向前平视（图 13-2-1）。

要点：头颈挺直，下颌微向后收，不要故意挺胸或收腹。精神要集中（起势由立正姿势开始，然后左脚向左分开，成开立步）。

2. 两臂慢慢向前平举，两手高与肩平，与肩同宽，手心向下（图 13-2-2、图 13-2-3）。

3. 上体保持挺直，两腿屈膝下蹲；同时两掌轻轻下按，两肘下垂与两膝相对；眼平视前方（图 13-2-4）。

要点：两肩下沉，两肘松垂，手指自然微屈。屈膝松腰，臀部不可凸出，身体重心落于两腿中间。两臂下落和身体下蹲的动作要协调一致。

图 13-2-1 　　　　图 13-2-2 　　　　图 13-2-3 　　　　图 13-2-4

（二）左右野马分鬃

1. 上体微向右转，身体重心移至右腿上；同时右臂收在胸前平屈，手心向下，左手经体前向右下划弧放在右手下，手心向上，两手心相对成抱球状；左脚随即收到右脚内侧，脚尖点地；眼看右手（图 13-2-5、图 13-2-6）。

2. 上体微向左转，左脚向前方迈出，右脚跟后蹬，右腿自然伸直，成左弓步；同时上体继续向左转，左、右手随转体慢慢分别向左上、右下分开，左手高与眼平（手心斜向上），肘微屈；右手落在右胯旁，肘也微屈，手心向下，指尖向前；眼看左手（图 13-2-7 ~ 图 13-2-9）。

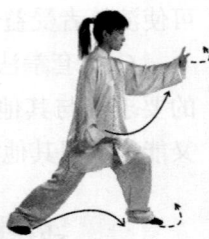

图 13-2-5 　　　图 13-2-6 　　　图 13-2-7 　　　图 13-2-8 　　　图 13-2-9

3. 上体慢慢后坐，身体重心移至右腿，左脚尖翘起，微向外撇（45°～60°），随后脚掌慢慢踏实，左腿慢慢前弓，身体左转，身体重心再移至左腿；同时左手翻转向下，左臂收在胸前平屈，右手向左上划弧放在左手下，两手心相对成抱球状；右脚随即收到左脚内侧，脚尖点地；眼看左手（图 13-2-10 ~ 图 13-2-12）。

4. 右腿向右前方迈出，左腿自然伸直，成右弓步；同时上体右转，左、右手随转体分别慢慢向左下、右上分开，右手高与眼平（手心斜向上），肘微屈；左手落在左胯旁，肘也微屈，手心向下，指尖向前；眼看右手（图 13-2-13、图 13-2-14）。

图 13-2-10　　　　图 13-2-11　　　　图 13-2-12　　　　图 13-2-13　　　　图 13-2-14

5. 与 3. 解同，只是左右相反（图 13-2-15 ~ 图 13-2-17）。

6. 与 4. 解同，只是左右相反（图 13-2-18、图 13-2-19）。

图 13-2-15　　　　图 13-2-16　　　　图 13-2-17　　　　图 13-2-18　　　　图 13-2-19

要点：上体不可前俯后仰，胸部必须宽松舒展。两臂分开时要保持弧形。身体转动时要以腰为轴。弓步动作与分手的速度要均匀一致。做弓步时，迈出的脚先是脚跟着地，然后脚掌慢慢踏实，脚尖向前，膝盖不要超过脚尖；后腿自然伸直；前后脚夹角成 45°~ 60°（需要时后脚跟后蹬调整）。野马分鬃式的弓步，前后脚的脚跟要分在中轴线两侧，二者间的横向距离（即以动作行进的中线为纵轴，其两侧的垂直距离为横向）应该保持在 10 ~ 30 厘米。

（三）白鹤亮翅

1. 上体微向左转，左手翻掌向下，左臂平屈胸前，右手向左下划弧，手心转向上，左手成抱球状；眼看左手（图 13-2-20）。

2. 右脚跟进半步，上体后坐，身体重心移至右腿，上体先向右转，面向右前方，眼看右手；然后左脚稍向前移，脚尖点地，成左虚步；同时上体再微向左转，面向前方，两手随转体慢慢向右上左下分开，右手上提停于头右侧，手心向左后方，左手落于左胯前，手心向下，指尖向前（图 13-2-21、图 13-2-22）。

要点：胸部不要挺出，两臂上下都要保持半圆形，左膝微屈。身体重心后移和右手上提、左手下按要协调一致。

图 13-2-20　　　　图 13-2-21　　　　图 13-2-22

第二组

（四）左右搂膝拗步

1. 右手从体前下落，由下向后上方划弧至右肩外侧，肘微屈，手与耳同高，手心斜向上；左手由左下向上、向右下方划弧至右胸前，手心斜向下；同时上体先微向左再向右转；左脚收至右脚内侧，脚尖点地，眼看右手（图13-2-23～图13-2-25）。

2. 上体左转，左脚向前（偏左）迈出成左弓步；同时右手屈回由耳侧向前推出，高与鼻尖平，左手向下由左膝前搂过落于左胯旁，指尖向前；眼看右手手指（图13-2-26、图13-2-27）。

图 13-2-23　　　　图 13-2-24　　　　图 13-2-25　　　　图 13-2-26　　　　图 13-2-27

3. 右腿慢慢屈膝，上体后坐，身体重心移至右腿，左脚尖翘起微向外撇，随后脚掌慢慢踏实，左腿前弓，身体左转，身体重心移至左腿，右脚收到左脚内侧，脚尖点地；同时左手向外翻掌由左后向上划弧至左肩外侧，肘微屈，手与耳同高，手心斜向上；右手随转体向上、向左下划弧落于左胸前，手心斜向下；眼看左手（图13-2-28～图13-2-30）。

4. 与2.解同，只是左右相反（图13-2-31、图13-2-32）。

图 13-2-28　　　　图 13-2-29　　　　图 13-2-30　　　　图 13-2-31　　　　图 13-2-32

5. 与3.解同，只是左右相反（图13-2-33～图13-2-35）。

6. 与2.解同（图13-2-36、图13-2-37）。

要点：前手推出时，身体不可前俯后仰，要松腰松胯。推掌时要沉肩垂肘，坐腕舒掌，同时须松腰、弓腿上下协调一致。搂膝拗步成弓步时，两脚跟的横向距离保持约30厘米。

图 13-2-33　　　图 13-2-34　　　图 13-2-35　　　图 13-2-36　　　图 13-2-37

（五）手挥琵琶

　　右脚跟进半步，上体后坐，身体重心转至右腿上，上体半面向右转，左脚略提起稍向前移，变成左虚步，脚跟着地，脚尖翘起，膝部微屈；同时左手由左下向上挑举，高与鼻尖，掌心向右，臂微屈；右手收回放在左臂肘部内侧，掌心向左；眼看左手食指（图 13-2-38、图 13-2-39）。

图 13-2-38　　图 13-2-39

　　要点：身体要平稳自然，沉肩垂肘，胸部放松。左手上举时不要直向上挑，要由左向上、向前，微带弧形。右脚跟进时，脚掌先着地，再全脚踏实。身体重心后移和左手上举、右手回收要协调一致。

（六）左右倒卷肱

　　1. 上体右转，右手翻掌（手心向上）腹前由下向后上方划弧平举，臂微屈，左手随即翻掌向上，眼的视线随着向右转体先向右看，再转向前方看左手（图 13-2-40、图 13-2-41）。

　　2. 右臂屈肘折向前，右手由耳侧向前推出，手心向前，左臂屈肘后撤，手心向上，撤至左肋外侧；同时左腿轻轻提起向后（偏左）退一步，脚掌先着地，然后全脚慢慢踏实，身体重心移至左腿上，成右虚步，右脚随转体以脚掌为轴扭正；眼看右手（图 13-2-42、图 13-2-43）。

　　3. 上体微向左转，同时左手随转体向后上方划弧平举，手心向上，右手随即翻掌，掌心向上；眼随转体先向左看，再转向前方看右手（图 13-2-44）。

图 13-2-40　　　图 13-2-41　　　图 13-2-42　　　图 13-2-43　　　图 13-2-44

4. 与 2. 解同，只是左右相反（图 13-2-45、图 13-2-46）。

5. 与 3. 解同，只是左右相反（图 13-2-47）。

6. 与 2. 解同（图 13-2-48、图 13-2-49）。

图 13-2-45   图 13-2-46   图 13-2-47   图 13-2-48   图 13-2-49

7. 与 3. 解同（图 13-2-50）。

8. 与 2. 解同，只是左右相反（图 13-2-51、图 13-2-52）。

要点：前推的手不要伸直，后撤手也不可直向回抽，随转体仍走弧线。前推时，要转腰松胯，两手的速度要一致，避免僵硬。退步时，脚掌先着地，再慢慢全脚踏实，同时前脚随转体以脚掌为轴扭正。退左脚略向左后斜，避免使两脚落在一条直线上。后退时，眼神随转体动作先向左右看，然后再转看前手。最后退右脚时，脚尖外撇的角度略大些，便于接做"左揽雀尾"的动作。

图 13-2-50   图 13-2-51   图 13-2-52

第三组

（七）左揽雀尾

1. 上体微向右转，同时右手随转体向后上方划弧平举，手心向上，左手放松，手心向下；眼看左手（图 13-2-53）。

2. 身体继续向右转，左手自然下落逐渐翻掌经腹前划弧至右肋前，手心向上；右臂屈肘，手心转向下，收至右胸前，两手相对成抱球状；同时身体重心落在右腿上，左脚收到右脚内侧，脚尖点地；眼看右手（图 13-2-54、图 13-2-55）。

3. 上体微向左转，左脚向前方迈出，上体继续向左转，右腿自然蹬直，左腿屈膝，成左弓步；同时左臂向左出（即左臂平屈成弓形，用前臂外侧和手背向前方推出），高与肩平，手心向内；右手向右下落放于右胯旁，手心向下，指尖向前；眼看前臂（图 13-2-56、图 13-2-57）。

要点： 出时，两臂前后均保持弧形。分手、松腰、弓腿三者必须协调一致。揽雀尾弓步时，两脚跟横向距离不超过 10 厘米。

图 13-2-53　　　　图 13-2-54　　　　图 13-2-55　　　　图 13-2-56　　　　图 13-2-57

4. 身体微向左转，左手随即前伸翻掌向下，右手翻掌向上，腹前向上、向前伸至左前臂下方；然后两手下捋，即上体向右转。两手经腹前向右后上方划弧，直至右手手心向上，高与肩齐，左臂平屈于胸前，手心向后；同时身体重心移至右腿；眼看右手（图 13-2-58、图 13-2-59）。

要点：下捋时，上体不可前倾，臀部不要凸出。两臂下捋须随腰旋转，仍走弧线。左脚全掌着地。

5. 上体微向左转，右臂屈肘折回，右手附于左手腕里侧（相距约 5 厘米），上体继续向左转，双手同时向前挤出，左前臂要保持半圆；同时身体重心逐渐移变成左弓步；眼看左手腕部（图 13-2-60、图 13-2-61）。

要点：向前挤时，上体要挺直。挤的动作要与松腰、弓腿相一致。

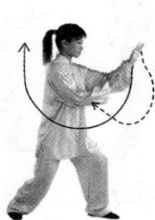   

图 13-2-58　　　　图 13-2-59　　　　图 13-2-60　　　　图 13-2-61

6. 左手翻掌，手心向下，右手经左腕上方向前，向右伸出，高与左手齐，手心向下，两手左右分开，宽与肩同；然后右腿屈膝，上体慢慢后坐，身体重心移至右腿上，左脚尖翘起；同时两手屈肘回收至腹前，手心均向前下方；眼向前平视（图 13-2-62 ~ 图 13-2-64）。

7. 上式不停，身体重心慢慢前移，同时两手向前、向上按出，掌心向前；左腿成左弓步；眼平视前方（图 13-2-65）。

要点：向前按时，两手须走曲线，手腕部高与肩平，两肘微屈。

  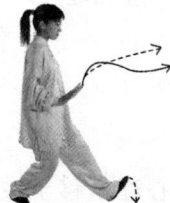 

图 13-2-62　　　　图 13-2-63　　　　图 13-2-64　　　　图 13-2-65

（八）右揽雀尾

1. 上体后坐并向右转，身体重心移至右腿，左脚尖内扣；右手向右平行划弧至右侧，然后由右下经腹前向左上划弧至左肋前，手心向上；左臂平屈胸前，左手掌向下与右手成抱球状；同时身体重心再移至左腿上，右脚收至左脚内侧，脚尖点地；眼看左手（图13-2-66 ~ 图13-2-69）。

图13-2-66　　　　图13-2-67　　　　图13-2-68　　　　图13-2-69

2. 同"左揽雀尾" 3.解，只是左右相反（图13-2-70、图13-2-71）。

3. 同"左揽雀尾" 4.解，只是左右相反（图13-2-72、图13-2-73）。

4. 同"左揽雀尾" 5.解，只是左右相反（图13-2-74、图13-2-75）。

图13-2-70　　图13-2-71　　图13-2-72　　图13-2-73　　图13-2-74　　图13-2-75

5. 同"左揽雀尾" 6.解，只是左右相反（图13-2-76 ~ 图13-2-78）。

6. 同"左揽雀尾" 7.解，只是左右相反（图13-2-79）。

要点：均与"左揽雀尾"相同，只是左右相反。

图13-2-76　　　　图13-2-77　　　　图13-2-78　　　　图13-2-79

第四组

（九）单　鞭

1. 上体后坐，身体重心逐渐移至左腿上，右脚尖内扣；同时上体左转，两手（左高右低）向左弧形运转，直至左臂平举伸于身体左侧，手心向左，右手经腹前运至左肋前，手心向后上方；眼看左手（图 13-2-80、图 13-2-81）。

2. 身体重心再渐渐移至右腿上，上体右转，左脚向右脚靠拢，脚尖点地；同时右手向右上方划弧（手心由里转向外），至右侧方时变勾手，臂与肩平；左手向下经腹前向右上划弧停于右肩前，手心向里；眼看左手（图 13-2-82、图 13-2-83）。

3. 上体微向左转，左脚向左前侧方迈出，右脚跟后蹬，成左弓步；在身体重心移向左腿的同时，左掌随上体的继续左转慢慢翻转向前推出，手心向前，手指与眼齐平，臂微屈；眼看左手（图 13-2-84）。

要点：上体保持挺直、松腰。完成时，右臂肘部稍下垂，左肘与左膝上下相对，两肩下沉。左手向外翻掌前推时，要随转体边翻边推出，不要翻掌太快或最后突然翻掌。全部过渡动作要上下协调一致。如面向南起势，单鞭的方向（左脚尖）应向东偏北（大约为 15°）。

图 13-2-80　　　图 13-2-81　　　图 13-2-82　　　图 13-2-83　　　图 13-2-84

（十）云　手

1. 身体重心移至右腿上，身体渐向右转，左脚尖内扣；左手经腹前向右上划弧至右肩前，手心斜向后，同时右手变掌，手心向右前；眼看左手（图 13-2-85 ~ 图 13-2-87）。

2. 上体慢慢左转，身体重心随之逐渐左移；左手由脸前向左侧运转，手心渐渐转向左方；右手由右下经腹前向左上划弧，至左肩前，手心斜向后；同时右脚靠近左脚，成小开立步（两脚距离 10 ~ 20 厘米）；眼看右手（图 13-2-88 ~ 图 13-2-90）。

图 13-2-85　　图 13-2-86　　图 13-2-87　　图 13-2-88　　图 13-2-89　　图 13-2-90

3. 上体再向右转，同时左手经腹前向右上划弧至右肩前，手心斜向后；右手向右侧运转，手心翻转向右；随之左腿向左横跨一步；眼看左手（图 13-2-91 ~ 图 13-2-93）。

4. 同 2. 解（图 13-2-94、图 13-2-95）。

图 13-2-91　　　图 13-2-92　　　图 13-2-93　　　图 13-2-94　　　图 13-2-95

5. 同 3. 解（图 13-2-96 ~ 图 13-2-98）。

6. 同 2. 解（图 13-2-99、图 13-2-100）。

要点：身体转动要以腰为轴，松腰、松胯，不可忽高忽低。两臂随腰的转动而转动，要自然圆活，速度要缓慢、均匀。下肢移动时，身体重心稳定，两脚掌先着地再踏实，脚尖向前。眼的视线随左右手而移动。第三个"云手"，右脚最后跟步时，脚尖微向内扣，便于接"单鞭"动作。

图 13-2-96　　　图 13-2-97　　　图 13-2-98　　　图 13-2-99　　　图 13-2-100

（十一）单　鞭

1. 上体右转，右手随之向右运转，至右侧方时变成勾手；左手经腹前向右上划弧至右肩前，手心向内；身体重心落在右腿上，左脚尖点地；眼看左手（图 13-2-101、图 13-2-102）。

2. 上体微向左转，左脚向左前侧方迈出，右脚跟后蹬，成左弓步；在身体重心移向左腿的同时，上体继续左转，左掌慢慢翻转向前推出，成"单鞭"式（图 13-2-103、图 13-2-104）。

要点：与前"单鞭"式相同。

第五组

（十二）高探马

1. 右脚跟进半步，身体重心逐渐后移至右腿上；右勾手变成掌，两手心翻掌向上，两肘微屈；同时身体微向右转，左脚跟渐渐离地；眼看左前方（图 13-2-105）。

2. 上体微向左转，面向前方；右掌经右耳旁向前推出，手心向前，手指与眼同高；左手收至左侧腰前，手心向上；同时左脚微向前移，脚尖点地，成左虚步；眼看右手（图 13-2-106）。

要点：上体自然挺直，双肩要下沉，右肘微下垂。跟步移换重心时，身体不要有起伏。

图 13-2-101　　图 13-2-102　　图 13-2-103　　图 13-2-104　　图 13-2-105　　图 13-2-106

（十三）右蹬脚

1. 左手手心向上，前伸至右手腕背面，两手相互交叉，随即向两侧分开并向下划弧，手心斜向下；同时左脚提起向左前侧方进步（脚尖略外撇）；身体重心前移，右腿自然蹬直，成左弓步；眼看前方（图 13-2-107 ～ 图 13-2-109）。

2. 两手由外圈向里圈划弧，两手交叉合抱于胸前，右手在外，手心均向后；同时右脚向左脚靠拢，脚尖点地；眼平看右前方（图 13-2-110）。

3. 两臂左右划弧分开平举，肘部微屈，手心均向外；同时右腿屈膝提起，右脚向右前方慢慢蹬出，眼看右手（图 13-2-111、图 13-2-112）。

要点：身体要稳，不可前俯后仰。两手分开时，腕部与肩齐平。蹬脚时，左腿微屈，右脚尖回勾，劲使在脚跟。分手和蹬脚须协调一致。右臂和右腿上下相对。如面向南起势，蹬脚方向应为正东偏南（约30°）。

图 13-2-107　　图 13-2-108　　图 13-2-109　　图 13-2-110　　图 13-2-111　　图 13-2-112

（十四）双峰贯耳

1. 右腿收回，屈膝平举，左手由后向上，向前下落至体前，两手心均翻转向上，两手同时向下划弧分落于右膝盖两侧；眼看前方（图 13-2-113、图 13-2-114）。

2. 右脚向右前方落下，身体重心渐渐前移，成右弓步，面向右前方；同时两手下落，慢慢变拳，分别从两侧向上、向前划弧至面部前方，成钳状，两拳相对，高与耳齐，拳眼都斜向内下（两拳中间距离10 ～ 20厘米）；眼看右拳（图 13-2-115、图 13-2-116）。

要点：完成时，头颈挺直、松腰松胯、两拳松握、沉肩垂肘，两臂均保持弧形。双峰贯耳式的弓步和身体方向右蹬脚方向相同。弓步的两脚跟横向距离同"揽雀尾"式。

图 13-2-113　　　　图 13-2-114　　　　图 13-2-115　　　　图 13-2-116

（十五）转身左蹬脚

1. 左腿屈膝后坐，身体重心移至左腿，上体左转，右脚尖内扣；同时两拳变掌，由上向左右划弧分开平举，手心向前；眼看左手（图 13-2-117、图 13-2-118）。

2. 身体重心再移至右腿，左脚收到右脚内侧，脚尖点地；同时两手由外圈划弧合抱于胸前，左手在外，手心均向后；眼平看左方（图 13-2-119、图 13-2-120）。

3. 两臂左右划弧分开平举，肘部微屈，手心均向外；同时左腿屈膝提起，左脚向前方慢慢蹬出；眼看左手（图 13-2-121、图 13-2-122）。

要点：右蹬脚式相同，只是左右相反。左蹬脚方向与右蹬脚成180°（即正西偏北约30°）。

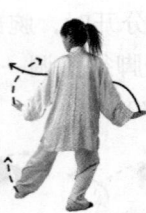

图 13-2-117　　图 13-2-118　　　图 13-2-119　　图 13-2-120　　图 13-2-121　　图 13-2-122

第六组

（十六）左下势独立

1. 左腿收回平屈，上体右转；右掌变成勾手，左掌向上、向右划弧下落，立于右肩前，掌心斜向后；眼看右手（图 13-2-123、图 13-2-124）。

2. 右腿慢慢屈膝下蹲，左腿由内向左侧（偏后）伸出，成左仆步；左手下落（掌心向外）向左下顺左腿内侧向前穿出；眼看左手（图 13-2-125、图 13-2-126）。

要点：右腿全蹲时，上体不可过于前倾。左腿伸直，左脚尖须向内扣，两脚脚掌全部着地。左脚尖 右脚跟踏在中轴线上。

3. 身体重心前移，左脚跟为轴，脚尖尽量向外撇，左腿前弓，右腿后蹬，右脚尖内扣，上体微向左转并向前起身；同时左臂继续向前伸出（立掌），掌心向右，右勾手下落，钩尖向后；眼看左手（图 13-2-127）。

图 13-2-123　　　　图 13-2-124　　　　图 13-2-125　　　　图 13-2-126　　　　图 13-2-127

4. 右腿慢慢提起平屈，成左独立式；同时右勾手变掌，并由后下方顺右腿外侧向前弧形摆出，屈臂立于右腿上方，肘与膝相对，手心向左；左手落于左胯旁，手心向下，指尖向前；眼看右手（图 13-2-128、图 13-2-129）。

要点：上体要挺直，独立的腿要微屈，右腿提起时脚尖自然下垂。

（十七）右下势独立

1. 右脚下落于左脚前，脚掌着地，然后以左脚前掌为轴脚跟转动，身体随之左转；同时左手向后平举变成勾手，右掌随着转体向左侧划弧，立于左肩前，掌心斜向后；眼看左手（图 13-2-130、图 13-2-131）。

图 13-2-128　　　　　　图 13-2-129　　　　　　图 13-2-130　　　　　　图 13-2-131

2. 同"左下势独立"2.解，只是左右相反（图 13-2-132、图 13-2-133）。

3. 同"左下势独立"3.解，只是左右相反（图 13-2-134）。

4. 同"左下势独立"4.解，只是左右相反（图 13-2-135、图 13-2-136）。

要点：左脚尖触地后必须稍微提起，然后再向下仆腿。其他均"左下势独立"相同，只是左右相反。

图 13-2-132　　　　图 13-2-133　　　　图 13-2-134　　　　图 13-2-135　　　图 13-2-136

第七组

（十八）左右穿梭

1. 身体微向左转，左脚向前落地，脚尖外撇，右脚跟离地，两腿屈膝成半坐盘式；同时两手在左胸前成抱球状（左上右下）；然后右脚收到左脚的内侧，脚尖点地；眼看前臂（图13-2-137、图13-2-138）。

2. 身体右转，右脚向右前方迈出，屈膝弓腿，成右弓步；同时右手由脸前向上举并翻掌停在右额前，手心斜向上；左手先向左下再体前向前推出，高与鼻尖平，手心向前；眼看左手（图13-2-139～图13-2-141）。

图13-2-137　　图13-2-138　　图13-2-139　　图13-2-140　　图13-2-141

3. 身体重心略向后移，右脚尖稍向外撇，随即身体重心再移至右腿，左脚跟进，停于右脚内侧，脚尖点地；同时两手在右胸前成抱球状（右上左下）；眼看右前臂（图13-2-142、图13-2-143）。

4. 同2.解，只是左右相反（图13-2-144～图13-2-146）。

要点：完成姿势面向斜前方（如面向南起势，左右穿梭方向分别为正西偏北和正西偏南，均约30°）。手推出后，上体不可前俯。手向上举时，防止引肩上耸。一手上举一手前推，要与弓腿松腰上下协调一致。做弓步时，两脚跟的横向距离同搂膝拗步式，保持在30厘米左右。

图13-2-142　　图13-2-143　　图13-2-144　　图13-2-145　　图13-2-146

（十九）海底针

右脚向前跟进半步，身体重心移至右腿，左脚稍向前移，脚尖点地，成左虚步；同时身体稍向右转，右手从右耳旁斜向下方插出，掌心向左，指尖斜向下；与此同时，左手向前、向下划弧落于左胯旁，手心向下，指尖向前；眼看前下方（图13-2-147、图13-2-148）。

要点：身体要先向右转，再向左转。完成姿势后，面向正西。上体不可太前倾。避免低头和臀部外凸。左腿要微屈。

（二十）闪通臂

上体稍向右转，左脚向前迈出，屈膝弓腿成左弓步；同时右手由体前上提，屈臂上举，停于右额前上方，掌心翻转斜向上，拇指朝下；左手上起经胸前推出，高与鼻尖平，手心向前；眼看左手（图 13-2-149 ~ 图 13-2-151）。

要点：完成姿势上体自然挺直、松腰、松胯；左臂不要完全伸直，背部肌肉要伸展开。推掌、举掌和弓腿动作要协调一致。弓步时，两脚跟横向距离同"揽雀尾"式（不超过 10 厘米）。

图 13-2-147　　图 13-2-148　　图 13-2-149　　图 13-2-150　　图 13-2-151

第八组

（二十一）转身搬拦捶

1. 上体后坐，身体重心移至右腿上，左脚尖内扣，身体向右后转，然后身体重心再移至左腿上；与此同时，右手随着转体向右、向下（变拳）腹前划弧至左肋旁，拳心向下；左掌上举于头前，掌心斜向上；眼看前方（图 13-2-152、图 13-2-152 附）。

2. 向右转体，右拳经胸前向前翻转撇出，拳心向上；左掌落于左胯旁，掌心向下，指尖向前；同时右脚收回后（不要停顿或脚尖点地）即向前迈出，脚尖外撇；眼看右拳（图 13-2-153、图 13-2-153 附）。

图 13-2-152　　图 13-2-152 附　　图 13-2-153　　图 13-2-153 附

3. 身体重心移至右腿上，左脚向前迈一步；左手上起经左侧向前上划弧拦出，掌心向前下方；同时右拳向右划弧收到右腰旁，拳心向上；眼看左手（图 13-2-154、图 13-2-155）。

4. 左腿前弓成左弓步，同时右拳向前打出，拳眼向上，高与胸平，左手附于右前臂里侧；眼看右拳（图 13-2-156）。

要点：右拳不要握得太紧。右拳回收时，前臂要慢慢内旋划弧，然后再外旋停于右腰旁，拳心向上。向前打拳时，右肩随拳略向前引伸，沉肩垂肘，右臂要微屈。弓步时，两脚横向距离同"揽雀尾"式。

图 13-2-154　　　　　　图 13-2-155　　　　　　图 13-2-156

（二十二）如封似闭

1. 左手由右腕下向前伸出，右拳变掌，两手手心逐渐翻转向上慢慢分开回收；同时身体后坐，左脚尖翘起，身体重心移至右腿；眼看前方（图 13-2-157 ~ 图 13-2-159）。

2. 两手在胸前翻掌，向下经腹前再向上、向前推出，腕部与肩平，手心向前；同时左腿前弓成左弓步；眼看前方（图 13-2-160、图 13-2-161）。

要点：身体后坐时，避免后仰，臀部不可凸出。两臂随身体回收时，肩、肘部略向外松开，不要直着抽回。两手推出宽度不要超过两肩。

图 13-2-157　　　图 13-2-158　　　图 13-2-159　　　图 13-2-160　　　图 13-2-161

（二十三）十字手

1. 屈膝后坐，身体重心移向右腿，左脚尖内扣，向右转体；右手随着转体动作向右平摆划弧，左手成两臂侧平举，掌心向前，肘部微屈；同时右脚尖随着转体稍向外撇，成右侧弓步；眼看右手（图 13-2-162 ~ 图 13-2-164）。

2. 身体重心慢慢移至左腿，右脚尖内扣，随即向左收回，两脚距离与肩同宽，两腿逐渐蹬直，成开立步；同时两手向下经腹前向上划弧交叉合抱于胸前，两臂撑圆，腕略高与肩平，右手在外，成十字手，手心均向后；眼看前方（图 13-2-165、图 13-2-166）。

要点：两手分开和合抱时，上体不要前俯。站起后，身体自然挺直，头要微微上顶，下颌稍向后收。两臂环抱时须圆满舒适，沉肩垂肘。

图 13-2-162　　　图 13-2-163　　　图 13-2-164　　　图 13-2-165　　　图 13-2-166

（二十四）收　势

两手向外翻掌，手心向下，两臂慢慢下落，停于身体两侧；眼看前方（图 13-2-167、图 13-2-168）。

要点：两手左右分开下落时，要注意全身放松，同时气也徐徐下沉（呼气略加长）。呼吸平稳后，把左脚收到右脚旁再走动休息。

图 13-2-167　　图 13-2-168

第三节　初级长拳（第三路）

初级长拳

长拳是武术主要拳种之一。"长拳"一词最早记载于明朝。现代武术运动中的长拳是沿用了明代长拳的称谓，将具有广泛群众基础的查、华、炮、红、少林等具有拳势舒展、快速有力、节奏鲜明等共同特点的拳术统称为长拳。

一、技法特点

长拳的运动特点表现为撑拨舒展、势正招圆、快速有力、灵活多变、蹿蹦跳跃。

（一）手要快捷，眼要明锐

长拳对手法的要求是"拳如流星"，要快捷、有力。但不仅仅指拳的挥动要迅速，如迅雷不及掩耳，而且掌法、肩臂、手腕的运动也要如此。

长拳对眼法的要求是"眼似电"，要明快、锐利。长拳中的眼法不是孤立的，而是与动作密不可分的。大体可分为两种：一种是"随视"，要求"眼随手动"；另一种是"注视"，要求"目随势注"。

（二）步要稳固，身要灵活

长拳对步法的要求是"步塞粘"，要稳固。站定时要像脚步粘黏在地上一样稳固，不掀脚、不拔跟、不动摇。不受上肢、下肢和躯干活动的影响，还要给上、下肢和躯干活动提供必要的稳固条件和基础保障。

身法主要通过胸、背、腰、腹、臀五个部位来展现。一般由活动性动作进入静止动作时，多讲究挺胸、直背、塌腰、敛臀。运动中则要求"体随势变"，身法灵活。不同的动作采取不同的身法变化与手、眼、步、腿诸法的协调配合，才能达到"腰如蛇行"。

（三）气要下沉，力要顺达

长拳对呼吸的要求是"气宜沉"，要气沉丹田。这是因为呼吸在长拳运动中关系着运动的持久性，也关系着劲力的催动，即所谓以气催力。长拳运动，结构复杂、起伏转折、快速有力，这些特点决定了长拳运动强度大，对氧的需要量也较大。如果不善于掌握和运用"气沉丹田"的腹式呼吸，就容易使气血上涌，使气息在胸间游动。

长拳对劲力的要求是"力要顺达"。发力顺达是动作间衔接的必备条件，否则会使动作僵硬、呆板，出现僵劲硬力，破坏动作结构与套路节奏。

（四）精要充沛，功要纯青

长拳对精神的要求是充沛、饱满、贯注。充沛如江河怒潮，饱满如雷霆震怒，贯注如鹰视猎物。要显示出鼓荡的气势与"怒"的气魄。

长拳对技术的要求是"功宜纯"。这里的"功"是指长拳的技术及运用技术的技能与技巧。"功宜纯"是指要求功夫像炉火一样纯青。

二、初级长拳（第三路）动作图解

预备动作

预备式：两脚并步站立，两臂垂于身体两侧，五指并拢贴靠大腿外侧，两眼向前平视（图 13-3-1）。

要点：头要端正，下颌微收，挺胸、塌腰、收腹。

（一）虚步亮掌

1. 右脚向右后方撤步成左弓步；右掌向右、向上划弧，掌心向上；左臂屈肘提至腰侧，掌心向上。目视右掌（图 13-3-2）。

2. 右腿微屈，重心后移；左掌经胸前从左臂上方向前穿出伸直；右臂屈肘，右掌收至腰侧，掌心向上。目视左掌（图 13-3-3）。

3. 重心继续后移，左脚稍向右移，脚尖点地，成左虚步；左臂内旋向左、向后划弧成勾手，勾尖向上；右手继续身后、向右、向前划弧，屈肘抖腕，在头前上方成亮掌（即横掌），掌心向前，掌指向左。目视左方（图 13-3-4）。

要点：三个动作必须连贯。成虚步时，重心落于右腿上，右大腿与地面平行；左腿微屈，脚尖点地。

图 13-3-1   图 13-3-2   图 13-3-3   图 13-3-4

（二）并步对拳

1. 右腿蹬直，左腿提膝，脚尖内扣，上肢姿势不变（图 13-3-5）。

2. 左脚向前落步，重心前移；左臂屈肘，左勾手变掌经左肋前伸；右臂外旋向前落下于左掌右侧，两掌同高，掌心均向上（图 13-3-6）。

3. 右脚向前上一步，两臂下垂后摆（图 13-3-7）。

4. 左脚向右脚并步，两臂向外向上经胸前屈肘下按，两掌变拳，拳心向下，停于小腹前。目视左侧（图 13-3-8）。

要点：并步后挺胸、塌腰；对拳、并步、转头要同时完成。

图 13-3-5   图 13-3-6   图 13-3-7   图 13-3-8

第一段

（一）弓步冲拳

1. 左脚向左上一步，脚尖向斜前方；右腿微屈，成半马步；左臂向上、向左格打，拳眼向右，拳与肩同高；右拳收至腰侧，拳心向上。目视左拳（图 13-3-9）。

2. 右腿蹬直成左弓步；左拳收至腰侧，拳心向上；右拳向前冲出，高与肩平，拳眼向上。目视右拳（图 13-3-10）。

要点：成弓步时，右腿充分蹬直，脚跟不要离地；冲拳时，尽量转腰送肩。

（二）弹腿冲拳

重心移至左腿，右腿屈膝提起，脚面绷直，猛力向前弹出伸直，高与腰平；右拳收至腰侧；左拳向前冲出。目视前方（图 13-3-11）。

要点：弹出的腿要有爆发力，力点达于脚尖；弹腿和冲拳要协调，同时完成。

（三）马步冲拳

右脚向前落步，脚尖内扣，上体左转；左拳收至腰侧，两腿下蹲成马步；右拳向前冲出。目视右拳（图13-3-12）。

要点：成马步时，大腿要成水平，两腿平行，脚跟外蹬，挺胸、塌腰。

图13-3-9　　　　图13-3-10　　　　图13-3-11　　　　图13-3-12

（四）弓步冲拳

1. 右转90°，右脚尖外撇向斜前方，成半马步；右臂屈肘向右格挡，拳眼向后。目视右拳（图13-3-13）。

2. 左腿蹬直成右弓步；右拳收至腰侧；左拳向前冲出。目视左拳（图13-3-14）。

要点：与本段的弓步冲拳相同，只是左右相反。

（五）弹腿冲拳

重心移至右脚，左腿屈膝提起，脚面绷直，猛力向前弹出伸直，高与腰平；左拳收至腰侧，右拳向前冲出。目视前方（图13-3-15）。

要点：与本段的弹腿冲拳相同，只是左右相反。

图13-3-13　　　　图13-3-14　　　　图13-3-15

（六）大跃步前穿

1. 左腿屈膝上提；右拳变掌内旋，以手背向下挂至左膝外侧；上体前倾。目视右手（图13-3-16）。

2. 左脚向前落步，两腿微屈；右掌继续向后挂；左拳变掌，向后、向下伸直。目视右掌（图13-3-17）。

3. 左腿屈膝向后提起，右腿立即猛力蹬地向前跃出；两掌向前、向上划弧摆起。目视右掌（图13-3-18）。

4. 右腿落地全蹲，左腿随即落地向前铲出成仆步；右掌变拳抱于腰侧，左掌由上向右、向下划弧成立掌，停于右胸前。目视左方（图 13-3-19）。

要点：跃步要远，落地要轻，整个动作要协调、连贯完成。

图 13-3-16　　　　图 13-3-17　　　　图 13-3-18　　　　图 13-3-19

（七）弓步击掌

右腿蹬直成左弓步，左掌经左脚面向后划弧至身后成勾手，左臂伸直，勾尖向上；右拳由腰侧变掌向前推出，掌指向上，掌外侧向前。目视右掌（图 13-3-20）。

（八）马步架掌

1. 重心移至两腿中间，左脚脚尖内扣成马步，上体左转；右臂向左侧平摆，稍屈肘；同时左勾手变掌由后经左腰侧从右臂内向前上方穿出，掌、指均朝上。目视左手（图 13-3-21①）。

2. 右掌立于左胸前，左臂向左上屈肘抖腕亮掌于头部左上方，掌心向上。目右转视（图 13-3-21②）。

要点：抖腕、甩头要同时。马步的要求同前。

①　　　　②

图 13-3-20　　　　图 13-3-21

第二段

（一）虚步栽拳

1. 右脚蹬地，屈膝提起；左腿伸直，以前脚掌为轴向右后转体 180°；右掌由左胸前向下经右腿外侧向后划弧成勾手；左臂随上体转动并外旋，使掌心朝右。目视右手（图 13-3-22）。

2. 右脚向右落地，重心移至右腿上，下蹲成左虚步；左掌变拳下落于左膝上，拳眼向内；右勾手变拳，屈肘上架于头右上方，拳心向前。目视左方（图13-3-23）。

要点：落步、架拳、栽拳、转头要同时完成。

（二）提膝穿掌

1. 右腿稍伸直；右拳变掌收至腰侧，掌心向上；左拳变掌由下向左、向上划弧盖压于体前，掌心向前（图13-3-24）。

2. 右腿蹬直，左腿屈膝提起，脚尖内扣；右掌从腰侧经左臂内向右前上方穿出，掌心向上；左掌收至右胸前成立掌。目视右掌（图13-3-25）。

要点：支撑腿与右臂充分伸直。

（三）仆步穿掌

右腿前蹲，左腿向左侧铲出成左仆步；右臂不动，左掌由右胸前向下经左腿内侧，向左脚面穿出。目随左掌转视（图13-3-26）。

图13-3-22　　图13-3-23　　图13-3-24　　图13-3-25　　图13-3-26

（四）虚步挑掌

1. 右腿蹬直，重心前移至左腿成左弓步；右掌稍下降，左掌随重心前移向前挑起（图13-3-27）。

2. 右脚向左前方上步，左腿半蹲，成右虚步；上体随上步左转180°；在右脚上步的同时，左掌由前向上、向后划成立掌，右掌由后向下、向前上方挑起成立掌，指尖与眼平。目视右掌（图13-3-28）。

要点：上步要协调，虚步要稳。

（五）马步击掌

1. 右脚落实，脚尖外撇，重心升高右移，左掌变拳收至腰侧；右掌俯掌向外搂手（图13-3-29）。

2. 左脚向前上一步，以右脚为轴向后转体180°，两腿下蹲成马步；左掌从右臂上成立掌向左侧击出；右掌变拳收至腰侧。目视左掌（图13-3-30）。

要点：右掌搂手时，先使臂内旋、腕伸直，手掌向下、向外转；接着臂外旋，掌心经下向上翻转，同时抓握成拳。收拳和击掌动作要同时进行。

图 13-3-27　　　　　　图 13-3-28　　　　　　图 13-3-29　　　　　　图 13-3-30

（六）插步双摆掌

1. 重心稍右移，同时两掌向下、向右摆，掌指向上。目视右掌（图 13-3-31）。

2. 右脚向左腿后插步，前脚掌着地；两臂继续由右向上、向左摆，停于身体左侧，均成侧立掌，右掌停于左肘窝处。眼随手动（图 13-3-32）。

要点：两臂要划立圆，幅度要大，摆掌与后插步配合一致。

（七）弓步击掌

1. 两腿不动；左掌收至腰侧，掌心向上；右掌向前划弧推出，掌心向前（图 13-3-33）。

2. 左腿后撤一步，成右弓步；右掌向下、向后伸直摆动，成勾手，勾尖向上，左掌成立掌向前推出。目视左掌（图 13-3-34）。

图 13-3-31　　　　　　图 13-3-32　　　　　　图 13-3-33　　　　　　图 13-3-34

（八）转身踢腿马步盘肘

1. 两脚以前脚掌为轴向后转体 180°，在转体的同时，左臂向上、向前划半立圆，右臂向下、向后划半立圆（图 13-3-35）。

2. 上动不停，两脚不动，右臂由后向上、向前划半立圆，左臂由前向下、向后划半立圆（图 13-3-36）。

3. 上动不停，右臂向下、向身后成反臂勾手，勾尖向上；左臂向上成亮掌，掌心向前上方；右腿伸直，脚尖勾起，向额前踢（图 13-3-37）。

4. 右脚向前落地，脚尖内扣；右手不动，左臂屈肘下落至胸前，左掌心向下。目视左掌（图 13-3-38）。

5. 上体左转 90°，两腿下蹲成马步；同时左掌向前、向左平掳变拳收至腰侧；右勾手变拳，右臂伸直，由体后向右、向前平摆，至体前时屈肘，肘尖向前，高与肩平，拳心向下。目视前方（图 13-3-39）。

要点：两臂抡动时要划立圆，动作连贯；盘肘时要快速有力，右臂前送。

图 13-3-35　　图 13-3-36　　图 13-3-37　　图 13-3-38　　图 13-3-39

第三段

（一）歇步抡砸拳

1. 重心稍升高，右脚尖外撇，右臂由胸前向上、向右抡直；左拳向下、向左，使臂抡直。目视右拳（图 13-3-40）。

2. 上动不停，两脚以前脚掌为轴，向右后转体 180°；右臂向下、向后抡摆，左臂向上、向前随身体转动（图 13-3-41）。

3. 紧接上动，两腿前蹲成歇步，左臂随身体下蹲，同时左拳向下平砸，拳心向上，臂部微屈；右臂伸直向上举起。目视左拳（图 13-3-42）。

要点：抡臂动作要连贯完成，划成立圆；歇步要两腿交叉前蹲，左腿的大、小腿靠紧，臀部贴于小腿外侧，膝关节在右小腿外侧，脚跟提起；右脚尖外撇，前脚着地。

（二）仆步亮掌

1. 左脚由右腿后抽出上前一步，左腿蹬直，右腿半蹲，成右弓步，上体微向右转；左拳收至腰侧，右拳变掌向下经胸前向右横击掌。目视右掌方（图 13-3-43）。

2. 右脚蹬地屈膝提起，上体右转；左拳变掌从右掌上向前穿出，掌心向上；右掌平收至左肘下（图 13-3-44）。

3. 右脚向右落步，屈膝下蹲，左腿伸直成仆步。左掌向下、向后划弧成勾手，勾尖向上；右掌向右、向上划弧微屈，抖腕成亮掌，掌心向前。头随右手转动，成亮掌时，目视左方（图 13-3-45）。

要点：落步下蹲时，先成右仆步，然后迅速过渡成左仆步；成仆步时，左腿充分伸直，脚尖内扣，右腿前蹲，两脚掌前部着地；上体挺胸塌腰，稍左转。

图 13-3-40　　图 13-3-41　　图 13-3-42　　图 13-3-43　　图 13-3-44　　图 13-3-45

（三）弓步劈拳

1. 右腿蹬地立起，左腿收回并向左前方上步；右掌变拳收至腰侧，拳心向上；左勾手变掌由下向前上经胸前向左做掳手（图 13-3-46）。

2. 右腿经过左腿前方向左绕上一步，左腿蹬直成右弓步；左手向左平掳后再向前挥摆，虎口朝前（图 13-3-47）。

3. 在左手平掳的同时，右掌向后平摆，然后再向前、向上做抡臂劈拳，拳高与耳平，拳心向上，左掌外旋接扶右前臂。目视右拳（图 13-3-48）。

要点：左右脚上步稍带弧形。

图 13-3-46　　　　　图 13-3-47　　　　　图 13-3-48

（四）换跳步弓步冲拳

1. 重心后移，右脚稍向后移动，右拳手臂内旋，向下划弧挂至右膝内侧；左掌背贴靠右肘外侧，掌指向上。目视右拳（图 13-3-49）。

2. 右腿自然上抬，上体稍向左扭转；右拳变掌挂至身体左侧，左掌伸向右腋下。目随右掌转视（图 13-3-50）。

3. 右脚以前脚掌用力向下震踩，与此同时，左脚急速离地抬起；右手由左向上、向前掳盖而后变拳收至腰侧；左掌伸直向下、向上、向前屈肘下按，掌心向前。上体右转，目视左掌（图 13-3-51）。

4. 左脚向前落步，右腿蹬直成左弓步；右拳向前冲出，拳眼朝上，拳高与肩平；左掌藏于右腋下，掌背贴靠腋窝，掌指向上。目视右拳（图 13-3-52）。

要点：换跳步动作要连贯、协调；震脚时腿要弯曲，全脚掌着地；左脚离地不要高。

图 13-3-49　　　图 13-3-50　　　图 13-3-51　　　图 13-3-52

（五）马步冲拳

上体右转 90°，重心移至两腿中间，成马步；右拳收至腰侧，拳心向上；左掌变拳向左冲出，拳眼向上。目视左拳（图 13-3-53）。

（六）弓步下冲拳

右脚蹬直，左腿弯曲，上体稍向左转，成左弓步；左拳变掌向下经体前向上架于头左上方，掌心向上，右拳自腰侧向右前下方冲出，拳眼向上。目视右拳（图 13-3-54）。

（七）插步亮掌侧踹腿

1. 上体稍右转；左掌由头上下落于右手腕上，右拳变掌，两手交叉成十字。目视前方（图 13-3-55）。

2. 右脚蹬地并向左腿后插步，以前脚掌着地；左掌由体前向下、向后划弧成勾手，勾尖向上；右掌由前向右、向上划弧抖腕亮掌，掌心向上。目视左侧（图 13-3-56）。

3. 重心移至右腿，左腿屈膝提起，向左上方猛力踹出。上肢姿势不变，目视左侧（图 13-3-57）。

要点：插步时上体稍向右倾斜，腿、臂的动作要一致；侧踹高度不能低于腰，着力点在脚跟。

图 13-3-53　　图 13-3-54　　图 13-3-55　　图 13-3-56　　图 13-3-57

（八）虚步挑拳

1. 左脚在左侧落地；右掌变拳稍后移，左勾手变拳由体后向左上挑，拳眼向上（图 13-3-58）。

2. 上体左转 180°，微含胸前俯；左拳继续向前、向上划弧上挑，右拳向下、向前划弧挂至身体右后侧，同时右膝提起。目视右拳（图 13-3-59）。

3. 右脚向左前方上步，脚尖点地，重心落于左脚，左腿下蹲成右虚步；左拳向后划弧收至腰侧，拳心向上；右拳向前屈臂挑出，拳眼斜向上，拳与肩同高。目视右拳（图13-3-60）。

图 13-3-58　　　　图 13-3-59　　　　图 13-3-60

第四段

（一）弓步顶肘

1. 重心提高，右臂内旋向下划弧以拳背下挂至右膝内侧，左拳不变。目视前下方（图13-3-61）。

2. 左腿蹬直，右腿屈膝上抬；左拳变掌，右拳不变，两臂向前上划弧摆起。目随左掌转视（图13-3-62）。

3. 左脚蹬地起跳，身体腾空，两臂继续划弧至头上方（图13-3-63）。

4. 右脚先落地，右腿屈膝，左脚向前落步，以前脚掌着地；同时两臂向右、向下屈肘停于左胸前，右拳变掌，左掌变拳，右掌心贴靠在左拳面（图13-3-64）。

5. 左脚向左上一步，左腿屈膝，右腿蹬直成左弓步；右掌推左拳，以肘尖向左顶出，高与肩平。目视左方（图13-3-65）。

要点：交换步时不要过高，但要快；两臂抡摆时要成圆弧。

（二）转身左拍脚

1. 以两脚前脚掌为轴向右后转体180°，左腿蹬直成右弓步；随着转体，右臂向上、向右、向下划弧抡摆，同时左拳变掌向下、向后、向前上抡摆（图13-3-66）。

2. 重心移至右腿，左腿伸直向前上踢起，脚面绷直；左掌变拳收至腰侧，右掌由体后向上、向前拍击左脚面（图13-3-67）。

要点：右掌拍脚时手掌稍横过来，拍脚要准而响亮。

图 13-3-61　　图 13-3-62　　图 13-3-63　　图 13-3-64　　图 13-3-65

（三）右拍脚

1. 左脚向前落地，左拳变掌向下向后摆；右掌变拳收至腰侧，拳心朝上（图13-3-68）。

2. 右腿伸直向前上踢起，脚面绷直；左掌由后向上、向前拍击右脚面（图13-3-69）。

要点：与本段的转身左拍脚相同。

图13-3-66　　　　图13-3-67　　　　图13-3-68　　　　图13-3-69

（四）腾空飞脚

1. 右脚落地（图13-3-70）。

2. 左脚向前摆起，右脚猛力蹬地跳起，左腿屈膝继续前上摆；同时右拳变掌向前、向上摆起，左掌先上摆而后下降拍击右掌背（图13-3-71）。

3. 右腿继续上摆，脚面绷直；右手拍击右脚面，左掌由体前向后上举（图13-3-72）。

要点：蹬地要向上，不要太向前冲；左膝尽量上提；击响要在腾空时完成，此时，右臂伸直成水平。

（五）歇步下冲拳

1. 左、右脚先后相继落地；右掌不变；左掌变拳收至腰侧，拳心向上（图13-3-73）。

2. 身体右转90°，两腿全蹲成歇步。右掌抓握、外旋变拳收至腰侧；左拳由腰侧向前下方冲出，拳心向下。目视左拳（图13-3-74）。

图13-3-70　　　图13-3-71　　　图13-3-72　　　图13-3-73　　图13-3-74

（六）仆步抡劈拳

1. 重心升高；右臂由腰侧向体后伸直，左臂随身体重心升高向上摆起（图13-3-75）。

2. 以右脚前脚掌为轴，左腿屈膝提起，上体左转270°；左拳向前、向后下划立圆一周；右拳由后向下、向前上划立圆一周（图13-3-76）。

3. 左腿向后落一步，屈膝全蹲；右腿伸直，脚尖内扣成右仆步。右拳由下向上抡劈，拳眼向上；左拳后上举，拳眼向上。目视右拳（图13-3-77）。

要点：抡臂时一定要划立圆。

图 13-3-75　　　　图 13-3-76　　　　图 13-3-77

（七）提膝挑掌

1. 重心前移成右弓步；同时右拳变掌由下向上抡摆，掌心向左；左拳变勾稍下落，勾尖向上（图13-3-78）。

2. 左、右臂在垂直面上由前向后各划立圆一周。右臂伸直停于头上，掌心向左，掌指向上；左勾手不动，重心同时移至左腿，右腿屈膝提起，左腿挺膝伸直独立。目视前方（图13-3-79）。

要点：抡臂时要划立圆。

图 13-3-78　　　　图 13-3-79

（八）提膝劈掌弓步冲拳

1. 下肢不动；右掌由上向下猛劈伸直，停于右小腿内侧，力达小指一侧，掌心向左；左勾手变掌，屈臂向前停于右上臂内侧，掌心向右。目视右掌（图13-3-80）。

2. 右脚向右侧落地，身体右转 90°；同时左掌变拳收至腰侧，右臂内旋向右划弧搂手（图 13-3-81）。

3. 上动不停，左腿蹬直成右弓步；右手抓握变拳收至腰侧，左拳由腰侧向左前方冲出，拳眼向上。目视左拳（图 13-3-82）。

图 13-3-80　　　　　图 13-3-81　　　　　图 13-3-82

结束动作

（一）虚步亮掌

1. 左脚扣于右膝后；两拳变掌，两臂左下右上屈肘交叉于体前。目视前方（图 13-3-83）。

2. 左脚向左前落步，重心后移；右腿半蹲，上体稍右转，同时左掌向上、向右、向下划弧停于右腋下；右掌向左、向上划弧至左臂上方，两手臂左下右上。目视右掌（图 13-3-84）。

3. 左脚尖稍向右移，右腿下蹲成左虚步；左臂伸直向左、向后划弧成反勾手；右臂伸直向下、向右、向上划弧抖腕亮掌，掌心向上。目视左方（图 13-3-85）。

图 13-3-83　　　　　图 13-3-84　　　　　图 13-3-85

（二）并步对拳

1. 左腿后撤一步，同时两掌从两腰侧向前穿出伸直，掌心向上（图 13-3-86）。

2. 右腿后撤一步，同时两臂分别向体后下摆（图 13-3-87）。

3. 左脚后退半步向右脚并拢；两臂由后向上经体前屈臂下按，两掌变拳，停于腹前，拳心向下，拳面相对。目视左方（图 13-3-88）。

还 原

两臂自然下垂，目视正前方（图 13-3-89）。

图 13-3-86 　　图 13-3-87 　　图 13-3-88 　图 13-3-89

？ 思考题

1. 简述武术运动的起源与发展。

2. 24 式太极拳分为几节？各节的动作名称是什么？

3. 初级长拳（第三路）分为几节？各节的动作名称是什么？

第十四章

跆拳道运动

跆拳道百科

第一节　跆拳道运动概述

跆拳道是一项运用手脚技术进行格斗的民族传统的体育项目。它起源于朝鲜半岛，是由韩国将军崔泓熙所创。崔泓熙小时候即受过韩国古典武道的教育，在退伍后，他融合了多种民间元素，最后终于将这种现代技击技术打造成型。

跆拳道的前身可追溯到韩国古代三国之一新罗，其时跆跟、手搏、托肩术等技击术就在民间普遍流行，韩国民间尚有其他秘密流传的民族技击术，这些在朝鲜时代的《武艺图谱通志》中有所记载。

不过，虽然跆拳道拥有较为悠久的历史，但其内涵、风格、名字得到到规范统一，直到真正被大众接受，还是从 20 世纪 50 年代起。"跆拳道"一词，是 1955 年由崔泓熙将军本人命名。据说崔泓熙将军早年在留学日本时，学习了日本松涛馆流空手道，并融入到跆拳道中去，因此在跆拳道的手型中，可以看到少数松涛馆流的手部招式。可以说，现代跆拳道在保留韩国本民族技击术的基础上结合当代东亚武技之长，为它的推广和国际化奠定了基础。

跆拳道以腿为主，以手为辅，主要在于腿法的运用。跆拳道攻击方法中起主导地位的是腿法，腿法技术在整体运用中约占 3/4，因为腿的长度和力量是人体最长最大的，其次才是手。腿的技法有很多种形式，可高可低、可近可远、可左可右、可直可屈、可转可旋，威胁力极大，是实用制敌的有效方法。

第二节　跆拳道基本技术

一、跆拳道基本进攻技术

跆拳道的进攻技术是多种多样的，但是就其最基本的技术来讲，主要包括拳攻、推踢、前踢、横踢、后踢、侧踢、下劈、摆踢、后旋踢、双飞踢和旋风踢11种。

（一）拳 攻

1. 拳攻的动作规格

从左势实战姿势开始（图14-2-1），右脚蹬地，髋关节向左旋转，腰带动上体微左转，上体推动右肩、右臂将右手拳从胸前准备姿势顺势向前击出（图14-2-2）；出拳时随上体左转顺肩发力，拳由拳心向左随腕内旋成拳心向下，右臂伸直时拳面向前击打发力；击打目标后，右臂迅速沿出击路线回收至原来位置，仍成左势实战姿势（图14-2-3）。

图14-2-1　　　图14-2-2　　　图14-2-3

2. 拳攻的动作要领

（1）判断准确，出拳果断。

（2）出拳时充分利用蹬地、转髋、转腰、顺肩和旋腕的合力，力达拳面。

（3）击打的瞬间，肩、肘、腕、指各关节紧张用力，聚力而发。

（4）击打目标后迅速放松收拳，并回原来位置。

3. 拳攻的进攻部位

按照《跆拳道竞赛规则》规定，拳攻的部位限定在锁骨以下至髋骨以上的区域。

（二）推 踢

1. 推踢的动作规格

从左势实战姿势开始，右脚向后蹬地，身体重心前移至左脚，右脚蹬地后屈膝提起（图14-2-4）；左脚以脚掌为轴外旋转，身体重心向前压，同时右脚迅速向前方推踢，力点在右脚前脚掌（图14-2-5）；推踢后迅速屈膝放松收回右腿，身体重心前落成左势实战姿势（图14-2-6）。

图14-2-4　　　图14-2-5　　　图14-2-6

推 踢

2. 推踢的动作要领

（1）提膝时尽量收紧大小腿。

（2）身体重心往前移，加大前推时的力度。

（3）推踢的时候右腿往前上方伸展，往髋右侧上送。

（4）推踢时的用力方向是水平向前的。

3. 推踢的进攻部位

推踢的部位为对手的胸部。

（三）前 踢

前 踢

1. 前踢的动作规格

从右势实战姿势开始，左脚向后蹬地，身体重心前移至右脚，左脚蹬地顺势屈膝提起（图14-2-7）；随即，右脚以前脚掌为轴外旋，同时左腿迅速以膝关节为轴，伸膝、送髋、顶髋把小腿快速向前踢出，力达脚尖或脚背（图14-2-8）；踢击目标后左腿迅速放松收回，向前落地成左势实战姿势（图14-2-9）。

图14-2-7　　　　　图14-2-8　　　　　图14-2-9

2. 前踢的动作要领

（1）膝关节上提时大小腿折叠，膝关节夹紧，小腿和踝关节放松。

（2）踢击时顺势往前送髋；高踢时往上送髋。

（3）小腿回收要与前踢的速度一样快。

3. 前踢的进攻部位

前踢的主要进攻部位为对手的腹部、肋部、胸部以及颌部。

（四）横 踢

横 踢

1. 横踢的动作规格

从左势实战姿势开始（图14-2-10）；右脚后蹬，身体重心前移至左脚，右腿膝关节夹紧向前提起（图14-2-11）；左脚以脚掌为轴，脚跟内旋，身体左转，右脚抬至水平以上时随身体左转膝关节内扣（图14-2-12）；随即，上体微侧倾，右腿以膝关节为轴迅速伸膝，右脚和小腿快速向左侧前方踢出，脚面绷直，以正脚背踢击对方的头部或腹部（图14-2-13）；击打目标后小腿迅速放松，沿原出击路线收回小腿，身体重心后移，右脚落地成左势实战姿势（图14-2-14），亦可右脚向前落地成右势实战姿势。

图 14-2-10　　　图 14-2-11　　　图 14-2-12　　　图 14-2-13　　　图 14-2-14

2. 横踢的动作要领

（1）膝关节夹紧向前提膝，尽量走直线。

（2）支撑脚外展180°，使身体转向另一侧。

（3）髋关节往前上方送，上体与右腿成直线，在同一个平面内。

（4）腰部发力，髋关节展开，大腿带动小腿，踝关节放松。

（5）严格注意击打的力点应在正脚背，脚的击打感觉似鞭梢动作。

3. 横踢的进攻部位

横踢的主要进攻部位为对手的胸部、两肋和头部。

（五）后　踢

1. 后踢的动作规格

从左势实战姿势开始（图 14-2-15）；左脚以前脚掌为轴，脚跟外旋约180°，身体重心移至左脚，身体左转（图 14-2-16）；左脚支撑，右脚蹬地提起，向右后上方伸膝直线踢出，力点达到足跟（图 14-2-17、图 14-2-18）；击打目标后屈膝回收右腿，同时身体右转，面对前方，右腿前落地成右势实战姿势（图 14-2-19）。

图 14-2-15　　　图 14-2-16　　　图 14-2-17　　　图 14-2-18　　　图 14-2-19

2. 后踢的动作要领

（1）起腿后上体和大小腿收紧，蓄力待发，以增强踢腿力量。

（2）脚向后上方踢出后，力量随动作延伸，通过脚跟沿出腿方向直线击出。

（3）转身、提腿、出腿、发力等动作连贯快速，一次性完成，不能停顿。

（4）击打目标的位置在正后方。

（5）完成后踢的身体右转、收脚落地动作要迅速连贯。

后　踢

侧 踢

3. 后踢的进攻部位

后踢的主要进攻部位是对手的头部、胸部、腹部和肋部。

（六）侧 踢

1. 侧踢的动作规格

从左势实战姿势开始（图14-2-20）；右脚蹬地屈膝上提，左脚以脚掌为轴外旋180°（图14-2-21）；同时右脚脚尖勾紧快速向前上方直线踢出，力点在脚跟（图14-2-22）；踢击目标后迅速放松右腿，并沿原出击路线回收落地，仍成左势实战姿势（图14-2-23）。

图14-2-20　　　　图14-2-21　　　　图14-2-22　　　　图14-2-23

2. 侧踢的动作要领

（1）起腿时，大小腿、膝关节夹紧，直线向上提起。

（2）提膝、转体、踢击要协调连贯，一气呵成；踢击时要转体、展髋，上体略侧倾。

（3）踢击目标的瞬间，头、肩、腰、髋、膝、腿、踝在同一平面内。

（4）大小腿直线踢出，原路直线收回。

3. 侧踢的进攻部位

在比赛中，侧踢的主要进攻部位是对手的头部、面部、胸部、腹部和肋部。

（七）下 劈

下 劈

1. 下劈的动作规格

从左势实战姿势开始（图14-2-24）；右脚后蹬，身体重心前移至左脚，右脚快速上举至头部上方，然后迅速向前下方劈落（图14-2-25、图14-2-26），用脚后跟或脚掌击打目标后，顺势放松落地，成右势实战姿势（图14-2-27）。

2. 下劈的动作要领

（1）脚尽量往高、往后举，身体重心往高起。

（2）起腿要快速、果断。支撑脚脚跟离地，尽量向前上方送髋。

（3）踝关节放松，脚向前下方劈落。

（4）落地要有控制，腿放松。

3. 下劈的进攻部位

在比赛中，下劈动作主要用于攻击对手的头部、面部或肩部。

图 14-2-24　　　图 14-2-25　　　图 14-2-26　　　图 14-2-27

（八）摆　踢

1. 摆踢的动作规格

从左势实战姿势开始，右脚向后蹬地，身体重心前移至左脚；左脚支撑，右腿屈膝提起（图 14-2-28）；左脚以前脚掌为轴，脚跟向内旋转约180°，右腿膝关节内扣，右腿向左前方伸出（图 14-2-29、图 14-2-30），右腿伸直后用脚掌向右侧上方用力屈膝鞭打（图 14-2-31a、图 14-2-31b），随即右腿顺势放松屈膝回收，落回原地成左势实战姿势（图 14-2-32）。

摆　踢

图 14-2-28　　　　　图 14-2-29　　　　　图 14-2-30

　　　a　　　　　　　　　　b

　　　图 14-2-31　　　　　　　图 14-2-32

2. 摆踢的动作要领

（1）起腿后右腿屈膝抬过身体重心水平线，然后随转体内扣右膝关节。

（2）右脚要随转体尽量向前上方伸展。

（3）右脚掌向右鞭打时要屈膝扣小腿。

（4）右腿鞭打后顺势放松。

3．摆踢的进攻部位

在比赛中，摆踢动作主要用来攻击对手的头部、面部以及胸部。

（九）后旋踢

1. 后旋踢的动作规格

从左势实战姿势开始（图14-2-33），左脚以前脚掌为轴，脚跟向外旋转180°，右脚蹬地使身体重心移至左脚，此时左膝内扣，右脚前蹬，身体拧紧（图14-2-34）；上体随右腿蹬地向右后旋转，顺势起右腿向右后方伸出，并用力向右后方屈膝鞭打，右脚的运动轨迹呈弧形，身体重心在左脚，以左脚为轴身体原地旋转360°（图14-2-35、图14-2-36）；右腿鞭打后顺势放松，收落原地，仍成左势实战姿势（图14-2-37）。

后旋踢

图14-2-33　　图14-2-34　　图14-2-35　　图14-2-36　　图14-2-37

2. 后旋踢的动作要领

（1）转身、旋转、踢腿动作连贯，一气呵成，中间没有任何停顿。

（2）击打点在正前方，呈水平弧线。

（3）屈膝起腿的旋转速度要快。

（4）身体重心在原地旋转360°。

（5）蹬地、转腰、转上体、摆腿依次顺序发力。

3. 后旋踢的进攻部位

在比赛中，后旋踢动作主要用于攻击对手的头部、颈部或胸部。

（十）双飞踢

1. 双飞踢的动作规格

两人从闭势实战姿势开始（图14-2-38），攻方（居右）先用右横踢攻击对方左肋部，随即左脚蹬地起跳，身体腾空右转，腾空高度在膝关节以上，但不宜过高（图14-2-39、图14-2-40）；左脚起跳后在空中用左横踢迅速踢击对方胸部或腹部，左右脚交换，右脚落地支撑（图14-2-41、图14-2-42）；左脚横踢目标后迅速前落，成左势实战姿势。

双飞踢

图 14-2-38　　　　　　　　　　图 14-2-39

图 14-2-40　　　　　图 14-2-41　　　　　图 14-2-42

2. 双飞踢的动作要领

（1）右腿横踢目标的同时左脚蹬地起跳。

（2）左脚起跳后迅速随身体右转，并用左脚横踢目标。

（3）两腿在空中完成交换动作后，右脚先落地。

3. 双飞踢的进攻部位

在比赛中，双飞踢主要用于攻击对手的肋部、胸部、腹部或头部。

（十一）旋风踢

1. 旋风踢的动作规格

两人从闭势实战姿势开始（图 14-2-43），攻方（居右）左脚向右侧前方跨一步，左脚内扣落地，身体向右后旋转约 180°（图 14-2-44）；左脚落地的同时右腿随身体继续右转向右后摆起，此时身体已转动至 360°（图 14-2-45）；随即身体右转，左脚蹬地起跳，顺势在空中用左横踢腿踢击对方的胸部、腹部或头部，右脚落地支撑（图 14-2-46 ~ 图 14-2-48）。

旋风踢

图 14-2-43　　　　　　图 14-2-44　　　　　　图 14-2-45

图 14-2-46　　　　　　图 14-2-47　　　　　　图 14-2-48

2. 旋风踢的动作要领

（1）攻方上步转体动作要迅速果断，左脚内扣，落地时脚跟朝向对方。

（2）右腿随身体右转向右后侧摆起时不要过高，以能带动身体旋转起跳为宜。

（3）左脚蹬地起跳，身体略腾空，不过膝，目的是快速旋转出腿。

（4）左腿横踢时，右腿向下落地，要快落站稳，即横踢目标的同时右脚落地。

3. 旋风踢的进攻部位

在比赛中，旋风踢的主要攻击部位是对手的腹部、头部或胸部。

二、跆拳道基本防守技术

跆拳道实战的最基本防守技术，根据身体姿势和防守位置可分为上段防守、中段防守和下段防守。锁骨以上称上段，锁骨至髋骨之间称中段，髋关节以下称下段。应该说明的是，由于跆拳道比赛的规则规定比赛中不允许攻击髋关节以下的部位，所以比赛中的防守技术仅限于上段防守和中段防守技术。

（一）上段防守

上段防守技术是保护头部和颈部不受打击的技术，常用的技术方法有以下几种。

1. 单臂格挡法

两人从实战姿势开始（图 14-2-49）；当对方的拳或脚攻向自己的头部时，用左（右）手刀（拳）自内向外做格挡动作，将来拳或来脚挡在左前臂外面（图 14-2-50）；这个防守动作可以根据对方来拳或来脚的方向选择左手防守还是右手防守，可向左格挡，亦可向右格挡。手臂要用力，但动作幅度要小。防守动作完成后不论是反击还是回到实战姿势，都要迅速完成。

2. 单臂上架法

两人从实战姿势开始，对方用劈拳或劈腿自上而下击向自己的头顶时，自己的左（右）手臂屈肘自下而上横架于头顶之上，阻挡来拳或来脚的攻击（图 14-2-51）。单臂上架防守动作可根据具体情况，如根据对方来拳或来脚的方位，决定用左臂或右臂上架。

3. 双臂格挡法

当对方连续攻击自己的头颈两侧时，可同时用左右两臂上举格挡对方的双侧进攻。

4. 双臂交叉上架法

两人从实战姿势开始，当对方劈拳或劈腿自上而下大力下劈时，左腿迅速前弓，两臂交叉自下而上架挡来拳或来腿（图14-2-52）。

　图14-2-49　　　　图14-2-50　　　　图14-2-51　　　　图14-2-52

（二）中段防守

中段防守技术是保护锁骨以下至髋关节部位的防守方法，常用的技术方法有以下几种。

1. 单臂格挡法

两人从实战姿势开始，当对方的拳或脚攻向自己的中段部位时，用左臂（刀）向内或向外格挡对方的来拳或来脚（图14-2-53）。根据来拳或来脚攻击的方位，选择用左手臂格挡或右手臂格挡。

2. 按掌格挡法

两人从实战姿势开始，防守方身体重心略后移成左三七步；同时左拳变掌屈肘向内、向下快速下按，阻挡对方的拳攻或脚攻（图14-2-54）。可根据来拳或来腿的方位，选择用左手或右手掌做下按阻挡防守动作，或者用双掌向下按压格挡。

3. 双臂外格挡法

两人从实战姿势开始，防守方左脚前迈，同时两臂屈肘交叉置于胸前，拳心向内（图14-2-55）；随左弓步落地，两臂迅速由胸前向左右两侧分开阻挡来拳或来腿（图14-2-56）。由里向外格挡时，两臂分开的距离以肩宽为度，两臂外旋，手心向前。

　图14-2-53　　　　图14-2-54　　　　图14-2-55　　　　图14-2-56

（三）下段防守

下段防守是保护髋关节以下部位的防守方法，常用的防守方法有以下几种。

1. 单臂下格挡法

两人从实战姿势开始，防守方左脚向前成左弓步，同时左臂由屈到伸向斜下外截，用前臂格挡，右拳同时收置于腰间（图14-2-57）。此动作可用手刀向斜外下截，可根据具体情况使用左手或手臂（刀）完成动作。

2. 两臂交叉格挡法

两人从实战姿势开始，防守方左脚前迈，同时两臂体前屈肘交叉，手心向内（图14-2-58）；左脚前落成左弓步，两臂自胸前向下交叉推击，阻挡对方的低腿进攻（图14-2-59）。格挡时身体下沉，以增加下截的力量。

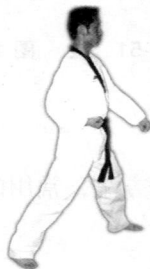  

图 14-2-57　　　　　图 14-2-58　　　　　图 14-2-59

第三节　跆拳道实战组合技法

跆拳道实战时的临场状况是瞬息万变的，要想在实战中占据主动位置，除了具备良好的身体条件外，还要有灵活多变的技战术方法。为了能够让广大跆拳道爱好者早日成为跆拳道实战高手，下面介绍一些实战组合方法，参照这些方法，根据自己的实际情况还可以创编出一系列的组合技法，从而保证自己在跆拳道实战中占据主动地位。

从攻防的组合形式上来说，跆拳道的技战术组合技法分为主动进攻技法、防守反击技法和攻防反击接反反击技法等主要形式。

一、主动进攻组合技法

（一）右侧踢接左格横踢反击、右侧踢

双方开式实战姿势准备（图14-3-1）；攻方用右腿侧踢对方头部（图14-3-2），对方躲闪或防守后用右横踢反击头部，攻方做左臂外格防守（图14-3-3）；攻方用

左臂向左下侧挂落对方的右腿后，马上用右侧踢反攻对方的腹部（图14-3-4）。

动作要点：攻方的主动进攻动作要有突然性，否则不会有良好的效果，而且，要随时注意对方的反击动作，并有效地防守对手的反击，在有效防守的基础上，迅速用右侧踢反攻对手的腹部。

图14-3-1　　　　　　　　　　　图14-3-2

图14-3-3　　　　　　　　　　　图14-3-4

（二）左横踢、顺势右后旋踢接左侧踢

双方从闭式实战姿势开始（图14-3-5），攻方用左横踢攻击对方（图14-3-6），踢击后左脚顺势内扣前落，身体向右后旋转，起右腿后旋踢攻击对方的头部（图14-3-7、图14-3-8）。这时候如果对方躲开或防守，攻方右脚应迅速放松前落，身体右转，顺势起左脚用左侧踢攻击对方的胸部或头部（图14-3-9、图14-3-10）。

动作要点：攻方用左横踢接后旋踢连续攻击时，动作的连贯性要快速、准确、合理；不论是否击中对手，后面的左侧踢动作一定要果断、连贯，使三个进攻动作连接顺畅，一气呵成，并注意每一个进攻动作的准确性。

图14-3-5　　　　　　　图14-3-6　　　　　　　图14-3-7

图 14-3-8　　　　　　　　图 14-3-9　　　　　　　　图 14-3-10

（三）双飞踢接右后踢

双方从开式实战姿势开始，攻方先起右腿横踢对方腹部（图 14-3-11），左脚同时起跳，身体略腾空换左脚横踢对方头部（图 14-3-12）；攻方左脚内扣前落，身体向右后旋转，顺势起右腿向右后踢，攻击对方的胸部、腹部（图 14-3-13）。

动作要点：这是一个右左双飞踢接右后踢的连续动作。做双飞踢时，右脚攻击对手的肋部，而左脚攻击对手的头部，这个动作属于难度较高的动作，一定要注意右腿的蹬地力量要大；左脚落地、顺势转体、右后踢三个动作连接要迅速，控制好身体的平衡。不论是否踢中对手，都要迅速连贯地完成动作。

图 14-3-11　　　　　　　　图 14-3-12　　　　　　　　图 14-3-13

二、防守反击组合技法

（一）右横踢对方拳攻接转身左后旋踢

双方从闭式实战姿势开始，当对方（右侧者）用左拳攻的同时，守方用右横踢踢击对方的左肘关节（图 14-3-14）；守方随右脚内扣落地，身体向左后旋转，顺势起左腿向左后旋踢对方的头部（图 14-3-15、图 14-3-16）。

动作要点：用右脚横踢对手的左肘关节时要准确，随后随右脚向前落地身体向左后转身 180°，并顺势用后旋踢的动作攻击对手的头部；横踢、转体、后旋踢三个动作连接要快速顺畅，中间不能有停顿动作。

图 14-3-14

图 14-3-15

图 14-3-16

（二）下阻前踢反击接左横踢

双方从开式实战姿势开始，攻方起左脚前踢守方的腹部，守方左脚后撤一步成左三七步，同时两手握拳，前臂交叉向下做阻挡防守（图 14-3-17）；守方交叉下压阻挡的同时身体重心前移，右脚支撑，起左腿横踢对方的头部（图 14-3-18）。

图 14-3-17　　　　图 14-3-18

动作要点：守方交叉下压动作不宜距自己身体太近，以免漏防；下压时要用力，下压动作和前移身体重心动作要同时进行；反击横踢时左腿要快速摆起，用正脚背横击对手脸部或耳部。

（三）防侧踢反击接右侧踢

双方从闭式实战姿势开始，进攻方右脚支撑，用左脚侧踢守方的胸部，守方略撤左脚成侧弓步，同时用右手臂格挡对方的小腿（图 14-3-19）；守方在格挡对方小腿的同时重心前移至左脚，用右脚侧踢反击对方的头部（图 14-3-20）。

图 14-3-19　　　　图 14-3-20

动作要点：守方撤步时要向自己的左侧前方落脚成左侧弓步，这样踢起右脚时正好踢向对方的正面；除踢头外还可踢对方身体正面的任何部位。

（四）格挡前踢、格挡侧踢反击接左侧踢

双方由开式实战姿势开始，攻方起右脚前踢守方腹部，守方身体重心左移，用右臂阻挡对方的前踢（图 14-3-21）；攻方前踢被阻挡后，右脚回收但不落地，并马上用右侧踢攻击守方的腹部；守方重心后移，上体右转，同时用左手臂格挡对方的右侧踢腿（图 14-3-22）；守方在格挡对方侧踢时左臂向前用力，随即起左腿用左侧踢反击对方的头部（图 14-3-23）。

动作要点：守方在挡防对方前踢时，右脚蹬地，重心移到左脚，上体略左转，同时右臂自胸前向下、向内格挡对方来腿的外侧；用左手臂防侧踢时方向是由左后向左前格挡，使对方右脚前落，从而斜侧或背向自己，利于自己起腿反击对方；侧踢反击动作要及时快速，直指对方的头部。

图14-3-21　　　　　　　图14-3-22　　　　　　　图14-3-23

三、攻防反击接反反击组合技法

（一）左横踢防反侧踢、反反击右横踢

双方从开式实战姿势开始，当攻方（右侧者）用左横踢进攻守方腹部时，守方用右臂向下外侧格挡踢来的腿（图14-3-24）；随即，守方用右侧踢反击对方的头部（图14-3-25）。攻方躲过对方的右侧踢反击后，迅速用右横踢反反击守方的头部（图14-3-26）。

动作要点：攻方的左横踢被阻防后要注意守方的反击；守方反击时重心前移，右脚蹬地起腿侧端要快速；攻方躲过守方的反击之后，迅速换跳步用左脚支撑，右腿提起用右横踢反反击守方的头部，步法要灵活、敏捷。

图14-3-24　　　　　　　图14-3-25　　　　　　　图14-3-26

（二）左横踢躲反左侧踢、接右摆踢反反击

双方从闭式实战姿势开始，攻方（右侧者）用左横踢进攻守方右肋部，守方用右臂向下外侧格挡防守（图14-3-27）；守方挡开对方的左横踢后，重心前移至右脚，右脚支撑内旋转体，起左腿侧踢反击攻方的头部；攻方重心后移，上体略后仰成高虚步躲闪对方的侧踢（图14-3-28）。攻方躲过守方的侧踢后，迅速起右腿用右摆踢反反击守方的头部（图14-3-29）。

动作要点：守方挡防左横踢与左脚蹬地提腿、右脚支撑内旋转体同时进行，快速起左腿侧踢反击。攻方的左横踢被阻后左脚迅速回收原地，准备后面的动作，重心后移躲闪对方的左侧踢反击。在守方反击侧踢收回的瞬间，攻方迅速起右腿用右横踢反反击守方的头部。

图 14-3-27　　　　　　　　图 14-3-28　　　　　　　　图 14-3-29

（三）左横踢防左横踢反击、接左侧踢反反击

双方从开式实战姿势开始，攻方（右侧者）起左腿横踢对方头部；守方用右臂向右侧格挡攻方（图 14-3-30）；守方完成格挡后跳换步身体右转，右脚支撑，左脚顺势左横踢反击攻方肋部；攻方用右臂向下外侧格挡对方的左横踢反击（图 14-3-31）。攻方格挡对方的左横踢反击后，左脚蹬地向前提，重心前移，右脚支撑且外旋向右转体，顺势起左脚侧踢反反击对方的胸部（图 14-3-32）。

动作要点：攻方左横踢被阻挡后迅速收回原地，并转入防守；守方格防对方侧踢的同时重心前移，起左腿横踢反击；守方在格防对方的左横踢反击时，转体动作与右臂向下外侧格防同时进行，边转体边格挡，同时迅速起左腿侧踢反反击对方的胸部。

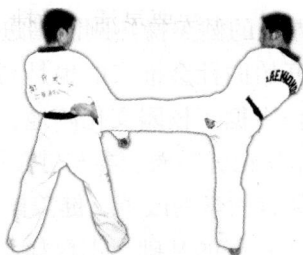

图 14-3-30　　　　　　　　图 14-3-31　　　　　　　　图 14-3-32

思考题

1. 简述跆拳道的发展简史。
2. 简述跆拳道横踢的基本技术。
3. 试述跆拳道的实战组合技法。

第十五章

健美操运动

健美操百科

第一节　健美操运动概述

一、健美操的起源与发展

　　健美操其实是一种舶来品，源于英文原名"Aerobics"，意为"有氧运动""有氧健美操"，最早是美国太空总署为宇航员设计的室内体能训练内容。健美操的魅力在于音乐融进了当时流行的迪斯科，动作融合了时尚的霹雳舞等现代舞蹈。鲜明强烈的节奏催人奋进，激情奔放的身体动作很具感染力，使人们在轻松、愉悦的气氛与心态中达到锻炼的目的。健美操已成为大学生健身热潮中的"动感地带"。

　　20世纪80年代初，当世界性的健美操热刚刚踏进国门的时候，最先接受它的是高校，得到普及的是高校，开始向社会推广的也是高校。一时间各种类型的健身健美操中的流行旋律、时尚动作占据了校园文化阵地，开创了高等院校健美操蓬勃发展的新局面。无数大学生开始认识健美操、参与健美操，并受益于健美操。

　　高校健美操热促进了学校体育教学的改革，健美操已被列入学校体育教学大纲，这为健美操在学校的普及奠定了良好的基础。不仅如此，随着健美操运动的迅速推广，高校之间的健美操竞赛活动也日渐频繁，使健美操运动的发展形成了良性循环。高校的健美操热也促进了全民健身热潮的兴起，其新颖的锻炼方式、良好的锻炼效果很快被向往健美的人群所接受，越来越多的以健美操为主要健身方式的健身中心、健身俱乐部应运而生，成为健身市场一道靓丽的风景线。

二、健美操的健身价值

　　健美操作为一项很有特色的运动，从增强人体健康的角度来说，具有良好的作用，尤其是对于改善心肺功能、控制体重、减肥和塑造体型，提高协调性和韵律感均具有较好的效果。有氧运动可以从几分钟到几小时，因而对于健身者来说，选择适合自己运动强度的练习方式是非常重要的。

三、健美操的分类

根据不同的目的和任务，健美操可分为健身性健美操和竞技性健美操两大类。

（一）健身健美操简介

1. 传统有氧健美操

传统有氧健身操是健身性健美操的核心内容，是不同类型健美操的基础，是以提高人体的心肺功能和有氧代谢能力为目的。采用单个步法组合配合上肢运动进行练习。

2. 搏击健美操

运动时，传统有氧操、搏击健美操、拉丁健美操结合拳击、武术、跆拳道的基本动作，配合音乐节奏挥拳、踢腿，由于瞬间爆发力强、肢体伸展幅度大，运动量比传统健美操更大。

3. 拉丁健美操

以有氧运动为基础，结合拉丁舞的基本动作，舞姿优美、热情奔放，有强烈的动感。练习拉丁健美操可以使你在轻松的娱乐中，达到减肥瘦身的效果。

4. 街舞健身操

由黑人街头即兴舞蹈演变而来的街舞，融入了有氧舞蹈。肢体动作夸张，节奏搭配明显，全身上下自由舞动，最吸引人之处是以全身的活动带来热情澎湃的感觉。

5. 踏板健美操

踏板操是一种中高强度的运动，通常在一块 4～10 英寸的踏板及地面上做健美操的动作和步法，它具备了健美操的所有特点，加上板的高度可以调节，健身者可以根据自身情况很容易达到运动减肥的有效强度，更能有效地提高自身的协调性。

6. 健身球健美操

健身球从早在瑞士只作为康复医疗的设备，后来演变成一个新兴的健身运动项目。健身球不仅有很好的损伤恢复和康复功能，而且还可以提高人的柔韧、力量素质，锻炼平衡能力，改善姿态。

7. 皮筋健美操

主要是利用皮筋的弹性，在动作一张一弛的过程中，使肌肉得到很好的锻炼，作为一项有氧运动，皮筋操能够有效地提高人体的心肺功能。

8. 哑铃健美操

利用小哑铃的重量进行有氧操训练，可以增加有氧运动的强度，能有效地减缩身体多余的脂肪，塑形、美体作用明显。

9. 动感自行车

这是一种室内固定自行车有氧训练，在健身教练的指导下，并配合动感的音乐和不同难度的阻力档次，来模仿自行车在平地、上坡、下坡等路面条件下不同方式的运动，达到提高心肺功能，消耗体内过剩脂肪的目的。

（二）竞技健美操简介

竞技健美操起源于传统的有氧健身操，比赛项目有男子单人、女子单人、混合双人、3 人（3 名运动员性别任选）、集体 6 人操。比赛时间限制在 1 分 45 秒 ±5 秒钟。比赛场地为 7 米 ×7 米（6 人操场地为 10 米 ×10 米）。比赛服装也有专门的规定，一般为紧身的专业健美操服。

第二节 健美操基本动作

一、健美操的基本步法介绍

基本步法

（一）踏步（图 15-2-1）

1. 动作描述

踏步是传统的低强度动作。两脚原地依次抬起，交替落地。两脚尖平行，方向朝前。

2. 技术要点

上体保持正直，收腹立腰，抬脚时腿屈于体前，落地时，踝、膝、髋关节依次有弹性地进行缓冲（以脚尖过渡到脚后跟进行缓冲）。

3. 同类动作变化

（1）走步：不同方向踏步移动身体。

（2）"一"字步：一脚向前一步，另一脚并于前脚，然后再依次还原。

（3）漫步：左脚向前踏一步，屈膝，右脚稍抬起，然后落回原处，接着左脚再向后踏一步，右脚同样稍抬起，然后落回原处。

（4）侧并步：一脚侧迈一步，另一脚随之并拢，同时屈膝点地，再向反方向迈步。

（5）侧交叉步：一脚向侧迈出，另一腿在其后交叉，稍屈膝，随之前面脚再向侧一步，另一脚并拢（注：均朝同一方向迈步）。

（6）点地：一腿稍屈膝站立，另一腿伸出，脚尖或脚跟触地（前、后、侧），然后还原成并腿直立姿势。

（7）"V"字步：（以左脚为例）左脚向左侧前迈一步，右脚紧接着向右侧前迈一步，屈膝，然后两脚依次退回原位。

（二）后踢腿跑（图15-2-2）

1. 动作描述

后踢腿跑相对于踏步是高强度动作。一脚跳起落地，另一腿的小腿最大限度地向后屈膝踢起，两脚依次经腾空落地。

2. 技术要点

上体保持正直，摆动腿最大限度地后屈向臀部，髋和膝在一条直线上，保持膝、踝弹动有力，落地时以脚尖过渡到脚后跟进行缓冲。

（三）弹踢腿跳（图15-2-3、图15-2-4）

1. 动作描述

一脚跳起落地，另一腿先向后屈膝至臀部，然后向前下方弹踢，伸直腿部，脚尖绷直。

2. 技术要点

上体保持正直，摆动腿在腿部伸直的瞬间，膝关节和髋关节的运动要有控制，注意膝关节充分屈伸，落地时屈膝缓冲。

3. 同类动作变化

（1）弹踢：一腿站立，另一腿先屈膝，然后向前下方弹直。

（2）侧弹踢腿跳：向身体的两侧方向踢出。

| 图15-2-1 | 图15-2-2 | 图15-2-3 | 图15-2-4 |

（四）吸腿跳（图15-2-5）

1. 动作描述

一脚跳起落地，另一腿屈膝向上抬起，小腿垂直于地面，脚尖绷直，大腿高度不低于腰部。

2. 技术要点

上体保持正直，摆动腿屈膝抬起，大腿与躯干的夹角应小于90°，摆动腿尽可能靠近胸部；小腿自然垂直于地面，脚面绷直，支撑腿伸直。

3. 同类动作变化

（1）吸腿：一腿站立，另一腿屈膝向上抬起。

（2）后屈腿：一腿站立，另一腿后屈，然后还原。

（五）踢腿跳（图 15-2-6）

1. 动作描述

一脚跳起落地，另一腿直膝向前或向侧加速上踢，支撑腿可稍微弯曲。

2. 技术要点

上体保持正直，直腿高踢，绷脚尖，脚尖应高于肩部，两腿夹角大于 145°。支撑腿伸直，膝关节在整个动作过程中充分伸展。刚开始练习时，踢腿高度不宜很高，但要有控制。

3. 同类动作变化

（1）踢腿：一腿站立，另一腿直膝加速上踢。

（2）摆腿跳：摆动腿与支撑腿之间的夹角保持在 30°～40° 之间（前、后、侧）。

（六）开合跳（图 15-2-7 ～图 15-2-9）

1. 动作描述

由并腿跳起成分腿落地。分腿时，髋部外开，屈膝缓冲，膝关节弯曲的方向与脚尖方向相同；然后再跳起并腿落地，脚可平行落地或外开。

2. 技术要点

并腿跳起成分腿落地时，髋部外开，两脚自然分开，稍宽于肩，膝关节自然弯曲缓冲，膝关节的投影点不能超过脚尖。要求起跳有力，落地缓冲，身体在空中有控制，并腿跳时大腿内侧肌肉主动内夹收紧。

3. 同类动作变化

（1）并步跳：一脚向前侧迈一步同时跳起，另一脚迅速并拢成双脚落地。

（2）侧并小跳（小马跳——Pony）：一脚向侧小跳一次，另一脚随之并上，同时点跳两次。

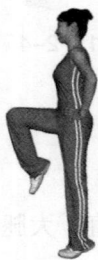    

图 15-2-5　　　图 15-2-6　　　图 15-2-7　　　图 15-2-8　　　图 15-2-9

（七）弓步跳（图 15-2-10 ~ 图 15-2-12）

1. 动作描述

并腿跳起，两腿前后分开成弓步落地，两脚尖向前并平行，脚后跟可以不着地，重心在两腿之间。

2. 技术要点

上体保持正直，屈腿的膝关节投影点不能超过脚尖，另一腿膝关节伸直。落地时注意膝、踝关节的缓冲，两脚尖伸向前并平行。

3. 同类动作变化

（1）弓步：一腿向前或向侧屈膝迈步，另一腿伸直。

（2）侧弓步跳：并腿跳起，两腿两侧分开成弓步，重心在两腿之间。

以上介绍的是健美操中最常用的基本步法，练习者可在此基础上将动作形式加以变化，创造出具有自己独特风格的动作。

图 15-2-10　　　　图 15-2-11　　　　图 15-2-12

二、健美操的上肢动作介绍

在完成健美操基本步法的同时，配合不同的上肢动作，不仅能使动作变得丰富多彩，而且还能改变动作的强度和难度。健美操的手臂动作除了与体操动作通用的举、摆动、绕环和一些舞蹈动作外，主要是模仿上肢力量练习的动作，这样既美观，又有实效。

（一）手　型

（1）掌型：五指伸直并拢。

（2）拳型：握拳，拇指在外，压在食指的弯曲部位。

（3）五指张开型：五指用力伸直张开。

（二）上肢动作

（1）举：臂伸直向某方向抬起。

（2）摆动：以肩关节为轴，手臂在 180° 以内的运动。

手　型

（3）绕和绕环：以肩关节为轴，手臂在180°至360°之间的运动为绕；大于360°以上的圆周运动为绕环。

（4）屈臂：前臂与上臂角度不断减小。

（5）伸臂：前臂与上臂角度不断增大。

（6）屈臂摆动：屈肘在体侧自然地摆动。

（7）上提：直臂或屈臂由下至上抬起。

（8）下拉：臂由上举或侧上举拉至身体两侧。

（9）胸前推：立掌，臂由肩部向前推。

（10）肩上推：立掌，屈臂由肩部向上推。

（11）冲拳：屈臂握拳，由腰间猛力向前冲拳。

（12）交叉：两臂重叠成X形。

第三节　校园青春健美操基础套路

校园青春健美操突出了操、舞相结合的动作风格，将操化的步法与舞蹈动作自然连接。身体的方位和方向变化整体配合，体现了整套操的活力、动感和激情。

一、动作组合一（图15-3-1、图15-3-2）

预备姿势：直立。

第一个八拍：

1~4　左脚开始原地踏步四次，两臂前后自然摆动，两手握拳。

5　左脚脚尖向前点地，同时两腿屈膝弹动一次，右臂胸前屈，左手握拳叉腰。

6　左脚收回，同时两腿屈膝弹动一次。

7~8　动作同5~6，方向相反。

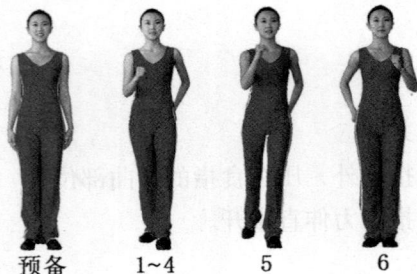

预备　　　1~4　　　5　　　6

图 15-3-1

第二个八拍：

1～4　左右脚交替向前、向后迈步各一次（"一"字步），两臂前后自然摆动。

5～6　并腿屈膝弹动两次，两臂夹肘胸前屈，击掌两次。

7　上体左转90°，面向"7"点方向，左脚侧滑步同时顶左髋，左腿屈膝，两臂侧平举，并掌，挺胸。

8　还原成正立。

图 15-3-2

第三个八拍动作同第一个八拍，方向相反。

第四个八拍动作同第二个八拍，方向相反。

二、动作组合二（图 15-3-3、图 15-3-4）

第一个八拍：

1　左脚侧迈一步，两臂胸前上屈，两手握拳向前敲击，拳心相对。

2　右脚左并，右腿屈膝，脚尖点地，手臂动作同1。

3～4　下肢动作同1～2，方向相反，两臂体侧微屈，两手握拳向下敲击，拳心向前，头向"3"点方向。

5～6　左脚侧迈一步，脚尖点地成弓步（左），两臂体侧微屈，握拳，拳心向前，两肩上下抖动两次，头向"7"点方向。

7　右脚向左前45°迈一步，重心前移，面向"7"点方向，左腿后屈，右臂体前平屈，左臂体后屈，双手握拳。

8　左脚触地，重心后移。

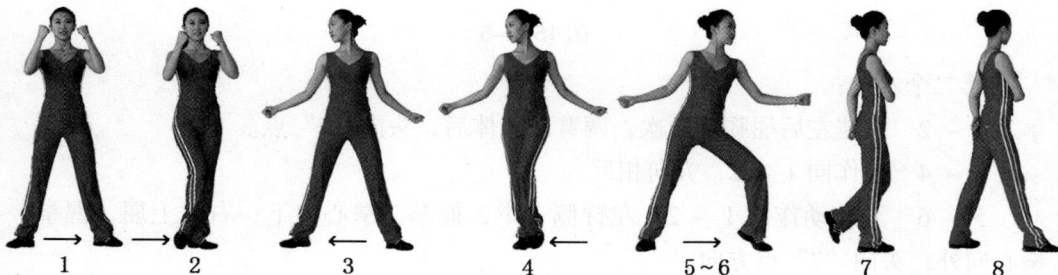

图 15-3-3

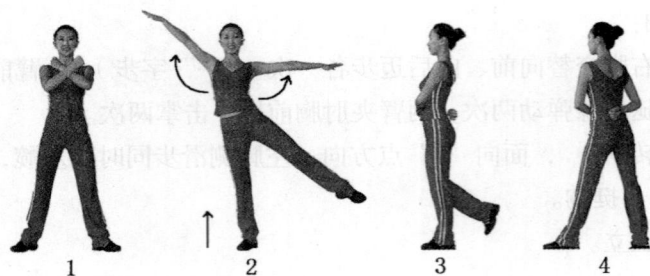

图 15-3-4

第二个八拍：

1　右脚侧迈一步，两臂胸前交叉，拳心向后。

2　侧摆腿跳（左），右臂侧上举，左臂侧平举，并掌，掌心向下。

3～4　动作同第一个八拍中 7～8，方向相反。

5～8　动作同 1～4，方向相反。

第三个八拍动作同第一个八拍，方向相反。

第四个八拍动作同第二个八拍，方向相反。

三、动作组合三（图 15-3-5　～图 15-3-8）

第一个八拍：

1　后踢腿跑（右），两臂夹肘，胸前击掌。

2　后踢腿跑（左），两臂肩侧上屈，握拳，拳心相向。

3～4　动作同 1～2。

5～8　动作同 1～4，第 8 拍并腿跳成直立，两臂放于体侧。

图 15-3-5

第二个八拍：

1～2　右腿左后屈腿跳两次，两臂屈于体后，头向"7"点。

3～4　动作同 1～2，方向相反。

5～6　下肢动作同 1～2，左臂侧下举，握拳，拳心向下；右臂上屈，握拳，拳心向外，头向"7"点方向。

7～8　动作同 5～6，方向相反。

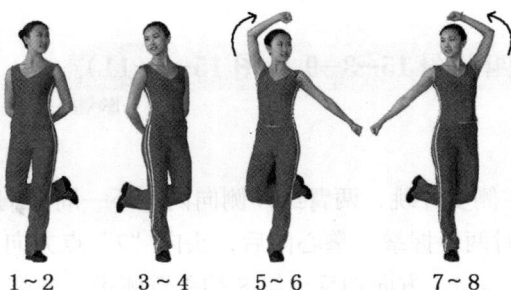

1~2   3~4   5~6   7~8

图 15-3-6

第三个八拍：

1 ~ 2　右腿向前小踢腿跳两次，绷脚尖，两臂屈于体后。

3 ~ 4　动作同 1 ~ 2，方向相反。

5　侧摆腿跳（右）。

6　动作同 5，方向相反。

7　动作同 5。

8　并腿跳成直立。

1~2   3~4   5   6   7   8

图 15-3-7

第四个八拍：

1 ~ 2　后踢腿跳（右）两次，两臂屈于体后。

3 ~ 4　同 1 ~ 2，方向相反。

5 ~ 8　动作同第三个八拍中 5 ~ 8。

1~2   3~4   5   6   7   8

图 15-3-8

四、动作组合四（图 15-3-9 ～图 15-3-11）

第一个八拍：

1 ~ 4　左脚向左侧步并跳，两臂经体侧向内绕环一周至胸前屈交叉，第 4 拍右腿向左后屈腿跳，同时两手握拳，拳心向后，头向"7"点方向。

5 ~ 8　动作同 1 ~ 4，方向相反，第 8 拍手臂侧举，并掌，掌心向下。

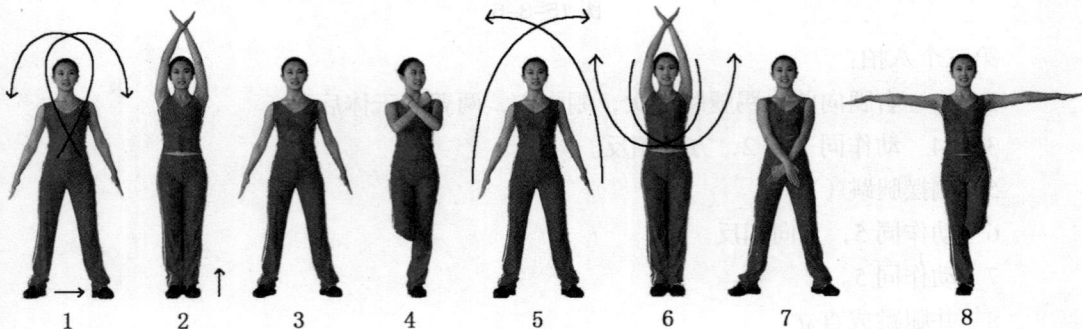

图 15-3-9

第二个八拍：

1　左脚向左前点地同时顶左髋，右臂胸前上屈，握拳，左手扶左髋。

2　还原成直立。

3　动作同 1，方向相反。

4　动作同 2。

5 ~ 8　左脚开始踏步四次，两臂前后自然摆动，握拳，第 8 拍并腿跳成直立。

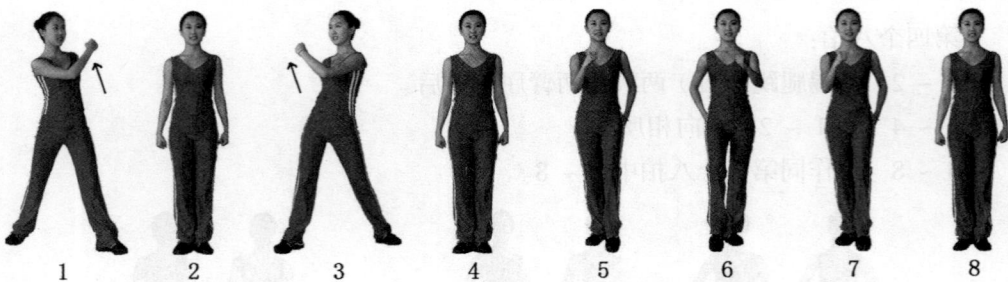

图 15-3-10

第三个八拍：

1　上体左转 45°，面向"8"点方向，吸腿跳（左），两手握拳于腰间，拳心向上。

2　左腿后撤成弓步跳（右），两手冲拳至前举，拳心相对。

3　动作同 1。

4　右转 45°，面向"1"点方向，并腿跳成直立。

5　右脚侧迈一步，两臂肩侧屈，五指张开，掌心向前。

6　左脚向右后交叉。

7　侧摆腿跳（左），左臂侧上举，右臂侧下举，并掌，掌心向下，头向"3"点方向。

8　并腿跳成直立。

第四个八拍动作同第二个八拍，方向相反。

图 15-3-11

思考题

1. 简述健美操运动的起源与发展。

2. 试述健美操的基本动作。

第十六章

体育舞蹈

体育舞蹈
百科

第一节 体育舞蹈概述

体育舞蹈又称国际标准舞，它是随着人类的社会演变和文化进程而逐渐发展起来的。它的发展经历了原始舞蹈—公众舞—民间舞—宫廷舞—社交舞—国际标准交际舞等发展阶段。国际标准舞由于兼有文化娱乐的内涵和体育竞技的双重特点，以及很强的表演观赏性和技艺性，加之 1995 年 4 月国际奥委会将国际标准舞正式列为奥运会表演项目，因此，称它为体育舞蹈。

一、体育舞蹈的发展概况

1924 年，英国皇家舞蹈教师协会对当时社交舞的一部分进行整理，将 7 种舞的舞姿、舞步和跳法加以系统化、规范化，从此人们将规范化的华尔兹、探戈、维也纳华尔兹、狐步、快步舞、伦巴和布鲁斯称为"国际标准舞"。第二次世界大战后，英国皇家舞蹈教师协会又将一些拉丁舞进行了整理和规范，并将它们纳入了国际标准舞范畴，列入正式比赛项目。至此，国际标准舞包括 10 个舞种、两大系列，即摩登舞和拉丁舞。

国际标准舞的诞生，改变了社交舞的自娱性质，引起了社会各阶层的极大兴趣。它的典雅风格和优美舞姿征服了世界舞坛，掀起了半个多世纪的世界国标舞热潮。1964 年，国际标准舞又增加新的表演和比赛项目——团体舞。从此摩登舞、拉丁舞、团体舞，被称为"现代国际标准舞"。每年在国际上都有不同地区、各种级别、不同规模的多种赛事。如世界锦标赛等已连续举办了半个世纪。其中最有影响的是每年在英国黑池和德国斯图加特举办的体育舞蹈大赛，犹如体育舞蹈的"奥运会"和"奥斯卡评选"，格外引起体育舞蹈选手和爱好者的关注。1995 年 4 月，国际奥委会给予国际标准舞以准承认资格，列为表演项目，称为体育舞蹈。

20 世纪 80 年代，体育舞蹈传入中国并得到迅速发展。1986 年，文化部宣布成

立了中国国际标准舞学会，并举办了第一届全国国际标准舞大赛，就是后来的"荷花杯"赛。1991年5月3日，以"国际体育舞蹈俱乐部"为前身的"中国体育舞蹈运动协会"举办了中国体育舞蹈锦标赛、精英赛。中国体育舞蹈协会和中国国际标准舞学会每年聘请英、日等国及港、台地区的专家、教师来华传授体育舞蹈技艺并考核国家各级别的教师和裁判，有力地推动了体育舞蹈的开展。2002年，中国业余竞技舞协会和中国体育舞蹈协会合并为中国体育舞蹈联合会，在国际体育舞蹈联合会主席鲁道夫·鲍曼主持下，成为国际体育舞蹈联合会会员国之一，标志着中国体育舞蹈事业已经和国际接轨，进入了一个新的发展阶段。不同层次的比赛促进了中国体育舞蹈事业的发展，从中涌现出了许多国际、国内的优秀选手。

二、体育舞蹈的特点和分类

（一）体育舞蹈的特点

体育舞蹈是由属于文艺范畴的舞蹈演变而来的体育项目，它兼有文艺和体育的特点，是介于文艺和体育之间的边缘项目，是以竞赛为目的，具有自娱性和表演观赏性的竞技舞蹈。它具有以下三个特点：

1. 规范性

规范性表现在技术上，足法、方位、角度的精确要求，它是历经百年历史锤炼，几代人的加工而逐渐形成的。

2. 艺术观赏性

体育舞蹈融音乐、舞蹈、服装于一体，通过优美的体态、舞姿等动人的肢体语言展理人的气质和风度，极具最赏的价值，被认为是一种"真正的艺术"。

3. 体育性

体育性一方面体现在竞技性，另一方面表现在锻炼价值上。体育舞蹈选手在完成某舞种成套动作之后的最高心率为女子每分钟197次、男子每分钟210次的运动强度。作为体育锻炼的手段，在生理和心理方面对人体有许多有益的影响。

（二）体育舞蹈的分类

体育舞蹈按舞蹈的风格和技术结构，分为摩登舞和拉丁舞两大类。按竞赛项目可分成三类，即摩登舞、拉丁舞和团体舞。摩登舞包括：华尔兹、探戈、狐步、快步和维也纳华尔兹5种舞。拉丁舞包括：桑巴、恰恰恰、伦巴、斗牛舞和牛仔舞5种舞。

1. 摩登舞

摩登舞具有端庄、含蓄、稳重、典雅的风格。舞步流畅，轻柔洒脱，舞姿优美，起伏有序，音乐节奏清晰，舞蹈富于技巧性，是老少皆宜的舞系。在服装方面也相当考究，男士着西服或礼服（燕尾服），女士宜穿晚礼服或露背长裙，显示出庄重、高贵的气质及身材线条的优美。舞鞋也较讲究，男士一般穿黑色或与服装同色的软底跟缚带皮鞋，鞋底用牛皮毛面向外反做，要求轻软、合脚；女士的舞鞋要求鞋面色彩应与衣裙协调，样式为高跟皮鞋，鞋跟的高度为 5 ~ 8 厘米，鞋底用牛皮反做，鞋面还可镶加亮饰。

2. 拉丁舞

拉丁舞具有热情、奔放、浪漫的风格特点。舞蹈动作豪放粗犷，速度多变，手势和脚步内容丰富，充满激情，音乐节奏鲜明强烈，尤为中青年人所喜爱。其服饰着重展示人体的曲线美，且带有拉美风格。男士下着体现人体线条的高腰简裤或萝卜裤，上衣着适合于选手风格的长袖、坎袖衫，紧身或宽松式服装。女士穿据背或露腿的短裙或长裙，以展示背、腰、臀、胯、腿部动作的优美线条，增强风格性。拉丁舞鞋均比摩登舞鞋的鞋跟稍高，女鞋为系带的凉鞋，鞋上可加亮饰，使脚部动作更显醒目。

3. 团体舞

团体舞是摩登舞或拉丁舞的混合舞，由 8 对选手组成，借助音乐的引导以及 5 种舞蹈在变化莫测的队形变动中编制出丰富多彩的图案，它将音乐、舞姿、队形、图案和选手们的和谐配合融为一体，达到了视、听完美的统一，使体育舞蹈的风格特点得到了更为鲜明的表现。

同一系列的舞种除在风格和内容上有其共同特点外，每个舞种在步法、节奏、技术处理以及风格上都有自己的独特之处。

三、体育舞蹈的作用

体育舞蹈是一项可以增强体质、改善心理和净化心灵的运动，属于有氧运动。它可以增强腿、肩、臂和躯干等部位的力量。通过练习很快就会发现，体验体育舞蹈的同时也检验并改善了人的思维和心理，还能提高平衡、旋转、控制能力，教会人运用肢体去展现美、理解美、欣赏美，感受舞蹈的魅力。并非每个人都能成为职业选手，但体育舞蹈的练习却可以使人的走路、谈话、甚至于思想都增加自信，使自我感觉更好，睡得更香，而且经常微笑。人们迷恋体育舞蹈是因为音乐响起时那种内心激动不已的体验，所有这些都是因为你在学习体育舞蹈。

（一）培养乐感

舞蹈都是用强拍来开步的，不管强拍或是弱拍都是拍节中的一拍。从一个强拍到下一个强拍之前的部分称为一小节。每小节有两拍的叫二拍子，有三拍的叫三拍子，有四拍的叫四拍子。用作表示拍子的记号，如 2/4、3/4、4/4 等等叫作拍号。将它们分别读做"四二拍子""四三拍子""四四拍子"。2/4 拍子的强弱规律是：强、弱、强、弱，反复循环，一强一弱交替出现。3/4 拍子的强弱规律是：强、弱、弱、强、弱、弱。4/4 拍子的强弱规律是：强、弱、次强、弱、强、弱、次强、弱。

学习体育舞蹈必须对音乐的重要性有足够的认识，不断地提高音乐修养。因为无论是表现摩登舞的绅士风度，还是表现拉丁舞的热情奔放，首先都应从感受音乐入手。一般初学者往往只注重舞蹈技术动作的学习，忽视了音乐的作用，在动作时，常出现舞步与音乐脱节的现象，破坏了动作的整体感和韵律感。音乐素养差会使舞蹈平淡无味，艺术感染力自然也就减弱。所以在学习体育舞蹈之前，应知道自己在音乐方面有哪些差距，然后制定一个有针对性的计划，逐渐地感知音乐。其中包括音乐的节奏、旋律、意境，不同的配器、和声所要表达的音乐情感，不同舞蹈音乐的风格及结构特征。

（二）提高身体基本协调能力

学习体育舞蹈还必须具备一定的协调能力。作为初学者，首先要了解自身的条件和基本情况，寻找一种适合自己的练习方法。借助于其他的运动方式，如徒手体操、艺术体操、健美操等练习来逐渐提高协调能力。

（三）改善身体形态

身体基本形态的训练可以改善身形和体态。通过芭蕾来训练身体各个部位的基本姿态，使其符合要求，如膝盖、脚面绷直、腿部外开，收腹立腰、姿态控制、手型与手臂位置的准确，手臂动作与头部动作要协调的配合等，达到规范要求。练习中要选配优美动听的音乐，音乐风格与动作风格相一致，以利于培养舞者的韵律感、美感意识和表现能力。按生理解剖部位（上肢、胸、肩、躯干、胯和下肢部位）将所选择的动作进行有机地组合，形成"节"和成套动作，并反复练习，从而为学习体育舞蹈奠定基础。方式完成各种类型动作的身体操练。

第二节　体育舞蹈基本技术

一、华尔兹

华尔兹舞的风格是动作如行云流水般顺畅，像云霞般光辉，潇洒自如，典雅大方，被誉为"舞中皇后"。华尔兹舞曲的节奏是 3/4 拍，每分钟 28 ~ 30 小节，每小节有 3 拍。

（一）基本动作练习

1. 升降练习

方法：此动作练习主要为了体会踝、膝部的屈伸，加强脚及身体的控制能力，加强身体升降的稳定性（图 16-2-1）。

2. 手臂前后摆动的升降练习

方法：随着膝、踝的屈伸身体手臂前后摆转，掌握升降摆转的延伸动作（图 16-2-2）。

图 16-2-1   图 16-2-2

（二）握抱姿势

1. 闭式舞姿

男女舞伴相对站立，双脚并拢，脚尖对齐、正对前方。女士偏向男士右侧的 1/3，男女伴的右脚尖对准对方的双脚中线。男女伴的头都向左转，目光从男女伴右肩方向看出。女士从臀部以上向后上方打开，男士左手与女士右手掌心相握，虎口向上，前臂与大臂的夹角为 135°，高度与女士右耳相平。男士右手五指并拢，轻轻至于女士左肩胛骨下端。女士左手四指并拢，虎口放在男士右臂三角肌处（图 16-2-3）。

2. 开式舞姿

在闭式舞姿的基础上，男女舞伴的上身各向外打开 25° 角，头面向手的方向，目光从手的方向向远延展，男士与女士的右髋部仍相靠不能打开。

（三）基本步法

1. 左脚并换步（图 16-2-4）

（1）男士左脚前进；女士右脚后退。

（2）男士右脚经过左脚向侧步稍前；女士左脚经右脚向侧步稍后。

（3）男士左脚并右脚；女士右脚并左脚。

图 16-2-3   图 16-2-4

2. 右脚并换步

（1）男士右脚前进；女士左脚后退。

（2）男士左脚经过右脚向侧步稍前；女士右脚经左脚向侧步稍后。

（3）男士右脚并左脚；女士左脚并右脚。

3. 左转步（图 16-2-5）

图 16-2-5

共六步。节奏为 1、2、3、1、2、3。

（1）男士左脚前进，开始左转；女士右脚后退，开始左转。

（2）男士经右脚向侧横步，1～2 转 1/4；女士左脚向侧横步 1～2 转 3/8。

（3）男士左脚并右脚 2～3 转 1/8；女士右脚并左脚身体完成转动。

（4）男士右脚后退，继续向左转；女士左脚前进，继续向左转。

（5）男士左脚向侧横步，4～5 转 3/8 身体少转；女士右脚向侧横步，4～5 转 1/4。

（6）男士右脚并左脚，身体完成转动；女士左脚并右脚 5～6 转 1/8。

4. 右转步（图 16-2-6）

共六步。节奏为 1、2、3、1、2、3。

（1）男士右脚前进，开始右转；女士左脚后退，开始右转。

（2）男士经左脚向侧横步，1～2 转 1/4；女士右脚向侧横步 1～2 转 3/8。

（3）男士右脚并左脚 2～3 转 1/8；女士左脚并右脚身体完成转动。

（4）男士左脚后退，继续向右转；女士右脚前进，继续向右转。

（5）男士右脚向侧横步，4～5 转 3/8 身体少转；女士左脚向侧横步，4～5 转 1/4。

（6）男士左脚并右脚，身体完成转动；女士右脚并左脚 5～6 转 1/8。

图 16-2-6

5. 侧行追步（图 16-2-7）

侧行追步有四步，3 拍走 4 步。节奏为 1、2、&、3。在开式舞姿上开始。

（1）男士右脚前进并交叉与反身动作及侧行位置；着地时先脚跟后脚掌；女士前进并交叉与反身动作位置，着地时先脚跟后脚掌，开始左转。

（2）男士左脚横步，着地时用脚掌；女士右脚横步，着地时用脚掌，1～2转1/8周。

（3）男士左脚并与右脚，着地时用脚掌；女士左脚并与右脚，着地时用脚掌，2～3转1/8周，身体稍转。

（4）男士右脚横步稍后，着地时先脚掌后脚跟；女士右脚横步稍后，着地时先脚掌后脚跟。

图 16-2-7

6. "V" 字步（图 16-2-8）

（1）男士左脚前进；女士右脚后退。

（2）男士右脚向斜内侧前进；女士左脚斜退。

（3）男士左脚在侧行位置交叉于右脚后；女士右脚在侧行位置交叉于左脚后。

7. **外侧右转步**（图 16-2-9）

节奏为 1、2、&、3。在侧位上开始。

（1）男士右脚前进并交叉于反身动作及侧行位置；女士左脚前进并交叉于反身动作及侧行位置。

（2）男士左脚向侧；女士右脚向侧。

（3）男士右脚在侧行位置交叉与右脚后；女士左脚并右脚。

（4）男士左脚向侧且稍前进；女士右脚向侧并稍后退。

图 16-2-8

图 16-2-9

8. **右旋转步**（图 16-2-10）

右旋转步有六步，节奏为 1、2、3、1、2、3。

（1）男士右脚前进开始右转；女士左脚后退开始右转。

（2）男士左脚向侧横步 1～2 转 1/4 周；女士右脚向侧横步 1～2 转 3/8 周，身体稍转。

（3）男士右脚并与左脚 2～3 转 1/8 周；女士左脚并与右脚身体完成稍转。

（4）男士左脚后退左脚保持在反身动作位置中（轴转）右转 1/2 周过渡到跟，掌转；女士右脚前进（轴转）右转 1/2 周，跟脚。

（5）男士右脚前进继续右转跟掌；女士左脚后退，并向左侧继续右转跟掌。

（6）男士左脚横步稍后 5～6 转 3/8 周，掌跟；女士右脚经左脚斜进 5～6 转 3/8 周，掌跟。

图 16-2-10

9.踌躇步（图 16-2-11）

（1）男士左脚前进开始左转，着地时先脚掌后脚跟；女士右脚后退开始左转，着地时先脚掌后脚跟。

（2）男士右脚横步 1～2 转 1/4 周，着地时用脚掌；女士左脚横步 1～2 转 1/4 周，着地时用脚掌。

（3）男士左脚并与右脚不置重量 2～3 转 1/8 周（掌跟中心在右脚）；女士右脚并与左脚不置重量 2～3 转 1/8 周（掌跟中心在左脚）。

10.后叉形步（图 16-2-12）

（1）男士反身动作位置中左脚后退；女士在反身位置及外侧中右脚前进。

（2）男士右脚斜退；女士左脚向侧。

（3）男士侧行位置中，左脚交叉于右脚后；女士侧行位置中，右脚交叉于左脚后。

图 16-2-11

图 16-2-12

二、探　戈

探戈舞的风格是：动静交织，潇洒奔放，头部左顾右盼，快速转动。舞曲为 2/4 拍，每分钟 30～34 小节。音乐的特点是以切分音为主，带有停顿。舞步分 S（慢）

和 Q（快），其中，S 占 1 拍，Q 占半拍，跳探戈舞时，要求膝关节放松，微屈，重心下沉，脚下干净利落，不拖泥带水。

（一）握抱姿势

闭式舞姿：男伴的右脚回收半脚并到左脚内侧脚弓处，前后错开半个脚，重心下沉，膝关节弯曲并松弛。左手回收，肘关节上抬，前臂内收角度加大（接近90°）。男士右手略向下斜插女伴的脊椎骨略靠近右肩胛骨的地方（不要超过脊柱）；女士的左手拇指贴向掌心，四指并拢，虎口处抵住男伴的上臂外侧靠近腋部。男伴右肘与女伴左肘部相重叠，即男伴右肘骨抵住女伴的左肘内窝。目视方向与华尔兹相同。动作时有闪回的动作。男伴与女伴位置是 1/3 微贴，接触点是膝关节、髋部到腹部的位置（图 16-2-13）。

（二）基本步法

1. 二常步（图 16-2-14）

二常步有两步，节奏为 S、S。

（1）男士左脚前进；女士右脚后退。

（2）男士右脚前进；女士左脚后退。

2. 直行侧步（图 16-2-15）

直行侧步有三步，节奏为 Q、Q、S。

（1）男士左脚前进；女士右脚后退。

（2）男士右脚向侧稍后腿；女士左脚向侧稍前进。

（3）男士左脚前进，女士右脚后退。

图 16-2-13　　　　　图 16-2-14　　　　　图 16-2-15

3. 并脚结束（图 16-2-16）

并脚结束有三步，节奏为 Q、Q、S。

（1）男士右脚后退；女士左脚前进。

（2）男士左脚横步稍前，左转 1/4 周；女士右脚横步稍后，左转 1/4 周。

（3）男士右脚并与左脚；女士左脚并与右脚。

4. 右摇转步（图 16-2-17）

（1）男士右脚前进；女士左脚后退。

（2）男士左脚向侧并稍后；女士右脚前进。

（3）男士重心回立右脚，1～3右转1/4周；女士左脚后退，1～3右转1/4周。

图 16-2-16　　　　　　　　图 16-2-17

5. **基本左转**（图 16-2-18）

基本左转有六步，节奏为Q、Q、S、Q、Q、S。

（1）男士在反身位置中左脚前进；女士在反身位置中右脚后退。

（2）男士右脚向侧并稍后退；女士左脚向侧并稍前进。

（3）男士左脚交叉于右脚之前；女士右脚并左脚并稍后退。

（4）男士右脚后退；女士左脚前进。

（5）男士左脚向侧稍前进；女士右脚向侧并稍后退。

（6）男士右脚并左脚并稍退后；女士左脚并右脚并稍前进。

图 16-2-18

6. **行进连步**（图 16-2-19）

行进连步有二步，节奏为Q、Q。

（1）男士在反身动作位置中左脚前进；女士在反身位置中右脚后退。

（2）男士右脚向侧并在侧行位置中稍后退；女士左脚向侧并在侧行位置中稍后退。

7. **并式侧行步**（图 16-2-20）

并式侧行步有四步，节奏为S、Q、Q、S。

在侧行位置上开始：

（1）男士在侧行位置中，左脚向侧；女士在侧行位置中，左脚向侧。

（2）男士右脚前进并交叉于反身动作位置与侧行位置中；女士右脚前进并交叉于反身位置与侧行位置中。

（3）男士左脚向侧并稍前进；女士左脚向侧。

（4）男士右脚向侧并稍后退；女士右脚交叉于左脚之后。

图 16-2-19　　　　　　　　　　　　　　　　图 16-2-20

❓ 思考题

1. 简述体育舞蹈的起源与发展。

2. 试跳一曲华尔兹。

第十七章

排舞运动

第一节　排舞运动概述

排舞是从英文line dance翻译过来的，从字面意思上理解就是一种排成一排排的舞蹈。由于简单易学，同时被称作"能走路就能跳的舞蹈"。这种舞蹈源于美国20世纪70年代西部的乡村舞蹈，也叫牛仔舞。起先用吉他和拍手的方式起舞，随着时代的发展，后来融入了欧洲宫廷和拉丁式的舞蹈，舞步多元，风格创新，简单易学，是一种即可个人独享，又可与团体共乐的舞蹈。近年来，排舞逐渐在亚洲流行。在中国港台地区、日本、新加坡等地都掀起了一股热潮，受到各个年龄层人群的欢迎，可以说是老少皆宜的舞蹈。

随着时代的发展，全球化的普及，排舞融合了国际上多种流行元素，如恰恰恰、伦巴、牛仔和摇滚等舞种。在如此多重的舞蹈元素组合与变化之下，排舞有简单的，也有复杂高难度的，让舞者能跳出自己的个人风格，完全属于自己的诠释，更增添了排舞吸引人的魅力。目前，在北京和上海一些大的城市，跳排舞成为一种时尚。

排舞现在已经发展到了3000多支舞曲，每一支舞曲都有自己独一无二的舞码。新舞曲的编制必须经过国际排舞协会的认证才能在全球发行推广。所以，同一支舞曲，全世界的跳法都是统一的，在这个一致的舞蹈标准下，排舞的舞者可以在世界各地享受以舞会友的乐趣。因此，全健排舞可以说是一种国际语言，全世界的排舞爱好者听到同一首歌就可以翩翩起舞，欢乐祥和的气氛不言而喻。由于经典的英文歌曲众多，动听的音乐、优美的舞姿尤其受到上班族的喜爱。北京市体操协会排舞专业委员主任杨子青说："排舞就是要达到这样一个目的，一只曲子响起，就让人不由自主地跟着起舞。"

第二节　校园排舞基础套路

一、套路一

音乐:《宝贝对不起》。

共2个8拍，4个方向，前奏、第2×8拍右起。

第1×8拍（图17-2-1）

图 17-2-1

动作讲解：

双手体侧前后自然摆动。

1拍　右脚向右迈一步，重心在右脚。

2拍　左脚并右脚。

3拍　右脚向右迈一步，重心在右脚。

4拍　左脚并右脚。

5～8拍与1～4拍动作相同，方向相反。

第2×8拍（图17-2-2）

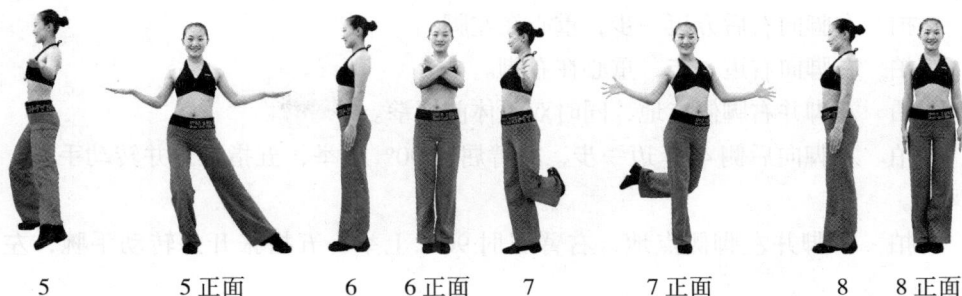

| 5 | 5 正面 | 6 | 6 正面 | 7 | 7 正面 | 8 | 8 正面 |

图 17-2-2

动作讲解：

1 拍 双手握拳，自然摆动，右脚向左前方 45° 方向脚跟点地。

2 拍 右脚在左脚侧点地。

3 拍 向右后方转 90° （面向 3 点），同时右腿提膝，大腿与地面平行，右脚贴于膝关节内侧。

4 拍 并立（面向 3 点）。

5 拍 左脚向左侧点地，左腿伸直膝关节，同时双手在体侧打开，掌心向下（面向 3 点）。

6 拍 并立。

7 拍 右腿向左前跳一步，左脚后踢小腿，左腿膝关节贴右腿膝关节。双手体侧打开，掌心向前（面向 3 点）。

8 拍 并立（面向 3 点）。

二、套路二

音乐：《如此简单》。

共 4 个 8 拍，4 个方向，前奏、前 4×8 拍右起。

第 1×8 拍（图 17-2-3）

| 1 | 2 | 3 | 4 | 5 | 6 | 7 | 8 |

图 17-2-3

动作讲解：

预备姿势为并立，双手置于体侧。

1 ~ 4 拍 双手叉腰。

1 拍 右脚向右迈一步，重心在右脚上。

2拍　左脚向右后方迈一步，重心在左脚。

3拍　右脚向右迈一步，重心在右脚。

4拍　左脚并右脚侧点地，同时双手体前握拳。

5拍　左脚向后侧45°迈一步，右臂屈肘90°上举，五指张开并转动手腕，左手叉腰。

6拍　右脚并左脚侧点地，右臂屈肘90°上举，五指张开并转动手腕，左手叉腰。

7拍　右脚向后侧45°迈一步，左臂屈肘90°上举，五指张开并转动手腕，右手叉腰。

8拍　左脚并右脚侧点地，左臂屈肘90°上举，五指张开并转动手腕，右手叉腰。

第2×8拍（图17-2-4）

1　　　2　　　3　　　4　　　5　　　6　　　7　　　8

图 17-2-4

第2×8拍与1×8拍动作相同，方向相反。

说明：第1×8拍向后退做动作，第2×8拍向前做动作。

第3×8拍（图17-2-5）

1　　　2　　　3　　　4　　　5　　　6　　　7　　　8

图 17-2-5

动作讲解：

双手自然前后摆动。

1拍　右脚向右迈一步，重心在右脚，双手体前握拳，双臂屈肘上举。

2拍　左腿提膝，左脚在半空微停，重心在右脚。

3拍　左腿放下，右脚原地踏一步，重心在左脚。

4拍　右脚向左迈一步，重心在左脚。

5拍　左脚向右后迈一步，重心在右脚。

6拍　右腿提膝，右脚在半空中微停，重心在左脚。

7拍　右脚向右迈一步，重心在左脚。

并步跳　左脚并右脚跳一步（并步跳一步）。

8拍　右脚向右迈一步，重心在左脚。

第4×8拍（图17-2-6）

图17-2-6

动作讲解：

1、2拍双手叉腰，3-8拍双手自然前后摆动。

1拍　向右前方转体90°同时左脚向前迈一步，面向3点，重心在左脚。

2拍　重心换作在右脚。

3拍　向左后转180°的同时左脚向前迈一步，面向7点，重心在左脚。

4拍　右脚向前迈一步。

5拍　左脚向前迈一步。

6拍　右脚向前迈一步。

7拍　左脚向前迈一步。

8拍　重心在左脚上，右脚向前踢一次，右腿膝关节伸直，然后并立。

三、套路三

音乐:《永远是朋友》。

前奏4×8+4拍，2个方向，共8×8拍。

第1×8拍（图17-2-7）

图17-2-7

动作讲解：

预备动作：并立，双手自然放于体侧。

1 拍　右脚向左迈一步，左脚侧点地。双手叉腰。

2 拍　左脚向右后迈一步，重心在左脚上。双手叉腰。

3 拍　右脚向左迈一步，左脚侧点地。双手叉腰。

4 拍　重心在右脚上，左脚斜前方脚跟点地。同时双手击掌一次。

5 ~ 8 拍与 1 ~ 4 拍动作相同，方向相反。

第 2×8 拍（图 17-2-8）

| 1 | 2 | 3 | 4 | 5 | 6 | 7 | 8 |

图 17-2-8

动作讲解：

1 拍　重心从双脚上逐步向右移动成重心在右脚，同时双手握拳（虚拳）于体前随着重心摆动。

2 拍　左脚脚跟点地，双手击掌一次。

3 ~ 4 拍与 1 ~ 2 拍动作相同，方向相反。

5 ~ 8 拍与 1 ~ 4 拍动作相同，方向相反。

第 3×8 拍（图 17-2-9）

| 1 | 2 | 3 | 4 | 5 | 6 | 7 | 8 |

图 17-2-9

动作讲解：

1 ~ 2 拍　重心在双脚，逐步向右移动成重心在右脚，左脚侧点地，同时双手握拳（虚拳）于体前随着重心摆动。

3 ~ 4 拍与 1 ~ 2 拍动作相同，方向相反。

5 ~ 8 拍与 1 ~ 4 拍动作相同，方向相反。

第 4×8 拍（图 17-2-10）

图 17-2-10

动作讲解：

1 拍　右脚向前迈一步，重心在右脚上，双手自然摆动。

2 拍　以右脚为轴，向右前方转体 180°（面向 5 点）成左脚在前，右脚后点地，双手自然摆动。

3 拍　右脚向前迈一步，重心在右脚上，左脚后点地，双手自然摆动。并，左脚向前半步向右脚内侧点地，双手自然摆动。

4 拍　右脚向前迈一步，重心在右脚上，左脚后点地。双手自然摆动。

5 拍　左脚向前迈一步，右脚后点地，双手自然摆动。

6 拍　右脚蹬地，使身体向左前方转体 180°（面向 1 点）成右脚在前，左脚后点地。双手自然摆动。

7 拍　左脚向前迈一步，右脚在后点地。双手自然摆动。并，右脚向前迈半步向左脚内侧点地，双手自然摆动。

8 拍　左脚向前迈一步，右脚在后点地，双手自然摆动。

第 5×8 拍（图 17-2-11）

图 17-2-11

动作讲解：

1 拍　右脚向前迈一步，左脚在后点地，双手置于体侧前方 30°，五指张开。

2 拍　左脚向前迈一步，右脚在后点地，双手于体侧前方 90°，五指开张。

3 拍　右脚向前迈一步，左脚在后点地，双手于体前侧 150°，五指张开。

4 拍　左脚向前迈一步，并右脚，双手斜上举，五指开张。

5 拍　左脚向后退一步，右脚在前点地，双手于体前侧 150°，五指张开。

6 拍　右脚向后退一步，左脚在前点地，双手于体侧前方 90°，五指开张。

7 拍　左脚向后退一步，右脚在前点地，双手于体前侧 30°，五指张开。

8 拍　右脚并左脚，双手至于体侧。

第 6×8 拍（图 17-2-12）

图 17-2-12

动作讲解：

1～2 拍　左脚向左迈步同时向左侧 45° 转体（面向 8 点），重心在右脚，左脚侧点地。双手上举至肩上，同时向右侧摆动（兰花手）。

3～4 拍　向左脚移重心，右脚侧点地，同时双手随着脚步移动重心向左侧摆动。

5～8 拍与 1～4 拍动作相同。

第 7×8 拍（图 17-2-13）

图 17-2-13

动作讲解：

1 拍　右脚向右侧迈一步，左脚侧点地，双手侧平举，掌心向下。

2 拍　左脚向右脚前方侧迈一步，重心在左脚，右脚后侧点地，双手侧平举，掌心向下。

3拍　右脚向右侧迈一步，左脚侧点地，双手侧平举，掌心向下。

4拍　重心在右脚，左脚向右脚前方侧踢一次，双手侧平举，掌心向下。

5~8拍与1~4拍动作相同，方向相反。

第8×8拍（图17-2-14）

图 17-2-14

动作讲解：

1拍　右脚向右侧一步点地，重心在左脚，膝关节微屈。双手侧平举，掌心向下。

2拍　收右脚并左脚，成站立。双手侧平举，掌心向下。

3拍　左脚向左侧一步点地，重心在右脚，膝关节微屈。双手侧平举，掌心向下。

4拍　收左脚并右脚，成站立。双手侧平举，掌心向下。

5拍　右脚向右侧一步点地，重心在左脚，膝关节微屈。双手侧平举，掌心向下。

6拍　右脚向右转90°（面向三点）重心在右脚，膝关节微屈，左脚侧点地。双臂放下，双手置于体侧。

7拍　左脚向左前方转体90°（面向五点），重心在右脚，膝关节微屈，双臂放下，双手置于体侧。

8拍　收左脚并右脚，同时双手放于体侧，成站立（面向五点）。

四、套路四

音乐:《周末的舞蹈》。

前奏8×8拍，一个方向，共8×8拍，右起。

第 1×8 拍（图 17-2-15）

| 12 | 3～4 | 5～6 | 7～8 |

图 17-2-15

动作讲解：

1～2 拍　右脚向前侧方迈一步（即"2"点），重心从右脚转换到左脚，右脚前点地。双手半握拳，屈肘同时向左侧摆动一次。

3～4 拍　右脚并左脚，重心在双脚之间，双手自然摆动。

5～6 拍　右脚向右侧迈一步（即"3"点），重心从右脚转换到左脚，右脚侧点地。双手在左侧击掌一次。

7～8 拍　右脚并左脚，重心在双脚之间。双手自然摆动。

第 2×8 拍（图 17-2-16）

| 1～2 | 3～4 | 5～6 | 7～8 |

图 17-2-16

动作讲解：

1～2 拍　左脚向前侧方迈一步（即"8"点），重心从左脚转换到右脚，左脚前点地。双手半握拳屈肘同时向右侧摆动一次。

3～4 拍　左脚并右脚，重心在双脚之间，双手自然摆动。

5～6 拍　左脚向左侧迈一步（即"3"点），重心从左脚转换到右脚，左脚侧点地。双手在右侧击掌一次。

7～8 拍　左脚并右脚，重心在双脚之间，双手自然摆动。

第 3×8 拍（图 17-2-17）

| 1 | 2 | 3 | 4 | 5 | 6 | 7 | 8 |

图 17-2-17

动作讲解：

1 拍　右脚向右迈一步，左脚向右脚并半步，右手侧平举，立手掌，左手叉腰。

2 拍　右脚向右侧迈一步，重心在右脚，左脚侧点地。右手侧平举，立手掌，左手叉腰。

3 拍　右脚为支撑脚，左脚蹬地向左前方转体180°，重心在左脚，同时右脚向左脚并半步（面向"5"点）。双手叉腰。

4 拍　左脚向左侧迈一步，重心在左脚。双手叉腰。

5 拍　左脚为中枢脚，向右前方转体90°，同时右脚侧点地一次（即"5"点）。右手叉腰，左手屈肘，手指贴后脑。眼看右侧。

6 拍　左脚为中枢脚，向右前方转体45°，同时右脚侧点地一次（即"4"点）。右手叉腰，左手屈肘，手指贴后脑。眼看右侧。

7 拍　左脚为中枢脚，向右前方转体，同时右脚侧点地一次（即"3"点）。右手叉腰，左手屈肘，手指贴后脑。眼看右侧。

8 拍　右脚并左脚，成并立。

第 4×8 拍（图 17-2-18）

图 17-2-18

动作讲解：

1 拍　左脚向左迈一步，右脚向左脚并半步，左手侧平举，立手掌，右手叉腰。

2 拍　左脚向左侧迈一步，重心在左脚，右脚侧点地。左手侧平举，立手掌，右手叉腰。

3 拍　左脚为支撑脚，右脚蹬地向右前方转体180°，重心在右脚，同时左脚向右脚并半步（面向"5"点）。双手叉腰。

4 拍　右脚向右侧迈一步，重心在右脚。双手叉腰。

5 拍　右脚为中枢脚，向左前方转体90°，同时左脚侧点地一次（即"5"点）。左手叉腰，右手屈肘，手指贴后脑。眼看左侧。

6 拍　右脚为中枢脚，向左前方转体45°，同时左脚侧点地一次（即"6"点）。左手叉腰，右手屈肘，手指贴后脑。眼看左侧。

7 拍　右脚为中枢脚，向左前方转体，同时左脚侧点地一次（即"7"点）。左手叉腰，右手屈肘，手指贴后脑。眼看左侧。

8拍　左脚并右脚，成并立。

第5×8拍（图17-2-19）

图 17-2-19

动作讲解：

1拍　右脚向"8"点迈一步，重心在右脚，左脚提起。双手自然摆动。

2拍　左脚向后退一步，重心在左脚，右脚并左脚点地，双手自然摆动。

3~4拍　左脚向前踏一步。双手自然摆动。

5拍　右脚向"8"点迈一步，重心在右脚，左脚提起。双手自然摆动。

6拍　左脚向后退一步，重心在左脚，右脚并左脚点地，双手自然摆动。

7~8拍　左脚向前踏一步。双手自然摆动。

第6×8拍（图17-2-20）

图 17-2-20

动作讲解：

1拍　左脚向"8"点迈一步，重心在左脚，右脚提起。双手自然摆动。

2拍　右脚向后退一步，重心在右脚，左脚并右脚点地，双手自然摆动。

3~4拍　右脚向前踏一步。双手自然摆动。

5拍　左脚向"8"点迈一步，重心在左脚，右脚提起。双手自然摆动。

6拍　右脚向后退一步，重心在右脚，左脚并右脚点地，双手自然摆动。

7~8拍　右脚向前踏一步。双手自然摆动。

第 7×8 拍（图 17-2-21）

　　　1 ~ 2　　　　　3 ~ 4　　　　　5 ~ 6　　　　　7 ~ 8

图 17-2-21

动作讲解：走"十"字步。

1 ~ 2 拍　右脚向左前方迈一步，左脚在后交叉点地，右手自然至于体侧，左手五指张开与肘关节平。

3 ~ 4 拍　左脚向右前方迈一步，左脚在后交叉点地，左手动作不变，右手五指张开与肘关节平。

5 ~ 6 拍　右脚向后迈一步，双手动作不变。

7 ~ 8 拍　收左脚并右脚，成站立。

第 8×8 拍（图 17-2-22）

　　　1 ~ 2　　　　　3 ~ 4　　　　　5 ~ 6　　　　　7 ~ 8

图 17-2-22

动作讲解：走"十"字步。

1 ~ 2 拍　右脚向左前方迈一步，左脚在后交叉点地，右手自然至于体侧，左手五指张开与肘关节平。

3 ~ 4 拍　左脚向右前方迈一步，左脚在后交叉点地，左手动作不变，右手五指张开与肘关节平。

5 ~ 6 拍　右脚向后迈一步，双手动作不变。

7 ~ 8 拍　收左脚并右脚，成站立。

五、套路五

音乐：《我的新生活》。

前奏：4×8 拍，四个方向，共 6×8 拍，右起。

第1×8拍（图17-2-23）

图 17-2-23

动作讲解：

1拍　右脚向前迈一步，左脚后点地。双手自然摆动。

2拍　左脚向右脚跟跟进半步，成锁步（即右脚在前，左脚在后）。双手自然摆动。

3～4拍　右脚向前迈一步，左脚在后点地。双手自然摆动。

5～8拍与1～4拍的动作相同，方向相反。

第2×8拍（图17-2-24）

图 17-2-24

动作讲解：

1拍　右脚向前迈一步，重心在右脚，左脚后点地。双手自然摆动。

2拍　重心回到左脚，右脚在前点地，双手自然摆动。

3拍　右脚在左脚内侧点地，重心在左脚，双手自然摆动。

4拍　右脚全脚掌着地，重心在双脚。双手自然摆动。

5拍　左脚在右脚内侧点地，重心在右脚，双手自然摆动。

6拍　左脚全脚掌着地，重心在双脚。双手自然摆动。

7拍　右脚在左脚内侧点地，重心在左脚，双手自然摆动。

8拍　右脚全脚掌着地，重心在双脚。双手自然摆动。

第 3×8 拍（图 17-2-25）

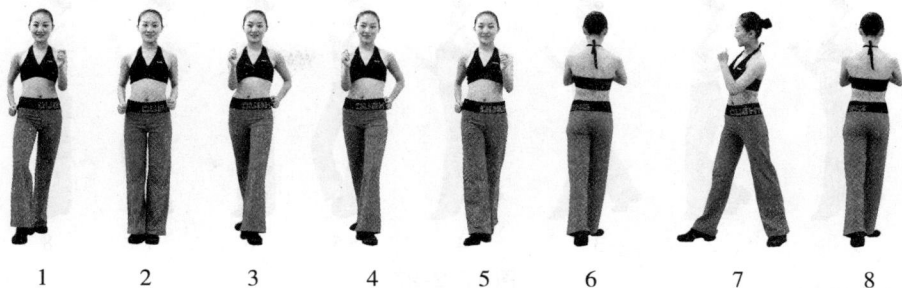

图 17-2-25

动作讲解：

1 拍　左脚向后迈一步，重心在左脚上，右脚前点地，双手自然摆动。

2 拍　右脚并左脚，重心在双脚之间，双手自然摆动。

3～4 拍　左脚向后迈一步，重心在左脚上，右脚在后点地。双手自然摆动。

5 拍　右脚向前迈一步，重心在右脚，左脚后点地，双手自然摆动。

6 拍　向右前方转体 180° 成左脚在前（面向 5 点），右脚后点地。

7～8 拍　右脚向前迈一步，同时双手击掌一次。

第 4×8 拍（图 17-2-26）

图 17-2-26

动作讲解：

1 拍　左脚向前一步，重心在左脚，右脚后点地，双手自然摆动。

2 拍　向左前方转体 180°，成右脚在前，左脚后点地（面向 1 点），双手自然摆动。

3～4 拍　左脚向前一步，右脚后点地，同时双手击掌一次。

5 拍　右脚提膝在左侧前点地，同时面向"8"点，双手自然摆动。

6 拍　右脚还原成并立。同时面向"8"点，双手自然摆动。

7 拍　左脚提膝在右脚侧方点地，同时面向"2"点，双手自然摆动。

8 拍　左脚还原成并立。同时面向"2"点，双手自然摆动。

第5×8拍（图17-2-27）

图 17-2-27

动作讲解：

1拍　右脚向"8点"迈一步，重心在右脚，左脚后点地，双手自然摆动。

2拍　左脚向右脚跟跟进半步，成锁步即右脚在前，左脚前脚掌点地在后。双手自然摆动。

3～4拍　右脚向前迈一步，左脚在后点地。双手自然摆动。

5拍　左脚在右脚内侧点地，重心在右脚，双手自然摆动。

6拍　左脚全脚掌着地，重心在双脚。双手自然摆动。

7拍　右脚在左脚内侧点地，重心在左脚，双手自然摆动。

8拍　右脚全脚掌着地，重心在双脚。双手自然摆动。

第6×8拍（图17-2-28）

图 17-2-28

动作讲解：

1拍　左脚在右脚内侧点地，重心在右脚，双手自然摆动。

2拍　左脚全脚掌着地，重心在双脚。双手自然摆动。

3拍　右脚在左脚内侧点地，重心在左脚，双手自然摆动。

4拍　右脚全脚掌着地，重心在双脚。双手自然摆动。

5拍　左脚向前迈一步，重心在左脚，右脚后点地，双手自然摆动。

6拍　向左前方转体面向"3"点，重心在右脚，双手自然摆动。

7～8拍　左脚向前迈一步，重心在左脚上，右脚后点地。

思考题

1. 简述排舞的起源与发展。

2. 试跳排舞的基础套路。

第十八章

体操运动

第一节　体操运动概述

一、体操运动的发展概况

（一）体操运动的起源与发展

"体操"一词来源于古希腊语"Gymnostike"，即"裸体操练"之意的简称。因为古希腊人在锻炼身体时都是赤身裸体的。这种所谓的"体操"并非是现代体操的概念，而是体育的总称。

公元16世纪末，意大利和德国的一些儿童、青少年学校，为了使学生接受体育和劳动教育，在采用古希腊"体操"项目的同时，出现了像单杠、跳跃器、平衡木、软梯之类的器械体操，这就是现代器械体操的萌芽。由于这一时期各类学校都把这些身体操练作为教育手段，已意识到"体操"这一身体操练的含义不能全面反映其教育的宗旨，因此，具有"身体教育"含义的"体育"一词便应运而生。这样，"体操"和"体育"这一当时的同义语，在世界各国相互混淆使用了很长的历史时期后开始逐步区分开来。在"体育"一词代替泛指一切身体操练的"体操"之后，体操便有其专门的现代体操的概念，即体操是以徒手、持轻器械和在特定的器械上通过不同方式完成各种类型动作的身体操练。体操可分为基本体操和竞技性体操两大类。

（二）中国体操运动发展简况

体操在中国有着悠久的历史。在古代，体操有两类：一类是强健筋骨、预防疾病的体操，如"五禽戏""八段锦""易筋经"等都是具有强身健体、医疗保健性质的运动；另一类是反映古代歌舞、戏剧、杂技和流传于民间的技巧运动。

现代体操于19世纪传入中国。1840年鸦片战争以后，美、英等国先后在上海、天津、北京等地开办教会学校，设置健身房和体操器械，出现了早期的现代体操内容。清朝末年，在北洋水师学堂和武备学堂有外国教官教授兵式操、徒手操和单杠、双杠、平梯等器械操。1908年在上海成立的第一所体操学校的教学内容主要是徒手体操和兵式操。

新中国成立后，在党和政府的一贯重视下，不仅群众性的体操活动广泛普及，而且竞技体操在世界大赛中也取得了优异成绩。马燕红在1979年的第20届世界体操锦标赛中获得高低杠并列第一，成为中国第一个女子体操世界冠军；黄玉斌在1980年的第6届世界杯体操赛中获吊环并列第一，成为中国第一个男子体操世界冠军；在1982年举行的第7届世界杯体操赛中，李宁连夺6枚金牌，创世界体操史上又一奇迹，并荣称"体操王子"；1983年中国男队在第22届世界体操锦标赛中，首次夺得团体冠军。2000年中国体操男团获得悉尼奥运会冠军，2008年第二次夺得该项目的奥运会冠军。李小鹏获15个世界冠军超越李宁，成为中国体操第一人。2008年中国女子体操队力压美国队，也拿到了金牌，这是中国队首次夺得奥运会体操女团的金牌。2012年伦敦奥运会上，中国获得了男子团体、男子自由操、男子双杠、女子平衡木4枚金牌。

第二节　体操练习的保护与帮助

一、保护与帮助的主要特点

1. 保护与帮助在含义上既有不同区别，又有密切联系。保护在某种程度上有帮助的意义，而帮助也是一种可靠的保护。

2. 保护与帮助在实施中既是安全措施，又是教学方法。保护侧重安全，帮助偏重教法。

3. 保护与帮助在运用时既要交替使用，又要有所侧重。练习者在初学的泛化阶段侧重帮助，在初步掌握的分化阶段帮助和保护交替进行，在基本掌握的提高阶段侧重保护。

二、保护与帮助的一般方法

（一）保护方法

1. 他人保护

保护者运用接、抱、拦、挡、拨等手段减缓或加快练习者的动作速度，改变其身体位置，使之避免剧烈摔倒的危险。

2. 自我保护

一般采用的方法如下。

（1）顺势滚动法。当练习者在意外原因或动作失误时，顺势做屈臂、团身、滚翻等动作，减缓冲击地面的力量，避免头部直接触地。如在向后跌倒时做后滚翻；向前跌倒时做侧滚翻，切不可直臂撑地。

（2）改变姿势法。当练习者在动作偶然失败时可采用改变动作的性质和身体姿势，以缩短回环和旋转半径，获得合理的落地姿势。

3. 器械保护

使用保护带、海绵垫、吊绳等器械进行保护。它多用于复杂并带有一定危险的动作。

（二）帮助手法

1. 直接帮助

通常采用的手法如下。

（1）托——托腰或臀部，提高身体重心或靠近器械轴。

（2）顶——加大动作幅度或提高腾空高度，主要用于顶肩。

（3）送——使身体重心远离器械轴，增大身体位移，获得较大的摆动力量。

（4）挡——是一种阻力性助力，用于完成动作时力量过大，起到减慢或制动作用。

（5）拨——顺势加大回环或翻转的速度和力量。

（6）扶——帮助控制重心和定型姿势。多用于需要停顿的静止动作。

2. 间接帮助

帮助者不直接加助于练习者身上，而是通过信号（语言、手势、击掌等方式）、标志物（绳、竿、球、手帕等物品），指示用力时机，指出运动方向，加快或减慢动作节奏，限制动作幅度，帮助练习者建立正确的空间感。

第三节 技 巧

一、男生动作

（一）前滚翻

1. 动作要领

站立开始，下蹲后两手向前撑垫，两脚蹬地，腿伸直，同时提臀、屈臂、低头。用头后部着垫，经肩、背、腰、臀向前滚动。当背部着垫时，迅速屈腿、团身，两手抱小腿起成蹲立至站立（图18-3-1）。

图 18-3-1

2. 技术要点

蹬地提臂—低头团身—前滚抱腿。

3. 技术难点

低头团身。

4. 保护与帮助

侧面跪立，手托练习者肩背，促其前滚。

5. 练习方法

（1）做抱腿团身前后滚动的练习。

（2）反复做蹬地伸膝、提臂、重心前移的练习。

（3）由高往低处做前滚翻练习。

（二）鱼跃前滚翻

1. 动作要领

半蹲，两臂后举，接着两臂前摆，同时两脚蹬地向前上方跃起。腾空时含胸、稍屈髋。当手撑地时，有控制地屈臂缓冲，并及时低头，经团身前滚翻起立（图 18-3-2）。

图 18-3-2

2. 技术要点

蹬地跃起—含胸控腿—屈臂缓冲—低头前滚。

3. 技术难点

含胸控制腿和屈臂缓冲连贯。

4. 保护与帮助

侧面站立，一手托练习者肩部，一手托腿部，帮助缓冲落地向前滚动。

5. 练习方法

（1）手足交换跳（兔跳）练习。

（2）远撑前滚翻练习。

（3）越过一定高度的前滚翻练习。

（4）在帮助下练习。

（三）头手倒立

1. 动作要领

蹲撑，两手同肩宽与头前额约成等边三角形撑垫，两肘内夹、提臀，一腿上举，另一腿蹬地。当臀部提至稍过垂直面时，伸髋立腰成头手倒立（图18-3-3）。

图 18-3-3

2. 技术要点

头手撑垫—前额落垫—内夹提臀—伸髋立腰。

3. 技术难点

提臀伸髋。

4. 保护与帮助

体前侧立，用膝盖顶住练习者的肩背部，同时用手提拉其腰部，帮助成头手倒立。倒立后改扶腿部。

5. 练习方法

（1）在头手撑垫约成等边三角形（事先画出三角形支点）后反复做屈体提臀练习。

（2）在屈体提臀后做一腿摆动，一腿蹬地成头手倒立的练习。

（3）做有人扶持的头手倒立练习。

（四）成套动作

鱼跃前滚翻—头手倒立—前滚翻—挺身跳。

二、女生动作

（一）前后滚动

1. 动作要领

蹲立，两手抱小腿，低头、团身后倒，经臀、腰、背、后脑依次触垫向后滚动，接着两手压小腿向前滚至蹲撑（图18-3-4）。

2. 技术要点

抱腿低头—团身后滚—压腿前滚。

3. 技术难点

低头团身后滚和压腿前滚配合。

4. 保护与帮助

侧面跪立，后滚时托练习者臀部；前滚时一手压脚背，一手托背部。

5. 练习方法

（1）学会原地抱腿团身动作。

（2）从仰卧开始做抱腿团身前后滚动。

（3）从蹲立开始做团身前后滚动。

（二）肩肘倒立

1. 动作要领

两腿伸直并腿坐，上体前屈，胸部靠近大腿，两手触脚面，然后上体后倒滚动，两腿上举，两臂压垫，同时腿上伸，屈肘内收，手撑腰的上部（拇指托腰，四指托背），伸髋、挺腹，脚面绷直向上方蹬，成肘、肩和头支撑的倒立姿势（图18-3-5）。

图 18-3-4    图 18-3-5

2. 技术要点

后倒举腿—夹肘撑腰—伸髋挺腹。

3. 技术难点

伸髋挺腹。

4. 保护与帮助

侧面站立，在练习者后倒举腿时，两手握其小腿向上提。如身体未能充分伸展，可同时用膝轻抵其腰部帮助伸髋。

5. 练习方法

（1）屈体仰卧举腿，反复做髋的屈伸练习。

（2）在做伸髋练习时，可在上方设一标志物，使练习者用脚尖去碰标志物。

（3）做肩、背、肘的倒立练习。

（4）在帮助下练习。

（三）单肩后滚翻成单膝跪撑平衡

1. 动作要领

蹲撑，两手推垫向后滚，两腿后举屈体，头倒向一侧，经单肩向后滚翻，两手及时在肩后推垫，一腿跪地，一腿后举，两臂撑直成跪撑平衡（图18-3-6）。

2. 技术要点

后倒躯体—单肩后滚—跪地举腿。

3. 技术难点

单肩后滚和跪地举腿配合。

4. 保护与帮助

侧后方跪立，一手扶练习者的肩，一手托腿。

5. 练习方法

（1）做单肩后滚翻练习。

（2）从肩肘倒立姿势做单肩后滚翻练习。

（3）在帮助下练习。

（四）跪跳起

1. 动作要领

跪立，上体前倾，臀后坐，两臂后摆，接着向前上方挥摆，同时小腿和脚面用力压垫，并迅速提腰抬上体，提膝收腿成半蹲（图18-3-7）。

2. 技术要点

两臂后摆—挥臂压腿—伸髋提膝。

3. 技术难点

猛力压腿，迅速提膝。

4. 保护与帮助

后面站立，两手扶练习者的腰部帮助腾起。

5. 练习方法

（1）跪立，反复做摆臂提腰抬上体的练习。

（2）跪立，两臂前摆同时提腰向前跪进。

（3）从高垫上跪跳下。

图 18-3-6　　　　　　　　　　　　　图 18-3-7

（五）成套动作

前滚翻成直腿坐—后倒成肩肘倒立—单肩后滚翻成跪撑平衡—跪跳起。

第四节　支撑跳跃

一、支撑跳跃基本技术

支撑跳跃动作的整个过程可分为助跑、踏跳、第一腾空、推手、第二腾空和落地六个阶段。

（一）助　跑

助跑要沿直线跑进，有节奏，速度逐渐加快。助跑时，身体微向前倾，头正直，用前脚掌着地。最后几步要适当加大步幅，减少身体前倾角度。

（二）踏　跳

踏跳由上板和起跳组成。上板作为助跑的最后一步，是助跑和起跳之间的过渡环节，是单脚起跳、双脚落板作制动性起跳前的准备姿势。其要领是腾空中的摆动腿积极前摆，后蹬腿迅速向摆动腿并拢使之前脚掌落板。起跳是整个支撑跳跃中的重要环节，起跳时用力踏板，同时两臂由后迅速向前上方摆起，并领肩，上体稍前倾，脚面绷直。

（三）第一腾空

脚蹬离助跳板后至手触器械前为第一腾空阶段。它要求有一定的高度和远度，身体稍含胸，髋微屈，两臂前伸，两腿伸直向后摆起。

（四）推　手

推手好坏决定第二腾空高度。推手应是短促有力，两手猛力向前下方推撑器械并立即顶肩。

（五）第二腾空

推手后，手离器械至落地前是第二腾空阶段。这时根据不同的跳跃动作做出不同的身体姿势，然后两臂前上摆起，上体急振，伸展髋关节，保持挺身姿势准备落地。

（六）落 地

身体下落接近地面时，两腿并拢，并使踝、膝、髋关节弯曲成半蹲，上体稍前倾，两臂斜上举。

二、男生动作

（一）分腿腾越（纵箱）

1. 动作要领

起跳后两臂上摆，并迅速前伸、紧腰、伸髋，两手向前下方远撑，顶肩推手（手推离时，肩不过支撑点），两腿左右分开。在两手推离跳箱后，两臂斜上举，并带动身体上振成挺身姿势落地（图18-4-1）。

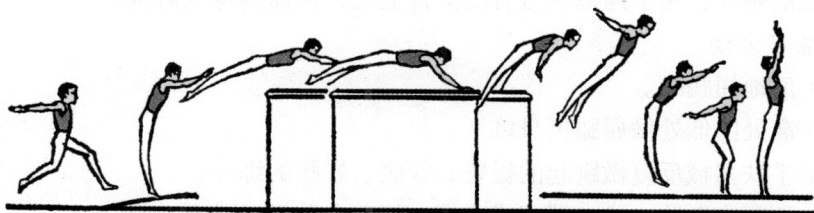

图18-4-1

2. 技术要点

跳起腾空—两臂前伸—远撑顶肩—推手挺身。

3. 技术难点

远撑顶肩和推手挺身连贯、迅速。

4. 保护与帮助

（1）箱前站立，面对器械，一手或两手迎握练习者的上臂向上提拉，帮其越过器械。（2）跳箱侧前站立，一手托练习者腹部，一手扶腰。

5. 练习方法

（1）地上做俯撑收腹前摆分腿，推手成两臂斜上举分腿的练习。

（2）做3～5步助跑踏跳、提臀分腿练习。

（3）做练习推手屈体分腿站在箱上，再挺身跳下。

（4）山羊或低纵箱分腿腾越。

（二）屈腿腾越（山羊或横箱）

1. 动作要领

身体腾起后，两臂上摆迅速前伸，稍含胸、紧腰，两腿后摆，身体伸展，两手向前下方猛力推手顶肩，同时提臀、收腹、屈腿并收向胸前。当手推离器械后，两腿迅速伸直，上体抬起成两臂斜上举的挺身落地姿势（图18-4-2）。

图 18-4-2

2. 技术要点

跳起腾空—推手顶肩—提臀屈腿—伸腿挺身。

3. 技术难点

推手顶肩和提臀屈腿的配合。

4. 保护与帮助

器械前站立，两手迎握练习者的上臂上提，帮助其越过器械。

5. 练习方法

（1）原地屈腿跳。

（2）高处向低处做屈腿挺身跳下。

（3）手扶器械反复做跳起的提臀、收腹、屈腿的练习。

（4）短距离助跑，跳上器械成蹲撑，接着向前挺身跳下。

（5）做逐步增加高度的屈腿腾越。

三、女生动作

（一）分腿腾越（山羊）

参见男生纵箱分腿腾越动作。

（二）斜进直角腾越

1. 动作要领

（向右）短距离助跑，最后一步以左脚上板，上体稍后仰，右手撑箱，右腿向右前上方踢起，左腿蹬离板后迅速与右腿并拢，并向前上方送髋伸腿，同时左手撑箱，随即压腿，挺身落地（图 18-4-3）。

2. 技术要点

左蹬右踢—并腿送髋—换手撑箱—压腿挺身。

3. 技术难点

高踢并腿与送髋压腿配合。

4. 保护与帮助

箱前右侧站立，右手扶练习者的右上臂，左手托其臀。

5. 练习方法

（1）斜进助跑，一手支撑，同侧腿摆起跳上成坐箱举腿。

（2）斜进助跑，一手支撑，同侧腿用力前上踢，脚触空中悬挂的标志物。

（3）在帮助下练习。

思考题

1. 简述体操的起源与发展。

2. 简述体操练习保护与帮助的一般方法。

3. 简述技巧与跳跃的动作要领。

第十九章

定向运动

第一节 定向运动的锻炼方法

一、体能与装备

（一）体能训练

定向越野运动的专项体能特指野外跑的能力。在公路、乡间小道上跑时，采用基本上与中长跑相同的技术。但由于路面比较坚硬，所以着地时要注意做好缓冲动作。

上坡跑时，上体前倾，步幅要小，用前脚掌在距离身体投影较近的地方着地，适当加大后蹬用力和大腿高抬的程度；下坡跑时，上体直立或稍后仰，步幅适当放大，步频减慢，用全脚掌或脚跟先着地。

在树林或灌木丛中跑时，一方面要防止被树枝擦伤、刺伤；另一方面要防止草丛中的杂物绊脚或陷入坑洼。因此，跑速要慢，用全脚掌着地。遇到沟渠、栅栏障碍物时，不要降低跑速，而应适当增加跑速，用大步跨越。

1. 专项耐力素质

定向越野运动的专项耐力不同于中长跑运动员在整个跑程中保持始终如一的高速跑。它一般有长、中、短距离的比赛，各种距离的比赛线路检查点的间距也各不相同，在检查点停下打卡后又得迅速接着跑，这就要求运动员具有高速跑一段距离停下几秒钟，接着快速跑进的能力。训练中可采用在校园内规定路线跑够 500 米 ~ 800 米后签名再跑，跑 4 次为一组，训练强度为 80% ~ 90%。

2. 专项速度素质

速度有 3 种表现形式：绝对速度、基础速度和相对速度。相对速度对定向越野运动员来说很关键，相对速度是建立在基础速度和速度耐力基础上的，基础速度又

建立在绝对速度和速度耐力的基础上。因此，绝对速度在某种意义上对定向越野运动员起着重要的作用。

在中、短距离的定向越野运动竞赛中，各检查点之间的距离一般为300～500米，所以定向越野运动的速度素质相对于长跑来说要求更高，没有一定的速度，在比赛中就不能取得好的成绩。

3. 有氧训练与无氧训练

定向越野运动员与长跑运动员一样具有良好的耐乳酸能力。提高有氧与无氧训练是定向越野运动员的努力方向，定向越野运动项目的有氧训练与无氧训练的比重因各项赛事的不同而不同：野外定向距离较长，有氧训练的比例就较大，无氧训练则相反。公园定向一般是中短距离，有氧与无氧训练同等重要，忽视无氧训练肯定会影响到比赛成绩。

（二）器材设备

1. 定向地图

地图是定向越野运动的重要器材，它包括比例尺（通常为1：15000或1：20000）、等高距（通常5米精度，至少要使以正常速度奔跑的运动员没有不准确的感觉）和内容（能详细地表示与定向和越野直接相关的地物、地貌）。

2. 指北针

目前国际上的定向越野比赛常使用由透明有机玻璃制成的指北针。

3. 点标旗

运动员根据定向地图所提供的信息，利用指北针快速定向，在实地中寻找一个橘黄色和白色相间的点标旗，该点标旗的位置准确放置在地图所标示的地点圆圈的中心。

4. 打卡器

为了证实运动员通过了比赛中各个检查点，运动员必须在到达每一个检查点时，使用打卡器在卡纸上打卡，以此证明其确实到达此点。

5. 检查卡片

主要用于判定运动员的成绩，用厚纸片制成，分为主卡和副卡两部分。

6. 运动员的服装

定向越野运动比赛对运动员的服装没有特殊的要求，只要求服装轻便、舒适、易于活动。

7. 号码布

尺寸一般不超过24厘米×20厘米，号码数字高不小于12厘米。比赛中要求将号码布佩戴于前胸及后背两处。

器材设备

二、技术与方法

（一）标定地图的方法

1. 概略标定

定向地图上的方位是上北、下南、左西、右东。当在站立地正确地判别了方向之后，只要将定向地图的上方对向站立地的北方，地图即已标定。

2. 指北针标定

先使指北针的红色箭头朝向地图上方，并使箭头与定向地图上的指北线重合，然后转动地图，使指北针的北端对正磁北方向，地图即已标定。

3. 直长地物标定

首先应在图上找到这些直长地物，对照两侧地形，使图与现各地形点的地物方向一致，地图即已标定。

4. 明显地形点标定

从地图上找到本人明显地形点的位置时，可以利用明显地形点标定地图。先选择一个图上与现地都有的远方明显地形点，然后转动地图，使图上的站立点至目标的连线与现在的站立点至目标的连线相重合，此时地图即已标定。

（二）确定站立点

1. 直接确定

当自己所在的位置是明显地形点时，只要从图上找到该地形点，站立点即可确定。

2. 综合分析确定

利用位置关系法确定站立点，主要依照两个要素：一是站立点至明显点的方向；二是站立点至明显点的距离。

3. 交会法确定

当站立点附近无明显地形点时，可以利用90°法、截线法、后方交会法。90°法是当待测点位于线状地形上时，如果在与运动方向相垂直的方向上能找出一个明显的地形点，线状地形符号与垂直方向线的交点即为站立点。截线法是当测点位于线状地形上，但在其与运动方向相垂直的方向上没有明显的地形点时，可以采用此法。后方交会法是测点上无线状地形，而且地图与现地相应地都有两个以上的明显地形点时，可采用此法。

（三）确定前进方向

定向越野运动每次出发时，首先必须判明出发点的图上位置，明确前进方向和目标点，然后标定地图选准前进方向，向目标点进发。

（四）定向越野跑的技术

定向越野跑是一种长距离的间歇式赛跑，要求能够尽可能地减少人体能量的消耗，又要根据比赛的情况具有加速的能力。定向越野跑的姿势主要采用身体微向前倾或正直的姿势；呼吸最好用鼻子与半张开的嘴共同呼吸；体力分配根据选择的路线状况、比赛的阶段和自身体能状况不同来确定；速度一般来讲不宜过快。

第二节 定向运动比赛规则简介

了解定向运动竞赛规则，不仅可以调动参与者参与定向运动的积极性，还可以为组织、裁判、欣赏定向比赛提供客观统一的依据。现将定向比赛中有关犯规与处罚的判定作简单的介绍。

一、具有下列行为之一者，给予警告处分

1. 代表队成员擅自出入预备区，但未造成后果的。
2. 在出发区提前取图和抢先出发者。
3. 接受别人帮助者，如指路、寻找检查点等。
4. 为别人提供帮助者，如指路、寻找检查点等。
5. 从对手的技术获利，故意在比赛中与对手同跑或跟进者。

二、具有下列行为之一者，判罚成绩无效

1. 名顶替参加竞赛者。
2. 比赛中使用交通工具者。
3. 证据表明在比赛前勘察过路线者。
4. 过规定的完成比赛时间者。
5. 通过全部检查点，即伪造点签图案者或检查卡上打印图案不全者。
6. 结束前，不交回检查卡片者。
7. 印图案模糊不清，确实无法辨认者。

三、具有下列行为之一者，取消比赛资格

1. 前擅自进入比赛场地，即在比赛前勘察过路线者。
2. 符合分组年龄标准或谎报年龄、弄虚作假者。

3. 意破坏点标、打卡器或其他比赛设备者。

4. 意妨碍其他竞赛者。

5. 失比赛检查卡片者。

6. 有佩戴大会颁发的号码布者。

四、情况的处理

1. 动员途中因伤病不能继续完成比赛时，以弃权处理，退赛后应尽快向就近裁判员报告。

2. 发前运动员因故退赛，领队或教练员应向起点裁判长递交书面报告。

3. 动员迟到，且按比赛顺序下组运动员已进入出发时，该运动员按弃权处理。

4. 动员在比赛中损害群众利益，视情节严重程度给予处罚。影响比赛由本人负责，造成的后果及经济损失由本队负责。

思考题

1. 简述定向运动的锻炼方法。

2. 简述定向运动的比赛规则。

第二十章

地掷球运动

第一节 地掷球运动概述

一、地掷球运动的起源

据史料记载，地掷球起源于 5000 年前的古埃及。但在当时它只是一种简单的击球游戏，由于这种游戏的方法简便易行并极为有趣，所以广为流行。到了古希腊和古罗马时代，农民便在农闲时间用它来锻炼身体。随着世界的发展，这项运动被大多数人所接受，简单而有趣的游戏方式使其在当时风靡一时。到了 19 世纪末，现代地掷球运动在欧洲得到了进一步的发展，由于欧洲移民的大量迁移，这项运动被传到了南、北美洲，后来遍及世界各国并很快被当地的人们所接纳。

早期的地掷球是用石头磨制成的，在当时要做到重量和大小相等是件很难的事。后来人们发现用橄榄木制成的硬木球不但做工简单，而且手感要比石质球好的多，于是木制地掷球便在农民中广泛流行。现在地掷球在欧美国家有了很大的发展，球的质料也被金属和合成塑料所取代，球的大小、重量、圆度等都有了严格的规格要求，同时地掷球的技战术也随之发展，出现了不同的战术和打法，制定了相应的规则。

二、地掷球运动的发展

1983 年在瑞士的基亚索举行了第 1 届世界地掷球锦标赛（男子）。从那时起地掷球运动便有了世界性的比赛。

1985 年，国际金属地联、国际塑质地联，国际小金属地联在摩纳哥成立了世界地掷运动联盟。同年，中国加入了该组织。

1986 年 12 月 19 日，国际奥委会主席萨马兰奇致电该联盟领导人，国际奥委会正式承认地掷球运动为奥林匹克开展项目。

1984 年，中国引进并开展了地掷球运动，经过短短十几年的发展，在全国得到迅速普及，相继在北京、天津、上海、浙江、河北、河南、陕西、四川、贵州、云南、广东、广西、辽宁、海南等省市地区和行业体协以及高校、中等学校开展起来，已形成若干优势地区。现在国内每年的比赛有："全国锦标赛""全国青年锦标赛""全国老年锦标赛""全国精英赛"等。

1991 年国际地掷球联合会将世界锦标赛改为每 4 年举办一次，将"洲际杯"改为每 2 年举办一次的"冠军俱乐部世界杯"赛，并增加了每两年举办一次的"世界单打锦标赛"。目前国际赛事有"世界锦标赛""世界青少年锦标赛""国际邀请赛""国际草地滚球大赛""国际时尚球类大赛"等。

1992 年 10 月在意大利安科纳举行的第一届世界地掷球冠军俱乐部杯赛，中国队以全胜战绩荣登冠军宝座，很快步入世界地掷球水平较高的国家。

三、地掷球的分类

现代的地掷球有 3 种球：塑质地掷球、金属地掷球和草地滚球。

（一）塑质地掷球

塑质地掷球在欧美国家开展的较为广泛，水平较高。特别是在意大利，塑质地掷球是重点项目之一，全国有 200 多个俱乐部和众多的地掷球学校，有各种形式的比赛，运动员从小培养并趋于专业化，具有很高的运动水平，在国际性比赛中几乎囊括全部的冠军。法国、瑞士、巴西、圣马力诺、奥地利、阿根廷、加拿大、智利、波兰等紧随其后，也有较高水准。

（二）金属地掷球

金属地掷球起源于法国，在欧洲比较流行。水平最高为法国、意大利，特别是在法国，金属地掷球非常普及，经常举办各种赛事，创造并保持了多项世界纪录。中国从 1985 年引进，与塑质地掷球协同发展，但开展的范围较窄，只有西安体院开展的较好。运动员主要是从塑质地掷球运动员中选拔并兼项的，目前运动成绩较好，处于世界上游水平，亚洲地区需进一步推广普及，中国处于一流水平。

（三）草地滚球

草地滚球(起源于英国宫廷，是一项贵族运动，在澳洲、英联邦国家及欧美等国开展普遍。世界草地滚球总会 1905 年成立，总部设在苏格兰，现有 35 个成员国。亚洲草地滚球联合会 2000 年成立，有 8 个成员国，总部设在马来西亚。目前澳洲、英联邦国家水平最高。草地滚球现为"残奥会"正式比赛项目。

第二节 地掷球基本技术

地掷球技术是运动员在比赛中为了得分获胜所采用的各种专门掷球动作的总称。地掷球技术是运动员进行比赛的主要手段，是比赛的基础。根据地掷球比赛的目的、任务，地掷球技术可分为滚靠球技术和击球技术。击球技术又分抛击球技术和滚击球技术。

一、握球技术

（一）托掷式

托掷式的动作技术要点如下（图 20-2-1）。

1. 掌心向上，五指自然分开。

2. 将球置于食指、中指和无名指的指端。

3. 拇指自然卡在球的正后方并指向掷球方向（或偏向其自然伸出方向），其他四指贴球。

4. 掌心略空，球的重心投影在中指（或中指与无名指之间）指根处。

（二）甩掷式

甩掷式的动作技术要点如下（图 20-2-2）。

1. 掌心向上，五指自然分开。

2. 将球置于掌心靠前的位置，手指略屈紧贴球面，拇指与小指夹在球的两侧。

3. 掌心略空，球的重心投影在中指（或中指与食指之间）指根处。

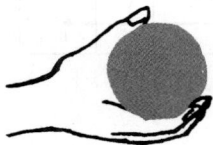 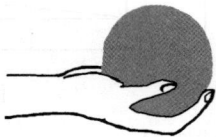

图 20-2-1　　　　　　　图 20-2-2

二、滚靠球技术

滚靠球技术是指运动员掷出的大球沿地面滚动去靠近小球或根据场上战术需要将球滚靠到所需区域与位置的方法。滚靠球技术动作主要环节有选择掷球路线、准备姿势、基本姿势、摆臂掷球和还原结束动作。它是地掷球比赛中最常用、最基本的一项技术。

（一）动作方法

运动员右手持球面对掷球方向，同侧脚在前，两脚开立，身体重心置于两脚之间，屈膝 100° 左右，两眼注视小球位置与出球路线。掷球时，持球手以肩为轴经体侧由后向前摆动，当手臂摆至体前距地面 2～3 厘米时，将球掷出，手指、手腕要控制好球的方向。球出手后，仍要保持掷球动作的连续性，身体重心与出球手顺势前移和伴送（图 20-2-3）

图 20-2-3

（二）练习方法

1. 定点滚靠球练习：练习者在场内有效区域，任设一固定点，选择不同路线，反复练习靠球（图 20-2-4）。

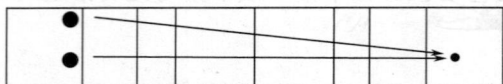

图 20-2-4

2. 两点转换靠球练习：练习者在场内有效区域，任设两点，在 A 点靠一球后，变 B 点靠一球，依次反复转换进行（图 20-2-5）。

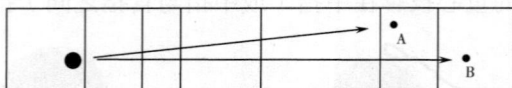

图 20-2-5

3. 竞赛性滚靠球练习：

方法一：靠圈记分比赛。在场内有效区内设一点，以此点为圆心，分别以 13、40、70 厘米为半径划出三个同心圆，分别按 5、3、1 记分。练习者按规定球数进行靠圈比赛，累积分多者为胜（图 20-2-6）。

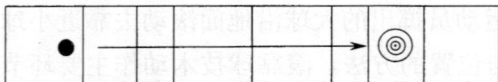

图 20-2-6

方法二：靠圈升级比赛。在场内有效区域内设四个点，均以 70 厘米为半径划圈。练习者由近及远依次靠球，凡靠球进圈者才可继续靠下一个圈，看谁先靠完所有圈（图 20-2-7）。

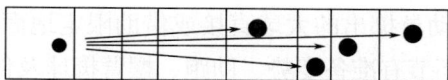

图 20-2-7

三、滚击球技术

滚击球技术是指运动员掷出的大球沿地面滚动或跳动去撞击所声明的目标球的一种击球方法。主要环节有准备姿势、助跑、摆臂掷球及伴送结束动作。

（一）动作方法

运动员持球（以右手持球、三步助跑为例）成前平举（肘微屈），面对掷球方向，两眼注视目标球与路线，两脚开立，同侧脚在前，重心在两脚之间。掷球时，右脚向前迈出第一步，右手持球以肩为轴，由体前经体侧向后自然挥摆，左脚上第二步时，右手臂继续顺体侧向后摆动。右脚再上步支撑时，右手从体后侧向前摆动，掌心向上，将球掷出，并上步缓冲制动。掷球后，掷球手臂继续保持前送动作，随后上步，放松制动（图 20-2-8）。

图 20-2-8

（二）练习方法

1. 定点滚击练习：在场内有效区域，放一目标球，练习者反复进行滚击目标球练习（图 20-2-9）。

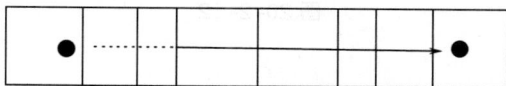

图 20-2-9

2. 竞赛性滚击球练习：两人一组，滚击比赛，看谁先击完目标球（图 20-2-10）。

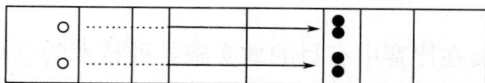

图 20-2-10

四、抛击球技术

抛击球技术是指运动员掷出的大球直接或借助限定地面去撞击所声明的目标球的一种击球方法。主要环节有准备姿势、助跑、摆臂掷球及伴送结束动作。

（一）动作方法

运动员持球（以右手持球、三步助跑为例）成前平举（肘微屈），面对掷球方向，两眼注视目标球，两脚开立，同侧脚在前，重心在两脚之间。掷球时，右脚向前迈出第一步，右手持球以肩为轴，由体前向后摆至体侧，左手臂随之做侧乎举，以维持平衡，当左脚上第二步时，右手臂继续沿体侧向体后摆动，后摆至适当高度，右脚再上步成支撑时，右手亦随之由体后向前摆送，并结合蹬地、展腹，以适当的出手角度将球掷出。

掷球后，掷球手臂继续保持前送动作，随后上步，放松制动（图20-2-11）。

图 20-2-11

（二）练习方法

1.徒手抛击球技术动作练习
（1）三步助跑的脚步练习。
（2）脚步与摆动手臂的配合练习。
（3）最后一步掷球动作的练习。
2.直线、斜线固定距离的抛击球练习（图20-2-12）

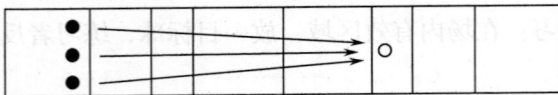

图 20-2-12

第三节　地掷球基本战术

基本战术是指队员在比赛中有目的地实施各种技术的总称。它是组成个人和集体战术的基础，也是培养队员地掷球战术意识的重要手段。基本战术包括滚靠球战术、滚击球战术、抛击球战术、掷小球战术和击小球战术。

一、滚靠球战术

滚靠球战术是指队员掷出的球沿地面滚动去靠近小球或靠在所要停留的区域或位置，达到有效控制场上布局，制约对手为目的的行动方法。其战术内容包括占线战术、挤开战术、顶球战术、封堵战术。

（一）占线战术

占线战术是队员掷出的第一个滚靠球要停在小球前 30 ~ 50 厘米处，并占据有利位置，造成对方靠球心理障碍的一种战术方法（图 20-3-1）。

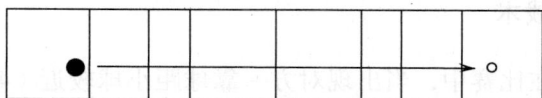

图 20-3-1

（二）挤开战术

挤开战术是队员掷出的球在滚动中将对方的球挤开，并使自己的球靠近小球的一种战术方法（图 20-3-2）。

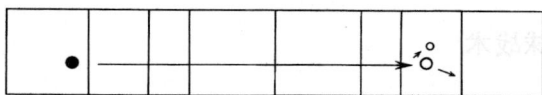

图 20-3-2

（三）顶球战术

顶球战术是队员掷出的球在滚动中将对方距小球近的大球顶撞开，使其远离小球的

一种战术方法（图 20-3-3）。

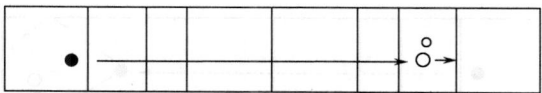

图 20-3-3

（四）封堵战术

封堵战术是指本方处于不利局面时，为了防止对方得高分，故将本方剩余球尽可能靠在小球前面的适当位置，封堵对方大球靠近小球或击小球线路的一种战术方法。

二、抛击球战术

抛击球战术是指队员掷出的球，通过飞行有目的地击开对方大球，从而产生有利于本方布局或得分，以达到制约对手、控制场上主动权为目的的行动方法。常见战术有先击球战术、击本方球战术（图20-3-4）。

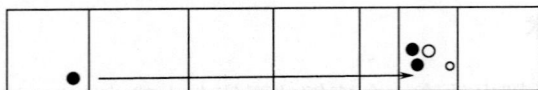

图20-3-4

（一）先击球战术

先击球战术指在比赛中，当出现对方一靠球距小球较近（40厘米内），且占据小球前有利位置时，为了防止"赞助"，可先将对方球击走，打开通道，使本方球再靠近小球的一种战术方法（图20-3-5）。

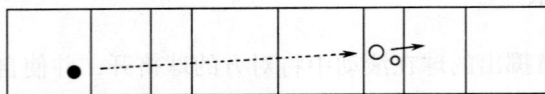

图20-3-5

（二）击本方球战术

击本方球战术是指当本方大球与小球挨着或小球处在端线时，为了扩大战果或减少失分，将本方大球连同小球或处在中场附近的本方球击到端线，以争取主动的一种战术方法（图20-3-6、图20-3-7）。

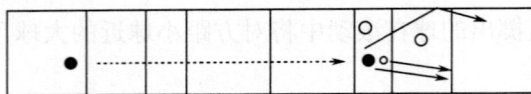

图20-3-6

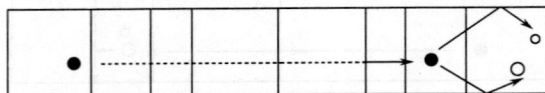

图20-3-7

三、滚击球战术

滚击球战术是指队员掷出的球，通过地面滚动撞击对方（或本方）的大球或小球，创造有利于本方的布局，争取比赛胜利的行动方法。主要有击反弹球战术、击部位球战术。

（一）击反弹球战术

击反弹球战术是指当对方球处在AB区，且击球线路被大球挡住时，掷球队员则利用场地的弹性和准确的出球落点，跳过障碍球击走对方目标球的一种战术方法（图20-3-8）。

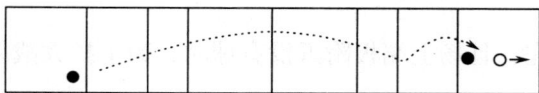

图 20-3-8

（二）击部位球战术

击部位球战术是指当对方球处在端线且距小球较近时，利用准确的击球部位将对方球击开，使本方球距小球近的一种战术方法（图20-3-9）。

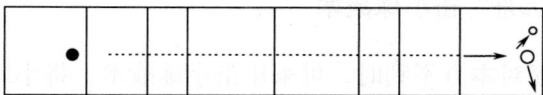

图 20-3-9

四、掷小球战术

掷小球战术是指队员在比赛中有目的、有针对性地将小球掷到所要作战的区域或位置的一种战术方法。

（一）按既定作战方针掷小球战术

这种战术是本方将小球掷在事先确定好的区域与位置，以便为队员充分发挥技、战术水平创造条件。

（二）在生疏场地比赛掷小球战术

队员对场地性能不了解或不适应时，可将小球掷在场地中间区域内，做试探性过渡。

（三）近或远距离作战掷小球战术

本方击球命中率高于对方时，可将小球掷在近距离区域，发挥击球优势来取胜。若本方击球水平不如对方时，则将小球掷在远距离区域，以靠制胜。

（四）调节转换掷小球战术

根据对方临场表现，可灵活转换掷小球的距离，利用距离的变化给对方增加难度，借以获胜。

五、击小球战术

击小球战术是为扩大战果、扭转被动局面而采用的一种有效的战术方法。

（一）扩大比分击小球战术

当对方球已掷完，且场上端板附近没有球时，为了扩大战果，采用击小球方法以获取高分。

（二）处于劣势击小球战术

当对方采用连续击球战术成功或出现"定位球"使本方面临被动局面时，应果断采用击小球战术，将其击至端板处，从而开辟第二战场，再争高低。

（三）"破釜沉舟"击小球战术

当场上局势明显对本方不利时，可采用击小球战术，将小球击出场外，挽回败局，使比赛重新开始。

（四）"先声夺人"击小球战术

当本方在端板作战强于对手时，掷出小球后，不宜采用常规的靠球，而改击小球，将其击至端板处，以远制胜。

第四节　地掷球比赛规则简介

一、场地和器材

（一）场地（图 20-4-1）

地掷球比赛是在一块长 26.5 米，宽为 4 ~ 4.5 米，四周围板高度为 25 厘米的沙土地或塑胶场地上进行。当场上局势明显对本方不利时，可采用击小球战术，将小球击出场外，挽回败局，使比赛重新开始。

场地各标线的作用：

1. A/A'线与场端重合，是运动员的最远起步线。

2. B/B'线是掷小球、滚靠球和滚击球时运动员在球出手前可到达的最远限制线。

掷出的小球不得超过远端的B或B'线。

3. C/C'线是掷抛击球时运动员在球出手前可到达的最远限制线。

4. D/D'线是掷滚击球时球的第一落点必须超过的限制线，也是运动员掷滚靠球后

可到达的最远限制线。

5. E（中）线是掷出的小球必须超过的限制线，也是运动员掷滚击球或抛击球后可

到达的最远限制线。

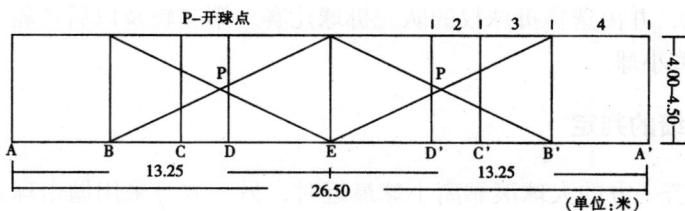

图 20-4-1

（二）比赛器材

比赛用球分大球和小球两种，大球重量 920 ~ 1000 克，直径 11 厘米，为队员投掷用球；小球重量 60 克，直径 4 厘米，为比赛的基准球，是裁判员用来判断双方投掷的大球距小球远近和得分多少的标记。大球和小球均是合成塑料制成。

二、参赛人员

（一）运动队组成

地掷球队一般有 6 人组成，领队、教练各 1 人，队员 4 人（设队长 1 人）。比赛设有团体赛和单项赛。团体赛进行 3 局，按三人赛（每人掷 2 个球）、单人赛（每人掷 4 个球）、双人赛（每人掷 2 个球）的顺序进行。单项赛只设其中的一局进行比赛。

（二）裁判组

地掷球比赛一般由 3 人担任裁判工作，1 名主裁判员，他是比赛的主持者，主要任务是按规则条款进行执法工作和判断、丈量、宣布双方投掷球距小球远近及得分。1 名副裁判员，协助主裁判进行工作。1 名记录员，登记每轮比分及有关事项。

三、比赛方法

（一）抛球权与场地权

在每局比赛前，经主裁判员抽签（抛币）来决定双方谁先选择抛球权和场地权。待双方运动员站在选择好的一侧场区内，并按规定挑好各自的球数与球色，方可进行比赛。第一轮比赛前，先由裁判员将小球放在开球点上（即球场D线与B线之间的斜线交叉点），并由选择掷球权的队先掷球比赛。第二轮及以后各轮次的比赛，则由先得分的队掷小球。

（二）成绩的判定

比赛中，若一方的大球滚靠离小球最近时，另一方可采用抛击球或滚击球将对方的大球击走，使自己球更近小球。当双方运动员采用靠球与击球掷完所有的大球后，如果一方的大球比对方的大球距小球近时，裁判即判得分，有1球近得1分，有2球近得2分。然后，再由场地另一侧进行下一轮比赛，依次往返进行，每局累积以先得15分的队为胜。

比赛按照规定的时间内完成。运动员运用滚靠技术，使掷出的大球沿地面滚动去靠近小球或靠到合适区域。运用抛击或滚击技术，则是直接或间接将对方球击开，使其远离小球；撞击本方的大球，使自己的大球更接近小球；撞击小球，使小球远离对方大球，而接近本方大球。很显然，三种技术动作的运用均围绕着小球的争夺而进行，其目的是使每次掷出的球产生有利于本方新的排列布局，从而获得比分与胜利。

思考题

1. 简述地掷球的起源与发展。
2. 简述地掷球的基本技术。
3. 简述地掷球的场地尺寸。